Trabajo Social Empresarial ¿Un área de oportunidad o un reto para la profesión?

Ismael Aguillón León
Anabel Ascencio Pérez
José Ángel Díaz Rodríguez

© **Ismael Aguillón León**

Prohibida la reproducción total o parcial por cualquier medio sin autorización escrita del titular de los derechos patrimoniales.

Todos los derechos conforme a la ley.

Primera edición: 2025

ISBN:

Responsable de la edición digital:

Appie Ebook & Ecommerce

Índice

Trabajo Social Empresarial..3
¿Un área de oportunidad o 3
un reto para la profesión?..3
Ismael Aguillón León..3
Anabel Ascencio Pérez...3
José Ángel Díaz Rodríguez...3
Trabajo Social Empresarial..8
¿Un área de oportunidad o un reto para la profesión?.......................8
Introducción..9
El Trabajador Social, empresario de una consultoría de recursos humanos. 12
Introducción..13
¿Qué es un Outsourcing? 17
∘¿Por qué utilizar Outsourcing?...17
Servicios que brinda la consultoría de recursos humanos 19
El Trabajo Social Empresarial..28
Participación del Licenciado en Trabajo Social en la investigación
socioeconómica de un banco. 29
Contenidos de la entrevista socioeconómica
a un posible candidato a ser contratado 30
Formato de estudio socioeconómico aplicado..................................32
Ejemplo de un dictamen socioeconómico real 40
Metodología empleada...41
Bibliografía..43
Antecedentes de la entrevista:..46
Conceptualización de la entrevista 47
Entrevista profunda como instrumento de la investigación cualitativa   53
Áreas de controversia en la metodología de la investigación. 59
 La diferencia cualitativa / cuantitativa. 62
Modelo de indagación para la entrevista profunda 66
Administración de investigación comisionada o administrada 73
Complemento 77
El Trabajador Social en una micro financiera 90
Como surgen algunas de estas
micro financieras un paseo por la historia..100

Fundamentos de trabajo del programa..104
De la caridad a la tecnificación; la visita domiciliaria
¿una técnica al servicio del Trabajo Social? 122
Visita domiciliaria en la actualidad..137
Propósito de una visita domiciliaria por Trabajo Social 138
La importancia del estudio socioeconómico
en el área de Trabajo Social Empresarial. 141
Proceso de reclutamiento y selección de personal,
tomando en cuenta la investigación como
participación del trabajador social ante la investigación laboral....................153
Formato de estudio socioeconómico laboral 156
Revisión documental 156
El Trabajo Social en la industria,
¿realmente un campo de intervención? 164
El Trabajo Social y los sindicatos..168
Trabajo Social Empresarial, el nuevo reto para la profesión. 174
Instrumento de investigación 176
Análisis de la información 177
Peritaje en Trabajo Social como emprendimiento social 182
I.I. Contexto del Trabajo Social y el emprendimiento social 184
I.II. Relevancia del tema en el Trabajo Social Empresarial 185
I.III. El Peritaje en Trabajo Social
como especialidad crítica-emergente 186
I.IV. Conceptualización del emprendimiento
social en el Peritaje en Trabajo Social...187
I.V. Características del emprendimiento
social en el Peritaje en Trabajo Social...190
I.VI. Dimensiones éticas en la práctica pericial..............................193
I.VII. Importancia de la innovación en el peritaje.........................194
Evaluación Socioeconómica y Diagnóstico Integral........................199
II.I. Concepto de evaluación
socioeconómica y diagnóstico integral..200
II.II. Fundamentos de la evaluación socioeconómica............................202
II.II.I. Teoría de la justicia social...203
II.II.II. Teoría del capital humano...204
II.III. Importancia de la evaluación socioeconómica
en el ámbito del Trabajo Social Empresarial...................................208
II.III.I. Contratación..208

II.III.II. Promoción 211
II.IV. Componentes principales de la evaluación socioeconómica   212
II.V. Técnicas y herramientas de investigación y
actuación social utilizadas en el Trabajo Social Empresarial 218
II.V.I. Verificación de antecedentes (Background Check) 219
II.V.II. Análisis documental 221
II.V.III. Observación 233
II.V.IV. Escucha Activa 235
II.V.V. Entrevista socioeconómica de tipo estructurada 236
II.V.VI. Entrevista socioeconómica de tipo semiestructurada 237
II.V.VII. Visita domiciliaria con enfoque de intervención
social en contextos domiciliarios 243
II.VI. Dimensiones del diagnóstico integral 246
II.VI.I. Diseño de programas de bienestar 251
II.VI.II. Prevención de conflictos laborales 252
II.VI.III. Promoción de la equidad y la inclusión 252
II.VI.IV. Impacto en la Responsabilidad Social Empresarial (RSE) 253
Fuentes de consulta 256
Referencias 261

Trabajo Social Empresarial

¿Un área de oportunidad o un reto para la profesión?

Introducción

Ismael Aguillón León[1], Anabel Ascencio Pérez[2], José Ángel Díaz Rodríguez[3]

Uno de los grandes desafíos de las organizaciones que desarrollan emprendimientos sociales es la conformación de sus recursos humanos. El trabajo con los diversos grupos de interés requiere de capacidades, habilidades y talentos personales que deben ser desarrollados a través del tiempo procurando que, en la medida en que la organización adquiere experiencia, dichos atributos se trasladen a todos los empleados, y se conviertan en capacidades organizacionales. A partir de la experiencia del trabajador social en esta área empresarial, es posible decir que aquellas capacidades que muestran un alto desempeño en la gestión de su equipo humano son precisamente las que potencian el aporte de las personas con las que trabajan y establecen con ellas relaciones de largo plazo. En la medida en que las capacidades del personal se orienten al desarrollo de emprendimientos sociales efectivos, la organización estará reforzando la creación de un valor social y un valor económico.

Área de bienestar social empresarial.

La empresa es promotora de satisfacción de las necesidades elementales en la vida productiva de un individuo, tal como lo planteó Maslow al lograr cubrir sus necesidades básicas, primarias y secundarias, ello queda en evidencia si se le pregunta a una persona ¿qué es la calidad de vida?, muchos lo relacionan con el acceso a un trabajo digno y bien remunerado que les permita acceder a bienes y servicios básicos como vivienda, educación, salud, alimentación, movilidad vial, recreación, seguridad, entre otros.

Por otra parte, cualquier sistema social genera problemas y el entorno de la empresa no es ajeno a esta realidad. La empresa asume la responsabilidad no sólo de la producción, sino también de los problemas sociales que surgen en su interior, los problemas de los trabajadores, a nivel individual, grupal y comunitario, los cuales repercuten en su bienestar familiar y por tanto en el desempeño laboral.

Las circunstancias laborales son responsabilidad y asunto de todos, de tal manera que se pretende buscar el equilibrio entre la empresa y colaborador.

1 Profesor investigador del Área Académica de Trabajo Social del ICSHu-UAEH.
2 Investigadora independiente, docente de la Lic. en Trabajo Social ICSHu-UAEH.
3 Consultor, capacitador y Perito Privado en Trabajo Social.

El área de bienestar social interviene en los problemas del colaborador promoviendo y aplicando los recursos que contribuirán en la mejora de las condiciones de trabajo y la calidad de vida de los colaboradores y sus respectivas familias, la característica peculiar es la de ayudar a resolver los problemas que se plantean en relación con la situación de las personas en la empresa y del trabajo en la misma, y cómo en una de sus muchas labores el Trabajador Social orienta a los colaboradores, individualmente o en grupo a resolver sus dificultades personales o laborales, que de alguna manera repercuten en su bienestar y su rendimiento laboral. Sus actuaciones van dirigidas a conseguir el mayor grado posible de bienestar ocupacional de los colaboradores, en beneficio de éstos, y por consiguiente de la propia empresa, en donde se busca favorecer la integración de los trabajadores, mediante la satisfacción de sus necesidades, utilizando técnicas de sensibilización, motivación y concientización laboral, para lograr una entera satisfacción personal y grupal.

La empresa es como el ser humano, necesita que todos los órganos se comuniquen a través del torrente sanguíneo, dando la energía para poder vivir. Pero también necesita que tanto quien la dirige como cada una de sus partes conozcan bien su funcionamiento. La clave para que la empresa trascienda en el tiempo consiste en superar las barreras físicas, para así poder llegar a su estructura interior: las personas. Si no conquistamos la voluntad de las personas, no podemos asegurar el éxito empresarial. Preocuparse por el bienestar psicológico, emocional, familiar, personal y laboral de los colaboradores en la empresa, es aportar por la excelencia.

Basándose en esas teorías organizacionales, las empresas han desarrollado lineamientos que les permitan pasar de ser productivas a ser competitivas, asegurar el bienestar de sus empleados, captar y conservar al mejor talento humano, pero, para que nuestras empresas lo puedan lograr, necesitan de una clara política de bienestar social, el mejoramiento de las relaciones laborales entre empleadores y trabajadores, siendo de gran importancia, por lo cual, fortalecer la productividad y lograr llegar a ser competitivos, depende notablemente de una verdadera relación obrero-patrón a través de la labor del Trabajador Social.

Es hora de replantear la labor del Trabajador Social en el área empresarial, su responsabilidad en todas sus dimensiones, la cual debe asumir un liderazgo con una posición ética, moral y de responsabilidad que le permita seguir construyendo un mejor futuro, es un proceso de construcción permanente y participativo, que busca crear, mantener y mejorar las condiciones que favorezcan el desarrollo del colaborador, el mejoramiento de su nivel de vida y el de su familia, incrementando los niveles de satisfacción, eficiencia e identificación con su trabajo y con el logro de la finalidad social de las empresas.

Cuando el Trabajador Social en las empresas diseña planes, programas, proyectos y actividades, enfocan sus beneficios a la colectividad y por ende a la empresa, vela por el bienestar de su gente, y por el Bienestar Social como la primera unidad al defender, propiciar y mantener una conducta orientada a generar ese equilibrio, equidad y valoración que merece la gente en cualquier lugar que ocupe dentro de la organización, crea, mantiene y mejora las condiciones que favorecen el desarrollo integral del trabajador, bajo la firme concepción del Talento Humano como principal recurso en la obtención de la eficiencia y eficacia para lograr un verdadero Desarrollo Social, Humano y una mejor Calidad de Vida.

El Trabajador Social, empresario de una consultoría de recursos humanos.

Rosa Arellano González[4]

---
4 Investigadora Independiente Lic. En Trabajo Social Egresada de la ENTS UNAM

Introducción

Hace unos años nadie pensaba en evaluar la honestidad de la gente, no era un tema de importancia, sin embargo, la historia nos ha enseñado que un empleado deshonesto, no sólo genera mermas a la empresa, sino que además es poco productivo, y por si fuera poco, genera un alto costo legal para su despido.

Desgraciadamente, por diferentes razones socio-económicas, culturales y tecnológicas, la necesidad se ha vuelto ineludible. Los incidentes por robo de dinero o mercancía, fraude, robo de información, entre otros. Se han incrementado exponencialmente, tanto en el sector público como en el privado en los últimos 10 años, y desgraciadamente la tendencia, cuando menos a corto y mediano plazo, es que siga así e incluso incrementándose.

De poco servirán las competencias, habilidades, conocimientos y experiencia de un candidato a ocupar un puesto en estas instituciones, si su honestidad es dudosa. Por muy talentosa y adecuada que una persona pueda ser, si su mente (y sus valores prioritarios, morales y éticos) están orientados en satisfacer sus deseos ocultos, no podrá alinearse a los objetivos de la empresa, mostrando una actitud y conducta totalmente anti-productiva.

Existe una relación inversamente proporcional entre los sistemas de control usados por las empresas, y la honestidad de su gente. Algunas empresas antes consideraban que evaluar la honestidad de las personas era una práctica agresiva, sin embargo, en la actualidad hemos visto que las empresas que evalúan la honestidad de la gente en procesos de selección, reducen los "sistemas de control" que necesitarán para disuadir las conductas deshonestas del personal que contratan, estos sistemas son, sin duda alguna, mucho más agresivos para el empleado, pero que sin embargo son necesarios para evitar dichas conductas y daños patrimoniales a las empresas e instituciones contratantes.

Por otra parte, un candidato rara vez se siente agredido por ser evaluado en su honestidad junto con otra serie de evaluaciones en un proceso de selección, incluso lo considera como algo común y rutinario.

De tal suerte que las empresas necesitan implementar nuevas herramientas de selección para minimizar el porcentaje de empleados "deshonestos", e incrementar su efectividad. Y una adecuada selección, es el primer y más efectivo filtro para detectar a tiempo empleados potencialmente deshonestos, y el momento más barato, ya que siempre será más barato prevenir que remediar. Por tal motivo el estudio socioeconómico tiene un papel importante en el proceso de selección que consiste en corroborar la forma de vida, situación económica y patrimonial, escolaridad y referencias laborales. En general, establecer cuál es el ambiente que rodea a un candidato a ser contratado. Pudiera pensarse que no es determinante para contratar a alguien; sin embargo, dependiendo de la empresa es que se realiza.

Un estudio socioeconómico puede frenar una contratación ya aceptada o bien garantizando las contrataciones adecuadas y reduciendo la rotación en los puestos y beneficiando a las empresas en reducir el número de incidentes de deshonestidad, en aumentar la productividad, en generar un ambiente de confianza en la empresa y reducir costos en sistemas de control.

Por tal razón el Trabajador Social es el profesionista más adecuado por el perfil que tiene para participar en estos procesos de selección de personal.

Por tal motivo en abril de 2005, surge la idea de emprender un despacho de consultoría de investigación socioeconómica, conformado por tres Licenciados en Trabajo Social y un Licenciado en Contaduría Pública, iniciándose con un cliente y posteriormente con dos clientes más.

Posteriormente se presentó la necesidad de cubrir otras carencias de los clientes, tales como reclutamiento y selección de personal, pruebas psicométricas y maquila de nómina dando origen a una consultoría de recursos humanos más completa conformada ahora por cinco Licenciadas en Trabajo Social, dos Psicólogas, un Licenciado en Contaduría Pública con especialidad en Impuestos y Derecho Corporativo y Fiscal, un Médico y un auxiliar como Técnico laboratorista.

La titular del despacho es una Licenciada en Trabajo Social, egresada de la Escuela Nacional de Trabajo social de la Universidad Autónoma de México, con un Diplomado en Pruebas Psicométricas y proyectivas y un Diplomado en Recursos Humanos, y miembro de la Asociación Mexicana en Dirección de Recursos Humanos (AMEDIRH) y de la (AMECH) Asociación Mexicana de Empresas de Capital Humano.

Justificación

En el último año, tres de cada cuatro empresas mexicanas (77%) sufrieron un fraude, lo que les ocasionó pérdidas por 900 millones de dólares. Y la mitad de esos fraudes (el 46%) fueron cometidos por personal de las propias empresas y se trata generalmente de robo de inventarios y de una asociación delictuosa entre los propios empleados con clientes o proveedores de la empresa (Mohr, 2009).

Son muchos ya los empleados y las empleadas que roban descaradamente a las empresas en las que prestan sus servicios, cometiendo ilícitos y desfalcos de muy diversas formas, llevando a algunas compañías, incluso sin saberlo, hasta la quiebra. El mercado "de robo hormiga" o de consumo masivo ha sido considerado uno de los más importantes en los últimos años.

¿Conoce usted casos de empleados que hayan robado en alguna empresa? Por recordar sólo algunos mencionaré los siguientes: Roba aquel que llega diariamente tarde a su trabajo, aunque tan sólo sean unos minutos, el que gasta su tiempo en llamadas telefónicas o correos electrónicos personales, el que usa el equipo de la compañía -computadora, copiadora, impresora- para hacer tareas escolares o de tesis.

También roba, el que se lleva a su casa materiales de oficina, -legajos, disquetes, grapadoras CD^s-. El que se pone de acuerdo con el despachador de la gasolinera, para que le surta al automóvil menos cantidad que la especificada en la denominación del vale, y así repartirse entre ellos la diferencia.

Roba, además, el que, abusando de la confianza del dueño, toma de cuando en cuando alguno de los cheques "al portador" con los que los clientes pagan sus servicios; el que altera las fichas de depósito, las notas de caja chica, los controles de contabilidad.

Roba el mesero o el vendedor de mostrador, cuando a sus familiares o conocidos les regala un "pilón a cuenta de la casa". El chofer que, al surtir la despensa de la compañía, agrega artículos para su hogar. El vendedor que sale a la calle diciendo que visitará clientes y en su lugar, se va a dormir la siesta o con los amigos a tomar la copa. El que infla los gastos de representación que le otorga la empresa. El que toma la cobranza de la compañía para jinetearla en alguna cuenta personal. El cajero que intencionalmente entrega mal el cambio. El maestro que no prepara su exposición, engañando a la Institución a la que pertenece y haciéndole perder el tiempo a sus alumnos. Y así, se podría todavía mencionar, algunos cientos de ejemplos adicionales.

Lo lamentable del caso es que a pesar de que estos robos tienen, -como ya se mencionó-, la fuerza de llevar a la banca rota a una organización, en su repetición del día con día y por la masificación de su ejecución, dan la impresión de ser intrascendentes y aparecen como pequeños hurtos sin relevancia, de los cuales se termina siendo un testigo mudo, -en el mejor de los casos-, que acepta como cómplice una "normalidad" en la conducta ajena, -ojalá no sea en la propia-, una conducta "normal", que espanta y asquea.

Bajo este esquema, muchas personas ni siquiera se reconocen a sí mismas como protagonistas de estos hechos, es decir, no se identifican como lo que son, como ladrones, mientras que las empresas que hurtan o defraudan a sus empleados, lo hacen abiertamente y a la luz pública, lo que permite que sea mucho más fácil señalarlas y criticarlas; de esta manera se inicia el juego eterno de la víctima y el victimario, cuando en realidad, son ambos los que fallan. Por fortuna y no podemos negarlo, existen todavía personas honestas, decentes, íntegras, incapaces de tomar algo que no es propio, de fallar a la rectitud y a los principios de honorabilidad.

De la misma manera, las empresas que cometen ilícitos en sus empleados no son la mayoría, muchas y entre ellas, un gran número de pequeñas y medianas empresas, hacen a diario un enorme esfuerzo por salir adelante, buscando anhelantes personas que realicen su trabajo con eficiencia, responsabilidad y calidad. Empresas que necesitan personas que se comprometan junto con ellos, -sus dueños-, en la conquista de una meta, empleados que luchen hombro con hombro por abarcar un mercado, por subsistir, crecer, destacar. Estas empresas están dispuestas, -aunque se dude-, a compartir sus ganancias y sus éxitos, con quienes colaboren honestamente con ellos. No obstante, se puede considerar como de "muy grave", el problema actual al que nos enfrentamos de robos mutuos entre empleados y empleadores.

Las constantes crisis económicas no siempre permiten a las personas ejercer su libertad para permanecer o retirarse, para aceptar o rechazar el formar parte de compañías con las que no coinciden, en cuanto a sus parámetros de lo que se considera un buen manejo de la dignidad y el respeto, y aunado a la escasez de mano de obra calificada y de verdadero talento intelectual, las Organizaciones tampoco pueden darse el lujo de prescindir de ciertos empleados, por lo que prefieren hacerse de la vista gorda, ante los "pequeños" actos deshonestos.

¿Qué es un Outsourcing?

El outsourcing es una práctica que data desde el inicio de la era moderna. Este concepto no es nuevo, ya que muchas compañías competitivas lo realizaban como una estrategia de negocios. Al inicio de la era post-industrial se inicia la competencia en los mercados globales.

Después de la Segunda Guerra Mundial, las empresas trataron de concentrar en sí mismas la mayor cantidad posible de actividades, para no tener que depender de los proveedores. Sin embargo, esta estrategia que en principio resultara efectiva, fue haciéndose obsoleta con el desarrollo de la tecnología, ya que nunca los departamentos de una empresa podían mantenerse tan actualizados y competitivos como lo hacían las agencias independientes especializadas en un área, además, su capacidad de servicio para acompañar la estrategia de crecimiento era insuficiente.

El concepto de Outsourcing comienza a ganar credibilidad al inicio de la década de los 70's enfocado, sobre todo, a las áreas de información tecnológica en las empresas. Las primeras empresas en implementar modelos de Outsourcing fueron gigantes como EDS, Arthur Andersen, Price Waterhouse y otros (Gutiérrez, 2008).

El Outsourcing es un término creado en 1980 para describir la creciente tendencia de grandes compañías que estaban transfiriendo sus sistemas de información a proveedores.

En 1998, el Outsourcing alcanzó una cifra de negocio a nivel mundial de cien mil millones de dólares. De acuerdo con estudios recientes, esta cantidad se disparará hasta 282 mil millones de dólares.

◦¿Por qué utilizar Outsourcing?

Hasta hace un tiempo esta práctica era considerada como un medio para reducir los costos; sin embargo, en los últimos años ha demostrado ser una herramienta útil para el crecimiento de las empresas por razones tales como:

- ✓ →Es más económico. Reducción y/o control del gasto de operación.

- ✓ →Concentración de los negocios y disposición más apropiada de los fondos de capital debido a la reducción o no uso de los mismos en funciones no relacionadas con la razón de ser de la compañía.
- ✓ →Acceso al dinero efectivo. Se puede incluir la transferencia de los activos del cliente al proveedor.
- ✓ →Manejo más fácil de las funciones difíciles o que están fuera de control.
- ✓ →Disposición de personal altamente capacitado.
- ✓ →Mayor eficiencia.
- ✓ →Todo esto permite a la empresa enfocarse ampliamente en asuntos empresariales, tener acceso a capacidades y materiales de clase mundial, acelerar los beneficios de la reingeniería, compartir riesgos y destinar recursos para otros propósitos.

La compañía contratante, o comprador, se beneficiará de una relación de Outsourcing ya que logrará en términos generales, una "funcionalidad mayor" a la que tenía internamente con "costos inferiores" en la mayoría de los casos, en virtud de la economía de escala que obtienen las compañías contratadas.

En estos casos la empresa se preocupa exclusivamente por definir la funcionalidad de las diferentes áreas de su organización, dejando que la empresa de Outsourcing se ocupe de decisiones de tipo tecnológico, manejo de proyecto, Implementación, administración y operación de la infraestructura.

Se pueden mencionar los siguientes beneficios o ventajas del proceso de Outsourcing:

- ✓ →Los costos de manufactura declinan y la inversión en planta y equipo se reduce.
- ✓ →Permite a la empresa responder con rapidez a los cambios del entorno.
- ✓ Incremento en los puntos fuertes de la empresa.
- ✓ →Ayuda a construir un valor compartido.
- ✓ →Ayuda a redefinir la empresa.
- ✓ →Construye una larga ventaja competitiva sostenida mediante un cambio de reglas y un mayor alcance de la organización.
- ✓ →Incrementa el compromiso hacia un tipo específico de

tecnología que permite mejorar el tiempo de entrega y la calidad de la información para las decisiones críticas.

- ✓ →Permite a la empresa poseer lo mejor de la tecnología sin la necesidad de entrenar personal de la organización para manejarla.
- ✓ →Permite disponer de servicios de información en forma rápida considerando las presiones competitivas.
- ✓ → Aplicación de talento y los recursos de la organización a las áreas claves.
- ✓ →Ayuda a enfrentar cambios en las condiciones de los negocios.
- ✓ →Aumento de la flexibilidad de la organización y disminución de sus costos fijos.

Servicios que brinda la consultoría de recursos humanos

1) Reclutamiento y selección de personal

El reclutamiento es el proceso para atraer candidatos para cubrir vacantes. La selección es el proceso en el que se elige entre los candidatos reclutados a aquellos que reúnen las características idóneas para el puesto requerido. Es la cobertura de vacantes en un tiempo mínimo y con la satisfacción de cumplir con el perfil requerido por el cliente.

Beneficiar al cliente cubriendo la vacante en plazos cortos, tener un porcentaje de rotación menor y la contribución de mantener climas organizacionales sanos.

La función de reclutamiento y selección tradicionalmente se basa en reclutar personal tomando solamente en cuenta requerimientos genéricos del puesto (edad, escolaridad, años de práctica, experiencia en funciones especificadas de manera general). El siguiente paso que normalmente se observa es, una vez reclutados los candidatos, la aplicación de una serie de pruebas, sin contar con los perfiles psicométricos del puesto; esto es un error muy común de las personas responsables del área, que pasan por alto el principio de la "mejora continua". Al respecto, quisiera recalcar que no podemos tomar una decisión cuando no tenemos parámetros de comparación, ya que la desviación contra el patrón es la que nos permite establecer acciones correctivas. En resumen, al no contar con un perfil de puesto psicométrico no podemos comparar la evaluación de los candidatos, por lo que la selección empieza a perder confiabilidad.

Otro aspecto que destaca es que la mayoría de los reclutadores confían en la entrevista como el medio más importante para elegir a un candidato. La cuestión es que en muchos casos no toman en cuenta lo siguiente: para poder tener éxito se requiere de preparación y experiencia en materia de entrevistas (dimensional, por objetivos, por competencias) y de ninguna manera basta realizar una entrevista cuya única finalidad sea saber si la información que presentó el candidato en su currículum es cierta (aproximadamente un 30% de la información que se presenta en un currículum es exagerada o no es cierta del todo).

En contrapunto, las nuevas tendencias de la función de reclutamiento y selección están orientadas a evaluar en los candidatos otras características que puedan predecir con más certidumbre su futuro desempeño; por lo mismo están siendo desarrolladas nuevas técnicas y herramientas de evaluación que buscan apoyar estas tendencias.

Actualmente podemos encontrar que el nuevo enfoque es a evaluar las competencias a través del assessment center (Palacio, 2007) ò a través de paquetes psicométricos, de entrevistas por competencias, de evaluaciones en materia de inteligencia emocional, entre otros. Pero de nada sirven las herramientas anteriores si no se tienen tres elementos esenciales:

El perfil del puesto

La relación (compatibilidad) entre las herramientas utilizadas, La compatibilidad entre el perfil del puesto y los resultados del evaluado. El perfil de puesto es el elemento más importante en el proceso de reclutamiento. El perfil nos dice los requerimientos del puesto, los cuales debe tener el candidato al mismo; dicho perfil debe estar integrado por los requerimientos generales (edad, sexo, escolaridad, experiencia, entre otros), por las actividades propias del puesto (responsabilidades), por un perfil psicométrico (en caso de que se apliquen pruebas psicométricas), y por un perfil por competencias (conductas observables). Una vez que se obtiene la información y resultados anteriores (evaluación), el reclutador debe planear la entrevista, misma que nunca será sustituida por una prueba psicométrica, de competencias, de inteligencia emocional o por cualquier otra herramienta de evaluación. Aquí es donde entra la experiencia del reclutador en preparar y llevar a cabo la entrevista. En ese sentido, cabe destacar que el perfil del puesto debe ser realizado por el jefe inmediato del puesto a evaluar y validado por el gerente o director del área; el reclutador participa sólo como asesor para dar retroalimentación de los perfiles obtenidos.

Pruebas aplicadas

Lo que se busca a fin de cuentas es poder predecir el comportamiento del candidato, pero el comportamiento puede ser fácilmente influenciable y por lo tanto poco predecible. Para minimizar este último aspecto se recomienda aplicar una batería de pruebas psicométricas que pueda medir, además del comportamiento, los factores que lo modifican o influencian y que son los siguientes: actitud, interés y necesidad.

Lo anterior quiere decir, por ejemplo, que, si deseo medir el grado de cumplimiento a normas del candidato, debo empezar por saber si sus necesidades son las de ser un cumplidor de normas; dicha necesidad generará los intereses y motivaciones que tendrá el candidato para cumplir las normas, y su interés marcará la actitud hacia el respeto de las normas y procedimientos; esta actitud será, a su vez, la promotora del comportamiento final del candidato. Por lo tanto, debemos aplicar pruebas psicométricas que midan las necesidades, los intereses, actitudes y comportamiento de los candidatos.

El aspecto negativo se presenta cuando el comportamiento es influenciado por factores como los siguientes: la necesidad económica ("tomo este trabajo mientras encuentro algo mejor"), el tiempo que el candidato ha estado sin empleo ("acepto el puesto por el momento"), el nivel y status social ("no importa que no me gusten las funciones"). Los elementos mencionados harán que tarde o temprano, la productividad y desempeño del candidato se vean afectados desfavorablemente, porque no se cumple con la consigna más importante: "tener a la persona adecuada en el puesto adecuado".

Ponderación de las pruebas psicométricas

Otro de los errores comunes que se cometen en las áreas de reclutamiento es que se aplican las pruebas psicométricas sin diferenciarlas por puesto tipo o por nivel de responsabilidad. Esto quiere decir que se aplica, por ejemplo, una prueba de comportamiento en el nivel medio (coordinador o jefatura), y la misma prueba a un nivel alto (gerencial o dirección) sin diferenciar que el comportamiento tiene mayor peso a niveles más bajos de la organización y menor peso a niveles altos, en los que se da mayor relevancia a las pruebas de competencias o de toma de decisiones. Lo mismo ocurre con las pruebas de inteligencia racional que se aplican a diferentes puestos de la organización siendo igual de determinantes para la selección de los candidatos, cuando a niveles bajos de la organización es más importante la inteligencia racional (IQ) y a niveles altos tiene más relevancia la inteligencia emocional (EQ).

Compatibilidad persona-puesto

Una vez que se tiene el perfil del puesto y la evaluación del candidato se procede a obtener la compatibilidad; generalmente se realiza de manera visual o lo que es peor, algunas pruebas hacen el cálculo de manera errónea, ya que realizan la compatibilidad de las puntuaciones globales obtenidas por el candidato con las puntuaciones globales del perfil del puesto.

La compatibilidad debe ser realizada obteniendo la diferencia entre cada característica evaluada por el candidato contra la característica que corresponda en el perfil del puesto y el resultado se divide entre el valor de la característica que corresponda al perfil del puesto; por último se suman las compatibilidades individuales obtenidas.

Con la entrevista se debe validar que las compatibilidades obtenidas sean correctas. En ocasiones sucede que la prueba psicométrica nos da un bajo valor de compatibilidad, pero en la entrevista se obtiene que el candidato sí tiene las características requeridas por el puesto; aquí es donde perdemos la confianza en las pruebas psicométricas. No obstante, hay que recordar que la mayoría de las pruebas psicométricas son de auto evaluación (auto percepción), es decir, lo que el candidato cree, percibe y piensa que es; desgraciadamente muchos candidatos no se conocen, no entienden las preguntas de las pruebas o no le dan la importancia a las mismas, y estos elementos hacen que las pruebas psicométricas pierdan validez. Formando baterías de 3 o 4 pruebas es como este punto se contrarresta, además de que también ayuda aplicar lo que se menciona a continuación.

La entrevista

La entrevista nunca podrá ser sustituida por una computadora o por una evaluación psicométrica. La preparación de la entrevista debe ser hecha con base en los requerimientos específicos del puesto; el error está en que utilizamos la misma técnica y preguntas para todos los puestos. Se recomienda que se desarrollen preguntas enfocadas a obtener las conductas, las experiencias y los conocimientos requeridos por el puesto. También en la entrevista se deben ponderar las preguntas. En mi opinión, las técnicas más eficaces son la entrevista dimensional y la entrevista por competencias.

2) Pruebas psicométricas

La psicometría automatizada es una herramienta que le permite facilitar el proceso de reclutamiento para evaluar, promocionar y seleccionar el personal adecuado para el puesto idóneo, identificando habilidades como inteligencia, personalidad, y comportamiento.

El software de psicometría automatizado ha sido especialmente desarrollado con el objetivo primordial de ayudarle a agilizar el proceso de calificación de la(s) pruebas(s), el profesional deberá contar con los conocimientos específicos para sustentar el correcto diagnóstico de la aplicación e interpretación de los resultados de las pruebas que utiliza en su caso.

Las pruebas Psicométricas tienen derechos de autor, por lo que es responsabilidad del usuario final pagar por el uso de plantillas y cuestionarios de corrección de la (s) Pruebas (s); para obtener los derechos de uso de las mismas es necesario contactar a la editorial autorizada o distribuidor en su caso que vende el material, cuestionarios y plantillas de cada prueba en particular o bien directamente con la Universidad con quien tenga el convenio.

La Psicometría básica mide los siguientes aspectos:

- →Coeficiente intelectual y relaciones interpersonales - para operarios (Beta).
- → Personalidad y agilidad mental - para técnicos (Wonderlic, Gordon).
- →Estilo de comportamiento, desempeño en el trabajo y subordinación - para profesionistas (Terman, Kostic).

La Psicometría completa comprende las siguientes pruebas:

- →Personalidad en el área laboral, liderazgo, motivación y trabajo bajo presión (Cleaver).
- →Estilos administrativos, naturaleza emocional, subordinación, desempeño en el trabajo (Kostic).
- →Coeficiente mental del individuo, cultura y razonamiento (Terman).
- →Capacidad intelectual, habilidad para realizar tareas operativas y sintetizar un problema (Beta).
- →Estilos de trabajo gerencial, problemas de trabajo, adaptación y estrés. (LIFO).

Habilidad intelectual (RAVEN).

○→Perfil de personalidad, responsabilidad (Gordon).

○→Apego a normas, estabilidad emocional, apertura al cambio, rebeldía (16PF).

○→Habilidad numérica, razonamiento, precisión, memoria, destrezas (PIC).

○→Estilo de ventas, disposición hacia la venta, agresividad, seguridad (IPB).

○→Estudio de valores e importancia relativa (ALLPÓRT).

3) Maquila de nómina

Servicio que permite al cliente contar con profesionistas especializados en el procesamiento de la nómina, la determinación de impuestos y los derivados de ella con la confianza que la información que se le proporciona es veraz y oportuna.

Eliminando con ello el riesgo de pagos innecesarios (multas y recargos), reducir los costos innecesarios en el área de Capital Humano y disponer de tiempo para realizar actividades que aporten valor agregado al área.

○**Beneficios**

- →Equipo de trabajo altamente calificado y la mejor tecnología para brindar un servicio de calidad.

- →Eliminar costos innecesarios en el área de Capital Humano, como adquisición, y actualización de software y hardware; además de costos por capacitación de personal en incluso reducción de costos de personal interno.

- →Confidencialidad de la información que se maneja de los empleados y de la empresa.

- →Disponibilidad de información actualizada, tanto de la base de datos de los empleados, como de los pagos de por concepto de nómina fijos y adicionales a través de nuestro sistema en línea

- →Respaldos de la información de forma periódica y acceso a la misma desde su lugar de trabajo.

- →Asesoría en materia, laboral, fiscal y de seguridad social

- →Información oportuna sobre el pago de impuestos que eliminan el pago de multas y recargos.

Aspectos que cubre el servicio:

- →Nómina
- →Pago a empleados
- →Previsión Social
- →IMSS, SAR e INFONAVIT
- →Contabilidad e impuestos
- →Procesos anuales
- →Declaraciones anuales
- →Ajuste anual de impuestos
- →Aguinaldo y PTU
- →Actualizaciones y asesorías
- →Consultorías y auditorias

4) Estudios socioeconómicos

Al integrarnos a trabajar en alguna empresa, es común que se programe una visita domiciliaria para hacernos un estudio socioeconómico. Muchas veces, sin saber cuál es el objetivo real, pensamos que es sólo una etapa protocolaria dentro del proceso de reclutamiento y restamos la importancia adecuada a su realización.

El objetivo de un estudio socioeconómico (ESE) es corroborar la forma de vida, escolaridad y referencias laborales. En general, establecer cuál es el ambiente que rodea a un candidato. Pudiera pensarse que no es determinante para contratar a alguien; sin embargo, dependiendo de la empresa, un ESE puede frenar una contratación ya aceptada (Cedillo, 2024).

Es por esto que las empresas invierten una cantidad considerable de recursos en la realización de Estudios socioeconómicos a los nuevos empleados; es la manera más confiable de confirmar los datos que un candidato expone tanto en su Currículum Vitae, como en las entrevistas previas de selección.

Una parte fundamental dentro de las empresas es el capital humano; la tecnología, las estrategias comerciales y una visión de negocio no podrían funcionar adecuadamente si no fuera porque existen personas que hacen que todo lo necesario para lograrlo.

Aún con el desplazamiento del hombre por máquinas, es el capital humano el que diseña las estrategias y hace posible que una empresa cumpla sus metas. Desde este punto de vista, es una decisión de cuidado el aceptar o no a una persona para laborar dentro de una organización (Cerda, 2008).

A pesar de que en el proceso de selección pueden detectarse ciertos rasgos de conducta, el tiempo que se "trata" al candidato antes de que comience con sus labores es realmente muy poco. Un currículum puede estar muy bien hecho y una entrevista muy bien manipulada, pero sigue quedando la duda del ambiente que existe detrás de aquel candidato que con su plática y logros laborales conquistó al reclutador.

Precisamente, una manera confiable de cerciorarse de los datos proporcionados por el aspirante, es realizar una investigación que incluya: puestos, empresas y períodos de tiempo. Éstos deben ser confirmados para saber que el candidato sabe hacer lo que dice y ha desempeñado los puestos que manifiesta de manera escrita en su historia de vida, llamada currículum vitae.

La intención de un estudio socioeconómico es muy sencilla: evitar riesgos. Contratar a una persona mentirosa puede acarrear verdaderos problemas a la organización. Entre más estable sea la vida de un candidato, se asume que menos conflictos causará a la empresa; y menos conflictos representan una mayor productividad, fluidez en los procesos y un agradable clima laboral.

Por otra parte, la zona geográfica en donde vive el candidato determina factores como tiempo que tardará diariamente en llegar a su lugar de trabajo.

Las condiciones de la vivienda miden la estabilidad económica de un prospecto; es decir, una persona que tiene ciertos gastos que cubrir no es tan sencillo que deje de laborar o que cambie de trabajo muy seguido. En cambio, si la persona no tiene gastos fijos, colegiaturas que pagar o dependientes económicos, se convierte en un candidato más "volátil", por llamarlo de alguna manera, porque es más fácil que abandone el trabajo o que renuncie sin razón aparente. Esta situación representa pérdidas para la empresa por los gastos de capacitación, inducción y sueldo invertido.

La escolaridad también debe ser comprobable; es muy frecuente que para ciertos puestos se requiera de una escolaridad específica, desde preparatoria hasta maestría. Por lo tanto, es importante comprobar que el candidato realmente cursó un determinado grado académico, debido a que cada nivel de educación brinda herramientas cognitivas, organizacionales y hasta de vocabulario que la persona requerirá para desempeñar su puesto.

Por ejemplo, un directivo debe tener el nivel cultural, la actitud y los conocimientos técnicos de otro directivo, ya que convivirá con otros colegas que cuentan con el mismo nivel de instrucción. Si no se cuida la escolaridad del puesto, el candidato puede enfrentarse a situaciones y no saber resolver los conflictos derivados de las mismas, o no saber abordar ciertos temas que requieren las tareas que de su labor se desprenden.

Las más temidas, sin duda, son las referencias laborales; éstas consisten en una investigación telefónica o personal que realiza un trabajador social a los lugares que el candidato refiere en su currícula, siendo las empresas en las que trabajó anteriormente. En esa visita, el trabajador social verifica que el candidato realmente haya estado contratado ahí, el tiempo que permaneció en la organización, el sueldo que percibía y referencias de conducta durante su estancia en dicho lugar.

Cuando no quedamos en los mejores términos en nuestra anterior compañía, tememos que se den referencias negativas al respecto, y al tener ese dato en contra, el estudio socioeconómico podría evaluar al candidato como "no recomendable" o "medianamente recomendable" e interferir con la entrada a un nuevo empleo.

En esta parte, si la empresa es grande podemos estar tranquilos, porque las referencias laborales se solicitan directamente al departamento de Recursos Humanos y a menos que se haya cometido un fraude, falta ética grave o legal, el expediente no tiene por qué tener anotación negativa alguna. Pero cuando las referencias se piden al jefe directo, a veces las cosas se complican; si el ex jefe es poco ético, puede intentar dañar al candidato mencionando los problemas personales que tuvo con él o incluso proporcionar información falsa para detener el desarrollo del ex empleado en una nueva empresa

Lo mejor es que digas la verdad desde la entrevista laboral; si eres un muy buen candidato para el puesto y vendes tus habilidades, seguramente la empresa no pondrá especial atención a este tipo de información incómoda. Sin embargo, si no mencionas nada durante tu proceso y ellos "descubren" esa información, seguramente el hecho se prestará a malos entendidos, se sabrá que mentiste en el proceso de selección o que ocultaste información y la contratación será muy probablemente cancelada.

Cuidar los detalles desde las primeras fases del proceso de reclutamiento, si no mientes, seguramente el Estudios socioeconómico sólo será un trámite administrativo más y podrás incorporarte sin problema a tu nueva empresa.

Definición de Trabajo Social

El trabajo social es una transdisciplina que se ocupa de promover el cambio social, de resolver problemas que se suscitan de las relaciones humanas y de fortalecer más liberar al pueblo con el objetivo de incrementar el bienestar de las comunidades (Cerda, 2008).

El Trabajo Social Empresarial

Identifica, diagnostica y conceptualiza problemas y necesidades de la empresa, de la organización, de los empleados y trabajadores desde una perspectiva integral.

- →Puede desarrollarse con la sola participación del Licenciado en Trabajo Social.

- →Puede requerir de la participación especializada de otro profesionista.

- →Puede desarrollarse por un equipo multidisciplinario y/o interdisciplinario.

Esto va a depender de la necesidad que tenga la empresa, además del nivel que se pretende intervenir.

Participación del Licenciado en Trabajo Social en la investigación socioeconómica de un banco.

Es importante mencionar que la Investigación Socioeconómica en las empresas es un factor muy importante, sea el giro que sea, ya que nos darán pauta a determinar si la persona es o no recomendable para ocupar una vacante o bien para determinar si es recomendable para su permanencia en la empresa en la cual está trabajando. En esta ocasión nuestra experiencia como empresarios es principalmente en el ámbito Bancario, donde la participación del Lic. en trabajo Social juega un papel muy importante en el proceso de selección de personal del personal de nuevo ingreso, el cual después de pasar por diversos filtros como la entrevista inicial con el departamento de Recursos Humanos, pasará a una segunda entrevista con la persona que será su futuro jefe, pasará a exámenes psicométricos, examen médico y finalmente al Estudio Socioeconómico, donde se determinará si la persona es recomendable o no, antes es importante definir que es un Banco.

Banco

Un banco es una institución financiera que se encarga de administrar y prestar dinero. La banca, o el sistema bancario, es el conjunto de entidades o instituciones que, dentro de una economía determinada, prestan el servicio de banco.

Institución que brinda servicios financieros basados principalmente en la recepción de dinero en calidad de depósito por parte de sus clientes, y el otorgamiento de créditos, así como otras operaciones que le son permitidas por ley.

Un banco es una institución de tipo financiero que por un lado administra el dinero que les deja en custodia sus clientes y por el otro utiliza este para prestárselo a otros individuos o empresas aplicándoles un interés y que es una de las variadas formas que tiene de hacer negocios e ir ampliando el dinero de sus arcas.

En tanto, se denomina banca o sistema financiero (término tan comentado y en boga por estos días como consecuencia de las corridas y la inestabilidad que se produjeron en los mismos tras la crisis suscitada en los Estados Unidos) al conjunto de bancos que conforman la economía de un país determinado.

Respecto de los orígenes de los bancos, desde que existe el hombre como un ser social que trabaja y adquiere alimentos y bienes para sobrevivir, ha habido intercambios de estos últimos o de monedas, según correspondiese y según la época claro está, sin embargo, no será hasta aproximadamente el siglo XV que se fundará el primer banco, más precisamente será en 1406 en Génova, Italia, bautizado el banco di san Giorgio (KPMG, 2010).

Existen dos tipos de operaciones bancarias, las pasivas y las activas.Las pasivas, también conocidas en el lenguaje interno como las de captación son aquellas a través de las cuales el banco recibe o recolecta dinero directamente de las personas y que se hacen reales para el banco a través de los depósitos bancarios que pueden ser en cuentas corrientes, cuentas de ahorro y plazos fijos. Las dos primeras se caracterizan por su movilidad, en tanto la última debe esperar a la fecha de vencimiento del plazo para hacerse del dinero.

Y la activa o colocación permite colocar ese dinero que viene de las pasivas de nuevo en circulación en la economía a través de los préstamos a personas o empresas como antes consignábamos.

Actualmente y como consecuencia de las necesidades de esta sociedad globalizada y de consumo en la que habitamos los bancos se han visto forzados a ampliar sus servicios y de este modo ampliar así también sus ingresos. Venden monedas extranjeras, negocian acciones, bonos, ofrecen tarjetas de créditos con importantes beneficios y premios a los que más consumen, entre otros.

Contenidos de la entrevista socioeconómica a un posible candidato a ser contratado

Antes quenada se realiza una visita domiciliaria incluyendo los siguientes contenidos:

- **→Se verifica su documentación personal,** comprobante de domicilio, Acta de nacimiento, Edo. civil, documentos de identificación personal, afore y otros.

- **→Escolaridad**, revisar y cotejar los comprobantes de estudios. (aquí es necesario tener un contacto con escuelas y universidades ya sean públicas o privadas para verificar la autenticidad de cada documento. (títulos profesionales, cedulas profesionales, certificados de estudio, boletas de calificaciones, historial académico.

• →**Experiencia laboral**, verificación de sus últimos empleos incluyendo su reporte de referencias laborales, así como periodos de inactividad.

• →**Estructura familiar** Aspectos sociales y de integración familiar.

• →**Aspectos económicos:** Incluye todos los gastos personales y familiares. (ingresos-egresos), Situación patrimonial, como tarjetas bancarias y departamentales de crédito, prestamos etc. (cotejo con buró de crédito), crediticias, propiedades y bienes inmuebles, automóviles.

• →**Apreciación general de la vivienda,** tipo de construcción, características de los materiales de construcción empleados, terminados, tipo de decoración, tipo de muebles y determinar en qué estado de conservación se encuentra en general.

• →**Modo de vida**, metas, aspiraciones personales del candidato.

• →**Comentarios** generales de la visita y dictamen final.

• →**Referencias laborales.** Investigar la trayectoria laboral referida por el candidato utilizando los 3 últimos empleos (Establecer o tener un contacto con algún asesor o empleado el IMSS), para que nos facilite cuál es su historial de empresas registradas que ha tenido en su vida laboral. Ahí se cruzará información de las empresas referidas por el candidato y las que se tienen registradas en IMSS, habrá algunas que coincidan con los datos aportados por el candidato y otras que no, en este caso, se establecerá contacto con él y se le cuestionara si ha laborado en estas y en que fechas ha sido, ahí se detectará que el candidato omitió empleos por algún motivo.

• →**Las referencias Personales,** nos informaran el tiempo que lo conoce, como lo conoció, qué opinión tiene de la familia, si sabe a qué se dedica o en que trabaja entre otras cosas más.

• →**Las referencias vecinales,** después de visitar al candidato se visitan a los vecinos más cercanos, para que nos informen cuanto tiempo tienen que conocen al candidato y su familia, que opinión tienen de ellos, y si saben a qué se dedican o en que trabajan. Si ha tenido algún problema con ellos entre otros.

• →**Fotografías del domicilio y automóviles**, una del interior y una de la fachada de la casa, así como a los vehículos de la familia.

• →**La información corroborada**, es manejada de manera confidencial por parte de nuestro equipo de trabajo, con el fin de aportar valor a su organización, y conocer en su totalidad a los candidatos a contratar.

Formato de estudio socioeconómico aplicado

1.→ Datos personales

NOMBRE : Israel N.N.			
EDAD: 28 años	SEXO: masculino	EDO. CIVIL: casado	NACIONALIDAD: mexicana
DOMICILIO: Calle		No. Exterior 38 No. Interior 102	
COLONIA:	DELEGACIÓN: Cuauhtémoc		CP:
CIUDAD:	TELEFONO(S):		
	Particular	Recados	Trabajo

2.→ Documentación personal

ACTA DE NACIMIENTO NO. DE FOLIO		
LUGAR Y FECHA DE NACIMIENTO		
ACTA DE MATRIMONIO		REGIMEN:
CARTILLA S.M.N.	No tiene	RFC:
NO. DE LICENCIA Y TIPO	Tipo "A" No.	VIGENCIA:
ENTIDAD QUE EXPIDE		CREDENCIAL DE ELECTOR

3.→ Datos académicos

NIVEL ESCOLAR	NOMBRE DE LA INSTITUCIÓN	PERIODO INICIO/ TERMINO	CERTI-FICADO SI / NO	No. DE FOLIO
PRIMARIA				
SECUNDARIA				
PREPARATORIA				
LICENCIATURA				
OTRO				

ESTUDIA ACTUALMENTE: SI ☐ NO ■

ESTUDIOS ACTUALES: NO ESTUDIA

CURSOS: NINGUNO

4.→ Trayectoria laboral
Empresa última o actual

NOMBRE DE LA EMPRESA:			
DOMICILIO:			
TELEFONO:	GIRO: Bancario		SUELDO:
PUESTO DESEMPEÑADO:	Asistente Administrativo	ARRAIGO EN LA EMPRESA:	1 año 6 meses
NOMBRE DEL INMEDIATO:			CARGO:
MOTIVO DE SEPARACIÓN:	Búsqueda de un empleo más cercano ya que le quedaba muy lejos		
PERIODO QUE LABORO:			

Empresa anterior

NOMBRE DE LA EMPRESA:	
DOMICILIO:	
TELEFONO:	GIRO: Bancario SUELDO:
PUESTO DESEMPEÑADO:	Jefe de nóminas ARRAIGO EN LA EMPRESA: 2 años
NOMBRE DEL INMEDIATO:	CARGO:
MOTIVO DE SEPARACIÓN:	
PERIODO QUE LABORO:	

Empresa anterior

NOMBRE DE LA EMPRESA:	
DOMICILIO:	
TELEFONO:	GIRO: Bancario SUELDO:
PUESTO DESEMPEÑADO:	Asistente Administrativo ARRAIGO EN LA EMPRESA: 2 años
NOMBRE DEL INMEDIATO:	CARGO: Administradora
MOTIVO DE SEPARACIÓN:	Término de contrato
PERIODO QUE LABORO:	Entre 2004 a 2006

¿CÓMO HAN SIDO LAS RELACIONES CON SUS JEFES?

M ( ) R ( ) B (X) MB ( ) EXC ( )

¿CÓMO HAN SIDO LAS RELACIONES CON SUS COMPAÑEROS?

M ( ) R ( ) B ( ) MB (X) EXC ( )

5.→ Datos familiares

PARENTESCO	NOMBRE	SEXO	EDAD	EDO. CIVIL	NIVEL ESCOLAR
PADRE		M	60	Casado	Secundaria
MADRE		F	58	Casado	Primaria
HERMANO		M	42	Casado	Bachillerato incompleto
HERMANA		F	36	Casado	Secundaria incompleta
HERMANO		F	35	Casado	Primaria incompleta
HERMANA		F	34	Casado	Bachillerato
HERMANA		F	25	Soltera	
ESPOSA		F	30	Casada	
HIJOS		F	12	Soltera	Primaria

Dinámica Familiar Aparente:

PATRIARCAL ( ) MATRIARCAL ( ) MIXTA (X)

Imagen Familiar Aparente:

SOCIABLE (X) RESERVADA ( )

NOMBRES DE TRES FAMILIARES O AMISTADES QUE VIVAN EN EL INTERIOR DE LA REPÚBLICA O EN EL EXTRANJERO

PARENTESCO	NOMBRE	EDAD	DOMICILIO	TELÉFONO
Tío				
Prima				
Abuela				

6.→ Estilo de vida del candidato y su familia

ÚLTIMO LIBRO LEÍDO	El éxito en la vida de Esteban Ruiz Méndez
ÚLTIMO PASEO	
CON QUE FRECUENCIA ACUDE A LAS FIESTAS	Cada mes, con la familia
ACOSTUMBRA INGERIR BEBIDAS ALCOHÓLICAS	Si, de 2 a 3 copas de vino tinto y tequila
CUÁNTOS CIGARROS FUMA	De 2 a 5 por día

7.→ Hábitos alimenticios

CON QUE FRECUENCIA CONSUME CARNES ROJAS	Cada 3er día
CON QUE FRECUENCIA CONSUME CARNE DE POLLO	Cada 4 días
CON QUE FRECUENCIA CONSUME PESCADO	Cada mes
CON QUE FRECUENCIA CONSUME LACTEOS	Diario, leche, yogurt
CON QUE FRECUENCIA CONSUME DULCES Y GOLOSINAS	Cada semana, chocolates y chicles
CON QUE FRECUENCIA CONSUME REFRESCOS	Si, diario

8.→ Antecedentes de enfermedades en la familia

TIENE ALGUN PADECIMIENTO MÉDICO	Si, hipertensión
TIENE ALGUNA SEÑA PARTICULAR	
TIENE ALGUNA ENFERMEDAD CONTAGIOSA	Ninguna
TIENE ALGUN FAMILIAR CON DIABETES MELLITUS	
LO HAN OPERADO ALGUNA VEZ	
CUANTAS VECES POR AÑO HA IDO AL DENTISTA	1 Vez
HA TENIDO CARIES DENTAL	Si
TIENE PROBLEMAS EN LA ESPALDA	No
TIENE PROBLEMAS PARA VER	No

9.→ Antecedentes económicos
Ingresos:

EVALUADO:		PADRES:	$ 0.00
CÓNYUGE:		HIJOS:	$ 0.00
HERMANOS:		OTROS:	$ 0.00
TOTAL:			$0.00

Egresos:

IMPUESTOS:	$ 000.00	ALIMENTOS:	$ 3,500.00
VESTIDOS:		RENTA:	$ 3,000.00
MANTENIMIENTO:		PREDIAL Y AGUA:	$ 500.00
LUZ Y GAS:		TELEFONO:	$ 500.00
SERVIDUMBRE:		COLEGIATURA:	$ 000.00
TRANSPORTES:		DEPORTIVOS Y CLUBES:	$ 000.00
PAGOS A TARJETA O CREDITOS:		DEUDAS O GASTOS DIVERSOS:	$ 000.00
HIPOTECA:	$ 000.00	DIVERSIONES:	$ 000.00
GASTOS DE AUTOMÓVIL:		GASOLINA	$ 000.00
TOTAL:			

DIFERENCIA:		FAVORABLE	X	DESFAVORABLE	

10. → Situación económica
Tarjetas de crédito

	1	2	3		3
TIPO DE CUENTA:	Crédito	Crédito	Departamental	Crédito	Depto.
INSTITUCIÓN:					
LÌMITE DE CRÉDITOS:					
SALDO:					
PAGO MENSUAL:					
No. DE CUENTA:					
ANTIGÜEDAD:					
FECHA DE VENCIMIENTO:					

11. → Electrodomésticos adquiridos en el último año.

Tipo	Marca	Fecha de compra	Situación	Forma de pago	Facturado
Horno de microondas			Pagado	Contado	Si
Pantalla de 35 pulgadas			Pagada	Contado	Si
Teatro en Casa			Pagado	Contado	Si
Caminadora			Pagada	Pagándola	No

12.→ Cuentas bancarias

	1	2
INSTITUCIÓN:		
TIPO DE CUENTA:		
NÙMERO DE CUENTA:		
SALDO:		
FECHA DE VENCIMIENTO:		
ANTIGÜEDAD:		

13. Créditos

	1	2
INSTITUCIÓN:		
TIPO DE CREDITO:		
MONTO:		
PLAZO:		
SALDO:		
FECHA DE VENCIMIENTO:		

14.→ Créditos, casas comerciales

	1	2
NOMBRE EMPRESA:		
LÍMITE DE CRÉDITO:		
No. DE CUENTA:		
SALDO:		
PLAZO:		
PAGO MENS/SEM:		

15.→ Bienes o inmuebles
VEHÍCULOS:

	1	2	3
VEHÍCULO:			
MODELO/AÑO:			
SITUACIÓN DE PAGO:			
SALDO:			
FECHA DE VENCIMIENTO:			
ANTIGÜEDAD:			

TERRENO / VIVIENDA:

	1	2	3
UBICACIÒN:			
CALLE/ COLONIA:			
POBLACIÒN:			
PROPIETARIO:			
SITUACIÒN DE PAGO:			

Ejemplo de un dictamen socioeconómico real

El candidato es un hombre de 21 años de edad, es de nacionalidad mexicana, es el mayor de 2 hermanos, su estado civil es casado, vive con sus padres, hermanos, esposa e hijo en una casa propia, propiedad de su abuela paterna, es una casa de dos niveles con sencillos acabados y una decoración modesta sin lujos. Está situada en una colonia del Estado de México.

En cuanto a los antecedentes de enfermedades de la familia, el candidato y su padre tienen diabetes mellitus y problemas de obesidad, y esto constituye un factor de riesgo para el desempeño laboral del candidato ocasionando constantes incapacidades médicas a futuro.

Es pasante de la Lic. En Administración de Empresas, del IPN, al momento de la entrevista sólo presentó Certificado de Bachillerato con fecha de expedición del 20 de junio de 2008, ya que no tenía comprobante de estudios de la licenciatura. El cual fue validado por las instancias correspondientes. Tiene planes para continuar con sus estudios para realizar una maestría.

Su situación económica es buena, su padre aporta ingresos de su actividad como electricista por su cuenta y su madre como vendedora de productos de belleza de Mary Kay. *En cuanto a deudas reportó tener cuatro tarjetas bancarias y dos departamentales con adeudos, que fueron corroborados en el buró de crédito y se encontró que omitió tener un adeudo con la Empresa Fincomún por $60,000.00 que no mencionó durante la entrevista.*

En su trayectoria laboral, reportó haber trabajado en tres bancos, en uno de ellos, *no lo recomiendan por haber hecho disposiciones de dinero sin la autorización de los clientes por un monto total de $25,000.00 y haber tenido reportes negativos de mala conducta con sus compañeros de trabajo y de mal trato hacia los clientes.*

En la información de historial del IMSS, se encontró que tuvo 3 empleos más entre 2009 y el 2010 que no fueron reportados.

Por lo antes mencionado se dictamina que A.O.C.F., *es una persona no recomendable* para su contratación.

Nombre y firma del responsable

No. de Cédula Profesional

Sello de la empresa

Metodología empleada

Recolección de datos

1.-Recepción de solicitudes de aplicación de estudios socioeconómicos

2.-Darles prioridad a las requisiciones más urgentes. Establecer rutas de trabajo por zona y distribución de los estudios por número de Licenciados en Trabajo Social.

3.-Establecer contacto con los candidatos para agendar la programar cita con ellos y darles los requisitos que deberá tener previamente preparados para la entrevista.

Investigación

4.-Cotejar los documentos personales de identificación con las Instituciones, Escuelas, Universidades, SEDENA, Registro Civil, entre otros.

4.1.-Hacer contacto con los departamentos de Recursos Humanos de los Bancos para poder obtener información de sobre sus referencias laborales. **(Como empresa se tendrá que hacer previamente un convenio con cada uno de los bancos para la obtención de información de los ex empleados, respectando las políticas de manejo de información de cada uno).**

4.2.-Hacer contacto con el IMSS para verificar el historial laboral de cada empleado para cruzar la información con lo obtenida. **(Como empresa se tendrá que hacer previamente se tendrá que hacer un convenio con el Instituto Mexicano del Seguro Social para obtener el listado de todas las empresas donde ha trabajado, señalándose la fechas y razones sociales y localidades).**

4.3-Se establece contacto con el buró de crédito para investigar cuál es su historial crediticio en el último año, y así detectar cuantos y que tipo de deudas tiene y de igual forma cruzar la información que nos proporcionó y si omitió algunas deudas. **(Como empresa se tendrá que hacer previamente un convenio con el buró de crédito para que faciliten la información financiera de cada empleado).**

4.4.-Investigación de referencias personales que proporciono el candidato para determinar su comportamiento social en su alrededor.

Diagnóstico y evaluación

Con base a los datos obtenidos de las diferentes instancias para el cotejo de documentos, de departamentos de recursos humanos, del buró de crédito, del IMSS y de referencias personales, se empieza a elaborar un dictamen socioeconómico del candidato donde se especifica si es una persona recomendable o no para el puesto que está solicitando.

Bibliografía.

Mohr Angie. Crecimiento rentable de las Pymes. Edit. Panorama Editorial, S.A de C.V... 1ª Edición, 2009, 164 págs.

Martínez Gutiérrez, Javier. Outsoucing. Edit. Ediciones Fiscales ISEF, S.A., 1a Ed. Septiembre de 2008, 83 págs.

Laura Mariana Núñez Cedillo, Documental Para qué sirve un estudio socioeconómico. BE EXECUTIVE, 2005

Herrera Loyo Angélica, Trabajo Social Empresarial. Distrito federal. Tesis, México. UNIVERSIDAD NACIONAL AUTÒNOMA DE MÈXICO, 2002.

Fernando Sentíes Palacio. Documental sobre sistema de evaluación de honestidad AMITAI®, y conferencista a nivel internacional sobre el impacto de la deshonestidad en la empresa2007.

González Cerda. Recursos Humanos y Organización. Robo en la empresa, KPMG, 2008.

Robos Bancarios. Grupo Contra Fraudes Bancarios en México. KPMG, 2010

REVISTA Consultoría: Industria del Conocimiento, KPMG, Número 234, Octubre del 2010.

"Entrevista"...Técnica al Servicio del Trabajo Social Empresarial...

Ismael Aguillón León

Introducción

El presente documento surge por la carencia de bibliografía relacionada al presente tema en el área de trabajo social empresarial ya que para el trabajador social es de suma importancia contar con textos que proporcionen los elementos primordiales acerca de la entrevista para obtener información que nos ayude a conocer un poco más acerca de las personas que se investigan y que posiblemente sean contratadas por alguna empresa o institución.

Dicha técnica se aborda desde muy diversos aspectos, se incursiona en la mayoría de los tópicos relativos a sus procesos de aplicación, recolección de datos y su tratamiento, entre otros.

Por otro lado, se contribuye al enriquecimiento de las mismas a través de la identificación de aciertos y errores encontrados en su aplicación, mismos que se trata de corregir para poder hacer un uso efectivo a partir de que el entrevistador aprenda de esos errores; de tal manera que así los investigadores (entrevistadores) también contribuyen al enriquecimiento de métodos, técnicas y procedimientos para la obtención de mejores resultados en la investigación social por medio de la entrevista.

Es por eso que la investigación social científica involucra una serie de procesos en la búsqueda del conocimiento dentro de las Ciencias Sociales, esta requiere un constante replanteamiento de los procedimientos de aplicación de los métodos y técnicas de los que se vale el trabajador social y más aún en el área del trabajo social empresarial, para el análisis y evaluación de las contrataciones de posibles candidatos que las instituciones y/o empresas públicas y privadas requieren.

Así pues, la entrevista constituye una de las técnicas más importantes del Trabajo Social en el área empresarial. En el, efectivamente, adquiere una relevancia singular que comparte con otras disciplinas humanas o sociales, como la sociología, la pedagogía o la psicología, entre otras. En cuanto ciencias o saberes que, de una forma u otra, afrontan problemas relativos a la intercomunicación e interacción humana.

Figura 1
¿Entrevista? "Una conversación"

La entrevista es una técnica de investigación que abre la posibilidad de encontrar el conocimiento; es en sí un instrumento clave para internarse en las ideas de los entrevistados por parte del entrevistador.

Antecedentes de la entrevista:

La evolución de la entrevista se enmarca en tres etapas fundamentales: La primera definida por el concepto de counseling (asesoramiento), que en psicoterapia y en psicotecnia se han empleado desde principios del siglo para explicar los problemas de validez de la entrevista.

La segunda etapa se presenta con el desarrollo de las investigaciones concretas, que desde la perspectiva de la psicología social, en la que se han tratado los problemas de la entrevista desde el ángulo de la fidelidad para prever con exactitud el comportamiento de un sólo sujeto, sin que ello reflejara el uso de la técnica de entrevista como instrumento informal y finalmente, la tercera se refiere a la acción recíproca entre la práctica, la investigación y la metodología, buscando dársele al instrumento un soporte formal para apoyar la congruencia y coherencia entre los objetivos de la investigación y su método, que es la que actualmente prevalece" (Uribe, 2007).

"Muchos estudiosos centran el origen de la entrevista en el dialogo y así los primeros rasgos de la misma los remontan a la época de los griegos, 400 años a.n.e., cuando el filósofo Platón lo emplea con el fin de divulgar sus principios filosóficos.

En la historia de la literatura encontramos numerosos usos del dialogo, fundamentalmente en el Clasicismo y el Renacimiento, hasta llegar a la Revolución Francesa, momento en que alcanza una mayor prosperidad, al desgajarse del diálogo literario para cobrar vida propia el dialogo periodístico, el que nace a fines del siglo XVIII, cuando se utiliza el periódico como vía para exponer conversaciones de interlocutores antagónicos que exponen ideas de actualidad" (Uribe, 2007).

Esta técnica también puede ser concebida como "un proceso de acción social recíproca ... la obtención de precisión, enfoque, confiabilidad y validez.., que más que, una conversación, es una seudoconversación. Así mismo, "la entrevista es una interacción limitada y especializada, conducida con un objetivo específico y centrada en un sujeto particular" (Sampieri, 2006).

Conceptualización de la entrevista

Para cumplir con el propósito de Conocer los distintos conceptos y modalidades de la entrevista, que le servirán al Licenciado en Trabajo Social para poder entender a cada una de ellas en todo su contexto y aplicarla según sea el caso, teniendo en cuenta que esta le servirá en todo su proceso para su investigación social científica, se inicia por definir que es una entrevista en la investigación social, porque aunque todos o casi todos tenemos una idea clara de lo que es una entrevista, y aún para quienes crean saberlo pudiera no ser una definición precisa; por eso en las siguientes líneas se tratara de llegar a una revisión cronológica, de definiciones por varios expertos.

Por su origen etimológico, la entrevista (entrevoire en francés) significa "verse uno al otro." La entrevista se define como una conversación de dos o más personas para tratar un asunto, siendo la técnica más utilizada en diversas disciplinas para la obtención o comprobación de la información.

En sentido técnico, "la entrevista es un método de investigación científica, que utiliza un proceso de comunicación verbal, para recoger ciertas informaciones, en relación con un determinado tema.

Este instrumento también puede ser concebido como "un proceso de acción social recíproca ... la obtención de precisión, enfoque, confiabilidad y validez.., que más que, una conversación, es una seudoconversación Goode y Halt,1991. Así mismo, "la entrevista es una interacción limitada y especializada, conducida con un objetivo específico y centrada en un sujeto particular" (Deslauriers, 1991).

Los autores antes tratados coinciden de cierta manera en que el tipo de entrevista depende del propósito que se persigue, en sí, del objetivo que conduce a la obtención de la información.

De tal forma que en ese sentido los propósitos son los siguientes:

- →Conseguir Información
- →Ofrecer Información
- →Influir y Motivar Para Que se Siga Una Línea de Acción.

Modalidad de la entrevista.

De acuerdo con Grawitz, los niveles de comunicación que se emplean durante la entrevista adquieren diversos matices de profundidad que va de lo informal y de lo trivial a lo serio o confidencial. Aquí el rigor de la técnica es el sello distintivo de la comunicación o conversación durante la entrevista.

La naturaleza y el estilo de la comunicación están en función de la actitud del entrevistador, la experiencia su actitud para propiciar la respuesta, del tipo de información y de las reacciones del entrevistado.

Tipos de entrevista.

Las entrevistas pueden distinguirse de acuerdo a sus particularidades fundamentales (Grawitz, 1984), tales como los sln:

1.→El momento de la investigación: El inicio de una encuesta o la fase exploratoria, exigen una técnica diferente a la de la investigación en la que las variables ya han sido determinadas.

2.→El tipo de investigación y el objetivo planteado: Las encuestas realizadas a través de sondeos sobre unos hechos y opiniones, que permiten una distribución cuantitativa en una población dada, ellas precisan un tipo de entrevista diferente de las encuestas más profundas, como las que se refieren a motivaciones y actitudes.

3.→El tiempo de respuesta requerido: Si responden a una necesidad apremiante o inmediata en una investigación la entrevista que se requiere es de una aplicación urgente, o una estructura más formal y un tiempo de aplicación mayor en los casos en que la relevancia se da en la información recabada y el análisis detallado de ella.

Para Godoy la taxonomía de las entrevistas se basa particularmente en la finalidad con que se realizan y destaca que, en ellas, la forma en que se realizan es un aspecto que la hace cada vez más relevante como instrumento obtención de información poderosa (Hall, 1997). El autor a su vez las clasifica de la siguiente forma:

- →Estructurada
- →No estructurada
- →Combinada

Por su parte Grawitz establece como ejes de la diferenciación de las entrevistas a dos factores: El grado de libertad y el nivel de profundidad. Según ese autor, el grado de libertad se traduce en la presencia y la forma de las preguntas, en tanto el nivel de la información recogida, se expresa en la riqueza y complejidad de las respuestas. Dentro de esta Tipología y vistas las entrevistas como un continuo, estas pueden esquematizarse de la manera siguiente:

Figura 2

Tipología de la entrevista

Esta representación debe ser vista como una aproximación, dado que no considera grados e intervalos específicos.

intervalos específicos.

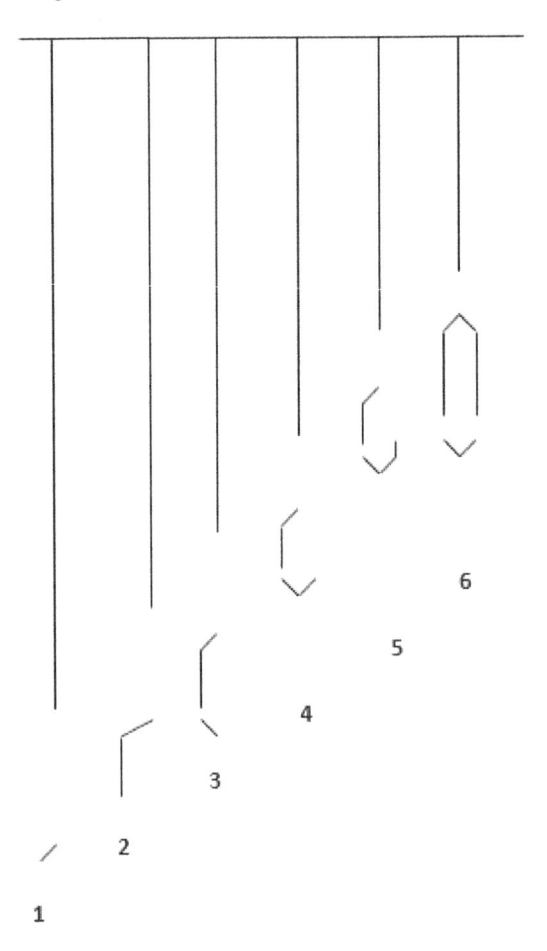

```
        |    |    |    |     ⌂
                        ⌂    ⋁
                        ⋁
                   ⌂
                   ⋁     6
                  ⌐      5
                   ⋱    4
                 |
                 | 3
              ∕  2
              1
```

Fuente: elaboración propia, 2024.

La entrevista clínica, así como la entrevista libre, tiene la posibilidad de no poseer una forma muy estructurada, en tanto que la profunda y la centrada, buscan, a través de la uniformidad y la coherencia. En sí, la formación más compleja es la que se conoce como entrevista de encuesta y también se presenta en forma de preguntas abiertas o cerradas, pero que siguen un orden, procurando evitar cualquier desviación y hacer posible la recolección de información a partir de puntos centrales.

Por otro lado, los factores que determinan el tipo de entrevista son muy variados de acuerdo a los objetivos, recursos que se dispone, lugares, circunstancias, resultados esperados, además del momento en que se pretende o conviene utilizar la técnica en diferentes etapas de la investigación.

Como ya hemos puntualizado, las entrevistas van desde la forma más espontánea o libre (entrevistas clínicas) hasta las opiniones de preguntas estructuradas. Ello en sí, delimita el método de elaboración de los cuestionarios; en ese sentido, las fronteras se enmarcan en función de la naturaleza de la información que permiten obtener la precisión de la información recabada es aquí un elemento fundamental. Es de esperarse que cuando las preguntas se orientan a hechos bien conocidos por los entrevistados y no existan razones para mentir, la información que se obtenga tiene altas probabilidades de ser muy precisa. No obstante, si los pormenores no son del dominio del entrevistado o existen circunstancias que le induzcan a mentir, los datos que se consigan tienen poca probabilidad de ser exactos.

Información relevante

Dado que cada individuo percibe la realidad desde su propia perspectiva, así la caracteriza (muy a su manera), de modo que su percepción o caracterizaciones son fuente de información relevante para el entrevistador, aunque no necesariamente para los propósitos de toda investigación, pero el saber cómo el entrevistado percibe los datos que se pretenden estudiar, cuáles son sus categorías y sus marcos de referencia, son aspectos relevantes para la labor del entrevistador, así como asegurarse del grado de información que posee sobre el tema que ha de tratarse.

Por ello los diferentes métodos de entrevista deben adaptarse a las variadas situaciones, bien puede tratarse de una comunicación-información, para lo cual un cuestionario estructurado es suficiente, o realizar una técnica de exploración para recabar la información deseada.

Proceso de la entrevista

Los autores antes mencionados, coinciden respecto a la importancia de la relación interpersonal y la disposición emocional que se desarrolla durante el proceso de la entrevista. No obstante, se reconoce que la actitud del entrevistador debe ser acorde al objetivo de la investigación, así que su lenguaje, vestimenta y actitudes deben ser apropiados al contexto, clima físico y terreno.

De acuerdo a los objetivos propuestos y a las circunstancias imperantes, para Grawitz, las formas en que pueden realizarse las entrevistas son: dirigidas y no dirigidas; directas o indirectas; intensivas o extensivas.

Entrevista directa o indirecta

» →Pregunta Directa interpretada de forma Indirecta

» →Pregunta Indirecta interpretada de forma Directa

» →Pregunta Indirecta interpretada de forma Indirecta

- ✓ →**Entrevista extensiva o intensiva**
- ✓ →**Formas de utilización de tipos de entrevistas**

∴→**Sucesiva**

∴→**Combinada**

Además, se recomienda poner atención a aspectos tales como la motivación del encuestado, la actitud y cualidades del encuestador, la relación encuestador-encuestado (fuente de errores), las reacciones del encuestado, las opiniones del encuestador, la formación y la motivación de los encuestadores.

Con relación al final de la entrevista, Goode, 1991 aclara que no deben dejarse de lado los aspectos tales como la explicación de la utilidad de la información y las acciones que se pretenden realizar con ella, de manera que se refleje una intervención ética y profesional por parte del entrevistador y las causas e instancias que promueven la investigación.

Finalmente, la elaboración del informe debe contener la síntesis de la información relevante y análisis de resultados, vinculados estrechamente a los objetivos planteados, sin dejar de considerar en la metodología el tipo de estudios, los alcances de la información recabada, así como las fuentes y referencias a que se haya acudido.

Entrevista profunda como instrumento de la investigación cualitativa

Las entrevistas profundas son flexibles y dinámicas, no directivas, no estructuradas, no estandarizadas y abiertas. Se trata de un método de investigación cualitativo, en donde se dan reiterados encuentros cara a cara entre el investigador y los informantes, los cuales van dirigidos a comprender las perspectivas que tienen estos últimos respecto de sus vidas, experiencias o situaciones lo cual lo dicen con sus propias palabras (Bogdan, 2007).

El investigador debe aprender qué preguntas hacer y cómo hacerlas; avanzar lentamente al principio formulando preguntas no directivas. Sobre todo, aprender lo que es importante para los informantes antes de enfocar los intereses de la investigación.

Por otra parte, existen tres tipos de entrevistas en profundidad, que se relacionan mutuamente:

I.→La historia de vida: También se le denomina autobiografía sociológica. En esta el investigador trata de aprender las experiencias destacadas de la vida de una persona y cómo define esa persona tales experiencias. Presentan la visión que dicha persona tiene de su vida, con sus propias palabras. Es decir, sus luchas morales, éxitos, fracasos, etc.

II.→Aprendizaje sobre acontecimientos no observables directamente: En esta los interlocutores son informantes n el sentido amplio de la palabra. Actúan como observadores del investigador, son sus ojos y oídos en el campo. Describen lo que sucede y la manera en que otras personas lo perciben.

III.→Entrevistas, que proporcionan un cuadro amplio de una gama de escenarios, situaciones o personas: Se utilizan para un número relativamente breve, comparando con el tiempo que requería una investigación mediante observación participante.

En los tres casos los investigadores establecen una relación de confianza con los informantes mediante contactos repetidos a lo largo de cierto tiempo, y desarrollan una comprensión detallada de sus experiencias y perspectivas.

Es importante mencionar las desventajas que tienen las entrevistas:

1.→Son susceptibles de producir las mismas falsificaciones, engaños, exageraciones y distorsiones que caracterizan el intercambio verbal entre cualquier tipo de personas.

2.→Las personas dicen y hacen cosas diferentes en distintas situaciones.

3.→Los entrevistadores no observan directamente a las personas en su vida diaria, por lo que desconocen el contexto necesario para comprender muchas de las perspectivas en las que están interesados.

Selección de informantes

En este tipo de entrevistas cualitativas no se específica de antemano ni el número ni el tipo de informantes, pues es difícil determinarlo. Algunos investigadores tratan de entrevistar al mayor número posible de personas familiarizadas con un tema o acontecimiento, o las interesadas en participar en la investigación.

Se utiliza la estrategia del muestreo teórico como guía para seleccionar a las personas a entrevistar, en el cual no importa el número de casos estudiados sino el potencial de cada caso, para ayudar al investigador en el desarrollo de comprensiones teóricas sobre el área de la vida social que se va a estudiar.

Aunque estemos interesados en estudiar a cierto tipo de persona, hay que tener presente que las experiencias pasadas de la gente pueden no haber generado un efecto importante en sus vidas. De esto se deriva que no hay pasos fáciles para encontrar a un buen informante que nos proporcione una historia de vida.

En la mayoría de los casos no se sabe cuántas entrevistas en profundidad habrá que efectuar hasta que se comience a hablar realmente con los informantes. Por lo general, los proyectos de entrevista se llevan más de veinticinco sesiones, y de cincuenta a cien horas para las historias de vida.

No es difícil conseguir las entrevistas iniciales, pues una gran mayoría de las personas están dispuestas a hablar de sí mismas, lo difícil sería no olvidar ningún dato relevante y tratar de rescatar la información en su totalidad, aunque también depende del tipo de contexto, por ejemplo, las personas privadas de la libertad que deseen compartir su vida.

Es importante plantear algunos puntos que con facilidad pueden generar problemas en la relación investigador-sujeto:

1. →**Los motivos e intenciones del investigador.** Es decir, lo que espera obtener del proyecto.

2. →**Anonimato.** Emplear pseudónimos para designar a personas y lugares en el estudio, preservando la privacidad de los datos personales.

3. →**La palabra final.** Darle la oportunidad a los informantes de leer cualquier artículo antes de su publicación.

4. →**Dinero.** Puede corromper la relación entre el investigador y el informante.

5. →**Logística.** Se refiere a establecer un horario general y un lugar para los encuentros.

Hay diversos modos de guiar las entrevistas iniciales en este tipo de investigación:

- →**Preguntas descriptivas:** Consiste en solicitarles que describan, enumeren o relaten acontecimientos, experiencias, lugares o personas en sus vidas.

- →**Relatos solicitados:** Son aquellos relatos escritos por los propios informantes.

- →**Entrevista en cuaderno:** Se trata de que los informantes lleven un registro de sus actividades durante un período determinado.

- →**Documentos personales:** Son diarios, cartas, dibujos, registros, agendas y listas de cosas importantes de las propias personas, que se pueden utilizar para guiar las entrevistas.

Forma de realizar una entrevista.

Se utiliza en proyectos de entrevistas a gran escala con el fin de asegurarse de que los temas claves sean explorados con un cierto número de informantes.

Nos sirve para recordar que se deben hacer preguntas en relación a ciertos temas. Es útil cuando el investigador ya ha aprendido algo sobre los informantes a través del trabajo de campo, entrevistas preliminares u otra experiencia. Se puede ampliar o revisar conforme se efectúan entrevistas adicionales.

El investigador debe crear un clima en el cual las personas se sientan cómodas para hablar libremente de sí mismas:

»→**No abrir juicios**. Hay que abstenerse de emitir juicios negativos sobre la persona y de humillarla o callarla.

»→**Permitir que la gente hable**. No interrumpir al informante aunque no nos interese el tema del que está hablando

»→**Prestar atención**. Lo cual significa comunicar un interés sincero en aquello que los informantes están diciendo.

»→**Ser sensible**. Es decir, percibir el modelo en que las palabras y gestos del entrevistador afectan a los informantes.

»→**No utilizar dispositivos**. El utilizar un grabador de voz, celular o laptop cohíben a las personas y la información podría no ser tan real, por lo cual se recomienda utilizar un cuaderno de notas.

Sondeo...

En la entrevista de investigación cualitativa hay que sondear los detalles de las experiencias de las personas y los significados que éstas les atribuyen. Señalar lo que no está claro para nosotros como investigadores (entrevistadores) e indagar hasta estar seguros de lo que el informante quiere decir exactamente.

Controles cruzados

Al hablar de esto, tratamos de decir que hay que estar atentos ante eventuales exageraciones y distorsiones en las historias, debido a que todas las personas tienden a exagerar sus éxitos y a ocultar sus fracasos. Es importante examinar la coherencia entre lo dicho en diferentes relatos del mismo acontecimiento o experiencia.

Ya Taylor, nos advierte la importancia de las relaciones con los informantes, aludiendo que el entrevistador debe relacionarse con los informantes como personas y no solamente como fuentes de datos y trabajar intensamente para mantener su motivación en participar en la investigación. Debe estar dispuesto a vincularse con los informantes en otros términos, como por ejemplo, ocasionalmente puede ir a almorzar o cenar con ellos, lo cual servirá para fortalecer la relación y conocer algo más sobre sus vidas.

Por otra parte, también señala que hay que estar consciente de que en transcurso de las entrevistas pueden surgir situaciones de tensión entre ellos, tal como ocurre en cualquier tipo de relación.

Entrevistas grabadas

Una grabadora permite al investigador captar mayor información para no atenerse solamente a su memoria; sólo tiene que lograr que los informantes se relajen y acostumbren a dicho aparato. De ninguna manera se deben grabar las entrevistas si los informantes se sienten incómodos.

Registros

El investigador debe de tomar nota de los temas, interpretaciones, intuiciones y conjeturas emergentes, gastos notables y expresiones no verbales, que son importantes para comprender si el significado de lo que se dice. Estas notas le ayudarán a orientar futuras entrevistas.

Hay que esforzarse por escribir en el diario de campo antes de pasar 3 horas y después de cada contacto con los informantes y siempre que crea tener algo importante para registrar.

Taxonomía de la entrevista profunda.

A través de este método se puede avizorar las categorías y la lógica empleadas en la perspectiva que sobre el mundo el individuo desarrolla. Así mismo, nos permite, entrar al contenido y especificidad de la vida cotidiana de la persona. Por último, nos ofrece la magnífica posibilidad de observar y vivenciar el mundo desde su propio enfoque. Las oportunidades de aplicación de esta técnica son muy ricas y variadas. Por ejemplo, en un estudio cuantitativo sobre las tasas de morbilidad y mortalidad, gracias a este método sabríamos como los actores sociales definen y experimentan la "salud", "la enfermedad", la "muerte", aumentando así nuestra comprensión de estos fenómenos y aumentando la calidad de la investigación. En otro estudio sobre tasas de reprobación, eficiencia terminal, deserción etc. Podríamos enriquecerlo en términos cualitativos mediante el aporte del significado que para maestros y alumnos tienen los conceptos de aprender y enseñar. La importancia de esta técnica de la investigación cualitativa.

"Sin un entendimiento cualitativo de cómo la cultura mediatiza la acción humana, podemos saber solo lo que los números nos dicen. La entrevista profunda cualitativa es útil porque puede ayudarnos a situar esos números en un más completo contexto social y cultural" (Cracken, 1991).

En algunas otras situaciones a investigar se podría decir que esta técnica es casi reclamada, demandada por la naturaleza misma del problema. Por ejemplo, si nos interesáramos en los celos, tendríamos que entrevistar a personas para saber que concepto tienen de ellos, como los han vivido y los supuestos que viven y adoptan, aun implícitamente, sobre cómo, cuándo, con quién y dónde es social mente permisible o reprobable que alguien sienta o actúe como un (a) celoso (a) no celoso (a). A principales y eslabonamiento sobre el concepto de los celos en un grupo social determinado y cómo opera en la vida común y corriente de una persona.

Asimismo, del conocimiento derivado de esta manera se pueden elaborar políticas sociales específicas como, por ejemplo, como construir unos departamentos de bajo costo, pero de buena calidad, así como recomendar con mayor éxito la toma de medicinas de los adultos mayores, cómo diseñar las experiencias educativas para el analfabeta, entre otras. Esto sería posible a partir del conocimiento que surja de cómo elaboran y viven estas situaciones sociales a nivel individual personas de bajos recursos, la perspectiva de la salud y la enfermedad en las personas de bajos recursos, la perspectiva de la salud y la enfermedad en la persona de la tercera edad y su experiencia y motivación para aprender algo significativo en su vida en la persona que no sabe leer, ni escribir, ni calcular.

Lamentablemente, si nos interesamos en el estudio de la vida social y cultural del hombre contemporáneo, debido al ritmo vertiginoso de sus múltiples actividades, estamos muy limitaos para hacer investigaciones cualitativas con observación participante. Simplemente, no tienen tiempo suficiente para cederlo a nuestras pretensiones intelectuales, ya que riñen con una agenda muy apretada. Igualmente, las organizaciones y los grupos actuales establecen normas que impiden el ingreso de un extraño para ser analizados y entrevistados en áreas de la curiosidad científica. Y aquí se abre la oportunidad para acceder a estas situaciones gracias a la entrevista profunda, ya que así no se invade la privacidad ni se consumen tiempos prohibitivos para los participantes, tanto de los investigadores como de los investigados.

Áreas de controversia en la metodología de la investigación.

1.- ¿Métodos propios o apertura a métodos fuera del campo?

Algunos investigadores apoyan complementar y apoyarse en las contribuciones metodológicas de diferentes áreas y disciplinas, mientras que otros más ortodoxos claman por el desarrollo y el uso exclusivo de ciertas técnicas vernáculas de investigación. Esta área ha sido muy controvertida y no se percibe una rápida homogeneidad y ni siquiera se sabe si es esto deseable o no. Por lo pronto, hay libertad para los investigadores en la adopción de una u otra línea.

2.- La relación entre el investigador y su propia cultura.

Este problema conlleva la doble implicación por un lado ser parte de la cultura y estar por ello tan íntimamente implicado como para sacarle el mayor jugo posible a la entrevista profunda, pero por la otra, está tan cerca de los procesos estudiados que tal vez no los pueda ver claramente en toda su riqueza, colorido y variedad. Que no se vean ciertas suposiciones y prácticas culturales, porque uno las lleva como parte del mismo grupo social que estudia.

3.- La relación entre el investigador y los datos.

Aquí sobresale la dificultad de poder organizar en forma significativa la información generada por la entrevista profunda, porque los datos pueden ser muchos y abrumadores. Sin embargo, hay que encontrar la manera de ordenarlos, de tal modo que no se pierda la riqueza de los mismos.

4.- La relación entre el investigador y el entrevistado.

En este apartado se requiere señalar que los intereses del investigador deben empatar o cuando menos no reñir como para lastimar u ofender a los entrevistados. No con el afán de obtener conocimiento e información el investigador va a pisotear o dañar la integridad y dignidad humana del entrevistado. ¿Qué debe ganar en esta relación el analizado? cuando menos respeto, trato amable, agradecimiento y confianza en que alguien lo pueda oír como "audiencia no punitiva".

Aspectos de la metodología cualitativa.

¿Cómo se insertan y con qué resultados los métodos cualitativos dentro de la corriente normal de la investigación en las ciencias sociales?. No hay respuesta invoca, pero muchos investigadores adoptan una postura autoerigiéndose en poseedores de ciertas habilidades inaccesibles y difícilmente transferibles a los no iniciados. Así, la ciencia social recela por la carencia de estandarización en la reproducción de prácticas de investigación y medios de allegar esos recursos metodológicos para los investigadores. Pero, también hay un sector que clama por la identificación clara y sencilla de los componentes de este tipo de análisis, por su desmitificación, pasando de una postura defensiva a una constructiva y propositiva, para que se democraticen y popularicen estos abordajes, sin demérito de su calidad y valor como herramientas metodológicas. Actualmente existe una atmósfera favorable en las ciencias sociales que espera una respuesta en este sentido, de tal manera que no se puede ni debe desaprovechar una oportunidad de esta naturaleza.

Por otra parte, existen varios grupos de investigadores cualitativos dispersos, incoordinados, con poca conciencia y deseo de agruparse para formar una especie de federación metodológica homogénea. En la sociología de la década de 1950 hubo una gran variedad de estudios cualitativos y en especial realizados mediante la observación participante, bajo la égida de la escuela de Chicago (Thomas, 1983). Por ejemplo, con este abordaje cualitativo se estudiaron las escuelas de Medicina (Becker, 1953), las Iglesias Pentecosteses (Von Hoffman y Cassidy,

1956), comunidades prohibidas (Lezner, 1956), Familias de Altos Ingresos (Seeley et al, 1956), y se escudriñaron por arriba y por abajo comunidades completas (Warner y Lunt, 1941).

Podemos decir que un obstáculo para la penetración y adopción de los métodos cualitativos fue la preponderancia que sobre las ciencias sociales en las décadas de 1960 y 1970 tuvo el positivismo; gracias a los trabajos de Glaser y Strauss (1965, 1968) y Schatzman y Strauss (1973) estos métodos con su énfasis en la observación participante no pudieron ser excluidos del todo dentro del área social. Afortunadamente, se avizora un renacimiento del interés por los abordajes cualitativos y su procedimiento especial para analizar los datos, siendo apoyado desde diferentes vertientes, tales como el interaccionismo simbólico, la fenomenología, la sociología interpretativa y todo tipo de aproximaciones antipositivistas.

En psicología, por ejemplo, los métodos cualitativos han sido usados más para propósitos clínicos que para necesidades de investigación (La Rossa y Wolf, 1985; Sullivan, 1954). Aquí, también hay enfoques como el construccionismo social, la psicología narrativa y otros, que enfatizan el empleo de métodos cualitativos.

En el caso de la antropología es muy sui generis, aun cuando nunca fue penetrado por métodos positivistas, tampoco posibilito el desarrollo fértil de la metodología cualitativa y casi puede decirse que creció, con connotadas y sobresalientes excepciones, de una confiable y sólida tradición metodológica y pedagógica en este sentido; pero hay indicios de que esto está afortunadamente cambiado.

En la administración también hubo una sensibilidad a estos métodos cualitativos y podemos señalar como uno de los casos más notables el estudio de la cultura organizacional, en donde Schein (1986) preconiza el empleo de la **entrevista** como el único medio legítimo de obtener conocimientos confiables y válidos.

Ahora bien, si los métodos cuantitativos ha abrazado a la estadística como la "disciplina donante", ¿Cuál será su homólogo en el caso de los cualitativos?. De acuerdo con Mc Cracken (1991), este lugar parece reservado para la lingüística. En sus propios términos.

"Ella brinda una comprensión muy precisa de algunos de los mecanismos de la entrevista profunda (Briggs, 1986; Chuchill, 1973) y ninguna de las ciencias sociales está mejor ubicada para juzgar los delicados y sutiles procesos de la entrevista. Para estos asuntos microcósmicos, en todo caso, los socios lingüistas tienen mucho que contribuir" (Cracken, 1991).

La diferencia cualitativa / cuantitativa.

La manera en que cada método conceptualiza sus categorías analíticas constituye una de las diferencias más sobresaliente entre las tradiciones de investigación cualitativa-cuantitativa. Para el método cuantitativo primero separa e identifica lo mejor posible previamente al estudio y a continuación se realiza de la manera más exacta posible la búsqueda de las relaciones bien definidas de un pequeño grupo de categorías, mientras que la cualitativa típicamente trata de hallar modelos interactivos de muchas más categorías que las del método cuantitativo. Otra diferencia radica en la dificultad implícita en el tipo de preguntas y por tanto, en el grado de obstáculos que se generan en el entrevistado para poder contestarlas. Cuando la naturaleza de información solicitada lo permite porque el entrevistado contestará rápidamente, sin ambigüedades ni confusión, se imponen preguntas cerradas y métodos cuantitativos. Cuando el tipo de conocimiento que se busca redunda en preguntas que generan relativa dificultad e incertidumbre por parte del entrevistado, se imponen entonces métodos más flexibles, como los cualitativos. Por último, existe una diferencia respecto a la cantidad de personas a estudiar. El método cuantitativo define su población y a partir de ella selecciona su muestra porque está preocupado e interesado en que sus datos no se queden al nivel de los sujetos analizados, sino que sean generalizables hacia los integrantes del total de la población. Es decir, aquí la validez externa es esencial. Sin embargo, en el método cualitativo no importa que tanta gente posea una propiedad y cuánto en ella se estudian cuáles son las premisas y suposiciones culturales que abrazan, siendo parte de un grupo determinado.

Puede decirse aquí que el cualitativo y el cuantitativo extensivo. Ambos métodos pueden y deben complementarse para aprovechar sus respectivas fortalezas. No obstante, se impone señalar que los dos descansan en premisas subyacentes diferentes que requieren una conceptualización distinta tanto del problema como de los datos. Ambos abordajes son legítimos y no pueden descalificarse, a priori uno al otro, ni reducirse entre sí. Además, se demanda un entrenamiento especial para cada uno de ellos.

El Investigador como instrumento

En la investigación cualitativa, el investigador funge como un instrumento de captura y análisis de los datos debido a la naturaleza difícil, desorganizada y confusa del fenómeno que se estudia y el conocimiento que se está generando sobre él. (Cassell, 1977: 414; Swart, 1955: 343 y Guba Lincoln, 1982: 128-152). Aquí se solicita de toda la experiencia e imaginación posibles del investigador para encontrar patrones de sentido recurrentes, a partir de la evidencia caótica de las respuestas del sujeto. Esto no implica que se daban tener poderes sobrenaturales e inaccesibles para enfrentarse con relativo éxito al desafío que representa este tipo de investigaciones. Una técnica es el cotejo de lo que uno ha vivido con lo que está siendo referido. Es una especie de compatibilidad humana parecida a la empatía, acudiendo para ello a lo que uno ha experimentado para comprender lo que el entrevistado refiere sobre un tema similar. Cuando no se puede usar la propia experiencia sobre el asunto, es más difícil y se impone construir una comprensión de lo dicho. Para luego tratar de reconstruir, tal vez metafóricamente, lo cual ayuda bastante, la versión del mundo que la persona nos ofrece, gestando las suposiciones y categorías subyacente.

Equilibrio entrometido – no entrometido

(Brenner, 1985) (Cracken, 1991). Aquí el autor se refiere al grado de injerencia permisible por parte del investigador en el proceso de producción de los datos en la entrevista. Se sugiere la menor posible intervención del entrevistador "leyendo" o parafraseando directamente los términos de Rogers (1991) (Bogdan, 2007)., con su orientación centrada al cliente que recibe también el nombre de terapia no directiva, está más cercana a este abordaje metodológico que las variedades del psicoanálisis, porque todas estas últimas usan la estrategia de interpretar activamente el discurso del paciente. Para no perderse en esta maraña de información que surge así, se sugieren dos vías:

1) Tomar notas y

2) Aplicar un cuestionario bien elaborado.

Estableciendo "límites"

Investigadores de culturas diferentes a las suyas se encuentran en una ventaja obvia sobre los que analizan fenómenos sociales de su propia cultura. Al estar inmersos en nuestra cultura nos encontramos limitados para ver algunas categorías y suposiciones de nuestros entrevistados. Pero también ellos están sujetos a esta limitación y así como se recomienda al investigador que asuma una distancia crítica sobre sus fenómenos, también se les invita a los entrevistados a que hagan lo propio. Se usan ciertas técnicas para lograr este propósito, por ejemplo: 1) preguntas bien elaboradas, 2) pedirle señale similitudes y diferencias entre una serie de fotografías. Es decir, tanto el investigador como el investigado deben ensayar modos diferentes de ver los sucesos cotidianos para encontrar las categorías y suposiciones que están inéditas para ambos.

El cuestionario en la entrevista profunda

Para los fines de la entrevista profunda cualitativa el cuestionario constituye un medio insubstituible. Este tiene varias funciones como las siguientes:

1.»Permite que el investigador abarque todo el campo en las mismas secuencias para todos los entrevistados.

2.»Posibilita recabar y calendarizar las notas que nos permiten adoptar distancia.

3.»Fijar directrices para la orientación y centro del discurso.

4.»Privilegia el dicho del entrevistado.

El entrevistador debe emplear el cuestionario para precisamente capitalizar totalmente la entrevista y estar alerta como decimos cotidianamente para cuando vaya a saltar la liebre, no debe permitirse que el cuestionario constriña la flexibilidad y movilidad del investigador dentro de la entrevista. La riqueza de los datos caóticos es indispensable para inferir las ideas y su concatenación en el esquema de interpretación del entrevistado y la "lógica cultural" que le contextualiza.

La relación investigador-investigado

Uno de los principales aspectos que distinguen a la investigación cualitativa de la cuantitativa es la relación más cercana que da el entrevistador y el investigado en la primera con respecto a la que ocurre en la segunda. Así de esta mayor cercanía el entrevistado conjetura sobre las características atribuidas al entrevistador y puede darle un sesgo al tipo de preguntas que se le hacen (Cannel et al, 1968, 1979; Benney y Hughes, 1956, Stebbins, 1972). Aquí el autor recomienda un relativo equilibrio entre formalidad-informalidad para que se obtenga la mejor información. La parcial formalidad en la vestimenta y el trato le dará confianza al entrevistado sobre la seriedad del estudio y la relativa informalidad del investigador le permitirá al entrevistado considerarlo como un ser humano igual a él, además de cómo un científico y, por tanto, sensible a sus planteamientos discursivos. En el sentido contrario, también el entrevistador se hace una idea de quién y cómo es el entrevistado. Por ejemplo, hay una corriente que, lo considera un colaborador en el proceso de investigación (Elden, 1981; Gross y Mason, 1953: 200; Reason y Rowman, 1981). Con toda seguridad podemos decir que al contemplarlo así, al entrevistado se le proporciona una buena información sobre los objetivos del estudio y esto permite satisfacer requisitos éticos de la investigación (Whittaker, 1981). Sin embargo, una excesiva confianza o la dilución de los roles o la ambigüedad permitida en la relación también conlleva riesgos. Por otra parte, el ser entrevistado provee de ventajas y desventajas. Entre las últimas podemos señalar el tiempo y esfuerzos consumidos, la emoción que genera ponerse en contacto con uno mismo y con un extraño en una situación de autorevelación y la consabida pérdida de privacidad. Por estas razones se solicita al entrevistador que tenga cuidado y se preocupe, por el respeto y dignidad del entrevistado. Con relación a las ventajas, se afirma que no son nada desdeñables. Por ejemplo, la necesidad de efecto y de ser escuchado será relativamente atendida, el entrevistado será protagonista visto con aprecio humano, con una historia interesante que contar a una persona dispuesta a oírle.

Aproximación multi-métodos

El investigador cualitativo requiere tener apertura para usar cualesquiera de los recursos metodológicos que le sea útil para contestar su problema y alcanzar sus objetivos. Así pude utilizar la observación participante, los grupos, la red, historias de vida, estudios de caso, protocolos y el diario. Es decir, se debe redondear la aplicación de la entrevista profunda con algunos de estos otros métodos, porque así se enriquecerán las invitaciones a partir de diferentes realidades abordadas. Por otra parte, el investigador cualitativo requiere usar los métodos cuantitativos, mostrando así su disposición para entrar en contacto y diálogo con una comunidad científica que realiza estudios mediante varios enfoques metodológicos.

Modelo de indagación para la entrevista profunda

El autor secciona el círculo de los métodos cualitativos en dos partes: el eje este-oeste divide en dos áreas (los datos analíticos y los datos culturales). El eje norte-oeste separa los ámbitos en procesos de revisión y procesos de descubrimiento. Estos ejes geográficos dan origen a 4 cuadrantes, siendo cada uno de ellos un paso sucesivo e independiente en el proceso de investigación (Ver Figura 2). Estos pasos se pueden organizar en una estructura en la que se percibe su seriación y el tipo de interacción entre ellos.

Paso 1: Revisión de las categorías analíticas

Se enfatiza zambullirse críticamente en los estudios previos relacionados con la investigación que uno pretende realizar. Así, se familiarizará uno con conceptos y contribuciones empíricas sobre el fenómeno en el que está interesado. De esta manera se crean expectativas, las cuales podrán ser refutadas sorpresivamente por los datos generados en el estudio. Asimismo, nos posibilita empezar con las categorías que nos orientan sobre qué preguntar y qué escuchar: es decir, nos auxilia para construir el cuestionario de nuestra entrevista. Para los que advierten sobre los peligros de la revisión de la literatura, sería conveniente recordarles que la lectura crítica constituye realmente una "desconstrucción" y no una absorción.

Figura 3
Proceso de revisión

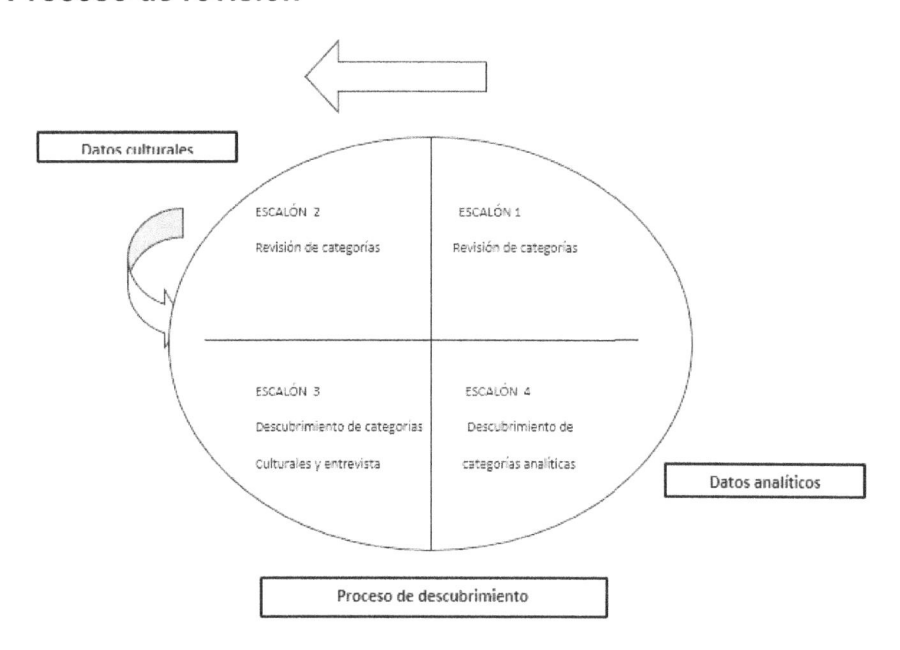

```
                    ⬅
   ┌──────────────┐
   │ Datos culturales │
   └──────────────┘
         ESCALÓN 2      │    ESCALÓN 1
         Revisión de    │    Revisión de categorías
         categorías     │
         ───────────────┼───────────────
         ESCALÓN 3      │    ESCALÓN 4
         Descubrimiento │    Descubrimiento de
         de categorías  │    categorías analíticas
         Culturales y   │                      ┌─────────────┐
         entrevista     │                      │ Datos analíticos │
                                               └─────────────┘
            ┌──────────────────────┐
            │ Proceso de descubrimiento │
            └──────────────────────┘
```

- →El circulo de los métodos cualitativos

- →Entrevista profunda

- →Método de indagación en cuatro partes

Paso 2: Revisión de categorías culturales

Aquí el investigador inicia la fase del uso del yo mismo como medio de indagación. Se pretende sacarle jugo a su experiencia personal por ser miembro de una cultura dada para obtener "las propiedades sistemáticas del tópico o tema, separando lo estructural de lo episódico y lo cultural de lo idiosincrásico (Mc Cracken, 1991:16. Traducción libre de Ricardo A. Hill). Además, hay tres objetivos de la revisión cultural:

1)→Preparar la elaboración del cuestionario. Con este paso se ven categorías y relaciones entre ellas, anteriormente pasadas por alto.

2)→Sentar las bases para el proceso escudriñador que sucederá en el análisis de los datos.

3)→Con esta revisión se genera distancia.

Nota: Este paso busca involucrar al investigador en dos procesos: **a)** la familiarización y **b)** la desfamiliarización

Paso 3: Descubrimiento de las categorías culturales

Antes de que comience la entrevista se requiere tener elaborado el cuestionario. Se recomiendan algunos principios generales para construir la medula del instrumento. **El primer objetivo** de la entrevista cualitativa en **dejar que cuenten los entrevistados con sus propias palabras, su propia historia.** El interés aquí es dejar que el entrevistado se explaye sin indicarle exageradamente sobre que hablar en particular. Si hubiere preguntas deberían ser elaboradas de manera genérica y nunca en forma dirigida. Este tipo de preguntas reciben el nombre de "Grand Tour Questions" o de Contorno o de Vuelta Grande (Spradley, 1970: 86-87, Werner y Shoeple, 1987: 318-343). Una vez que se ha introducido con las preguntas de contorno se crea la atmósfera favorable para los recordatorios flotantes que no son más que el uso apropiado de ciertos estilos de la práctica discursiva coloquial. A veces son gestos del entrevistador, como el levantamiento de cejas al término de la cierta expresión. Esto se usa para que el entrevistado continúe explicando o empleándose más a fondo para redondear sus dichos. Otra manera es repetir las últimas dos o solo la última palabra de la frase, con la misma intención. Lo que se pretende es que el entrevistado se explaye más sobre los que está diciendo (Emerson, 1987:75; Laazarsfeld, 1972). A veces se requiere preguntarle lo que pretende decir con cierta frase, pero sin darle ninguna interpretación que haya hecho uno sobre el significado de dicha frase. Otro tipo de preguntas son los recordatorios planeados. Estos se utilizan principalmente a manera de contraste, pidiendo que se establezca la diferencia entre las dos categorías, a partir siempre de términos que el entrevistado uso en su discurso.

Otro tipo de recordatorio planeado son las preguntas de "categoría", que se refieren a la indagación de los aspectos formales del tema bajo discusión. Por ejemplo, si se trata de conocer un evento o actividad, se requeriría saber sobre:

1) Cómo define el entrevistado los actores claves

2) La acción central

3) La estructura temática

4) Los recordatorios importantes

5) La audiencia necesaria

6) Los roles adscritos

7) La significación social

8) La significación cultural y

9) Las consecuencias de las buenas y malas actuaciones (Mc Craken, 1991: 1. Traducción libre de Ricardo A. Hill).

Otro modo de usar el recordatorio planeado es pedirle al entrevistado que señale un incidente excepcional sobre el tema discutido. Algo que haya ido en contra de sus suposiciones y expectativas. Preguntas tales como: ¿Qué fue lo más impactante del incidente?, ¿por qué?, ¿precisamente fue sorprendente?, ¿qué exactamente contradijo de sus suposiciones?. Esto permite al investigador extraer a lo visible, las hasta entonces subyacentes relaciones y categorías culturales. Otra técnica del recordatorio planeado es el "automanejo". Este procedimiento a diferencia de los anteriores, es sumamente instructivo, pero en algunos casos extraordinariamente valioso. Se le solicita al entrevistado que hable sobre un vídeo, película u otro estimulo, que brinde su idea de lo que el / ella observa (Waxy Shapiro, 1956; Whyte, 1957). En algunas ocasiones el investigador selecciona y prepara el recurso, mientras que en otras es el propio entrevistado el que lo hace. Esto es un útil pretexto para comentar y traer a colación en términos verbales atribuidos de la experiencia del entrevistado que difícilmente podrían surgir en la entrevista mediante otros medios. Si se cumplen estas características, la duración de la entrevista tenderá a ser larga.

Si hemos encontrar aspectos importantes mediante la involucración del entrevistado en partes claves de su experiencia, la entrevista necesariamente consumirá tiempo. Así, el cuestionario completo tendrá entonces los siguientes tipos de preguntas:

1.→ Preguntas biográficas

2.→ Áreas de preguntas

3.→ Áreas de preguntas constituidas por:

  A. Preguntas de contorno.

  B. Recordatorios flotantes

  C. Recordatorios planeados de los siguientes tipos:

    1). Preguntas de contrastes

    2). Preguntas de categoría

3). Preguntas de incidente especial

4). Automanejo

Con este cuestionario el entrevistador no posee un mapa ni una brújula, sino un instrumento valiosísimo para que oriente en el tipo de área que va explorar y hacia dónde se dirige. Por último: ¿Cómo seleccionar, bajo qué criterios se van a escoger los entrevistados? He aquí algunas recomendaciones al respecto:

» →Los entrevistados deben ser desconocidos (tanto para el entrevistador como para los otros entrevistados)

» →Deben ser pocos (o más de ocho)

» →No deben saber ni mucho ni poco del tema

» →Deben permitir por sus propias características, que el entrevistador genere distancia. ¿Cómo? A través de contrastes en los atributos:

1)→De edad

2)→De género

3)→De status

4)→De educación

5)→De ocupación

Procedimiento de la entrevista profunda

Para Mc Craken (1991), el procedimiento de la entrevista profunda comienza con un paso pragmático, en pocos minutos el entrevistador debe demostrar que está preparado y deseoso de escuchar cualquier testimonio con interés. Es muy importante crear una atmósfera de seguridad y el entrevistador debe abrir la entrevista con preguntas simples e informativas.

Las preguntas de datos biográficos pueden servir a este propósito. Después de cumplir con las preguntas preliminares deben usarse preguntas de contorno y los recordatorios planeados para garantizar que todas las categorías y relaciones identificadas como importantes sean recolectadas.

Es importante que el investigador sea paciente y que tenga cuidado de captar los datos por completo. También debe escuchar los términos claves, incluyendo las impresiones, la evasión de tópicos, distorsión deliberan e incomprensiones menores.

Paso 4: Categorías analíticas

El análisis de datos de la investigación cualitativa es el espacio más exigente. El objeto de análisis es determinar las categorías, relaciones y suposiciones del mundo del entrevistado y del tópico de la investigación. El proceso tiene, según el autor, cinco escalones.

Primero: Trata cada expresión en el proceso de la entrevista en sus propios términos ignorando su relación con otros aspectos del texto.

Segundo: Se toman las observaciones y de desarrollo de acuerdo a la evidencia de la transcripción y luego de acuerdo a la literatura previa.

Tercero: En este la referencia se hace por las observaciones mismas, revisando las ideas a medida que emergen del proceso de comparación de observaciones.

Cuarto: toma las observaciones generadas en niveles previos y las somete en forma colectiva. El objeto de este análisis es la determinación de patrones de consistencia y contradicción inter-temática.

Quinto: toma patrones y temas, tal como ello aparecen en las varias entrevistas que construyen el proyecto, y los someten a un proceso final de análisis.

Apoyo tecnológico

La computadora permite al investigador marca pasajes e inserta fácilmente los mensajes en la pantalla. En la primera fase de análisis esta tecnología permite al investigador realizar la transcripción original y un conjunto de observaciones. Igualmente, este medio facilita ir insertando cada etapa por la que atraviesa la entrevista hasta su manejo final.

Control de la eficacia

Mc Cracken propone adoptar el esquema planteado por Bunge (1961) para la evaluación de la investigación cualitativa. Este consta de siete condiciones:

1. →Que la explicación sea afirmada de la forma más precisa posible de modo que al lector no le quede duda alguna al respecto.
2. →Que realice el menor número de suposiciones sin explicación.
3. →Que debe ser mutuamente consistencia, sin contradicciones.
4. →Que debe ser externamente consistente con la mayoría de los principios importantes del estilo social científico de indagación
5. →Que sea unificado, en el que las inserciones estén organizadas de lo específico a lo general.
6. →Que sea poderoso, es decir, riguroso en la explicación de los datos.
7. →Que sea fértil en generar nuevas ideas y explicaciones.

El reporte final

La redacción del reporte final puede realizarse **en dos formas**: una, empleada cuando un tópico de investigación muy específico ha sido elegido por una tercera parte y asignado al investigador; la otra ocurre cuando una agencia gubernamental, compañía privada o un profesor establece el tópico de investigación.

La primera sección de la redacción de un tópico asignado es construir una introducción que esté dirigida a un proyecto. **La segunda sección** es la revisión de la literatura que debe resumir la literatura y mostrar como los datos fomentan una perspectiva y conjunto de conclusiones. **La tercera sección** es el tratamiento formal de las observaciones y conclusiones.

La introducción para un proyecto de tópico abierto es menos fácil, no hay una directiva de investigación para especificar lo que el artículo deberá conseguir. Es necesario que el autor modele propios términos de referencia. El artículo ofrece una revisión de literatura, pinta el marco etnográfico y presenta una revista formal de los patrones sociales. Las tres secciones del artículo pueden ser escritas como las de tópico asignado. La última sección del artículo es el tratamiento formal de las observaciones y conclusiones.

Administración de investigación comisionada o administrada

En algunos casos, el individuo que consigue la investigación nunca participará en ella, como un administrador de la investigación, dirigirá y comisionará un conjunto de individuos para implementar la investigación.

Hay cuatro temas que debe considerar el administrador de investigación comisionada, debe estar absolutamente segura que el método cualitativo es el mejor método para su proyecto. Hay algunos administradores que usan entrevistas de "entrada" y grupos al comienzo del proyecto. El segundo tema es surtir y supervisar la investigación comisionada. El administrador que no tiene recursos internos tendrá que contratar grupos de investigación universitaria y casas comerciales, casas comerciales de investigación. Una vez que sea encontrado un proveedor de investigación, el administrador debe escuchar las grabaciones de entrevista, y conducir proceso de análisis de datos para poder juzgar la calidad y la utilidad de los datos recibidos.

Frecuentemente el administrador de las investigaciones se le pide integrar los resultados del estudio. El administrador es frecuentemente llamado a defender sus datos contra atajadores. Es importante que el administrador pueda justificar y defender los resultados del proyecto.

En la investigación administrada el investigador puede ser incapaz de realizar sus propias entrevistas o que realice completamente sus propios análisis al igual que escribirlo. La responsabilidad de la investigación esta delegada a otras personas y debe tomar ciertas precauciones. La primera precaución es que todos los investigadores que van a tomar datos deben recibir entrenamiento.

Las personas que van a ser algún análisis para el proyecto necesitan un entrenamiento extensivo y deberían haber complementado un curso en la investigación cualitativa. La entrevista administrada sigue lo mismo cuatro pasos que el proceso de la entrevista profunda.

Con los resultados del primer y segundo paso, el administrador debe supervisar la construcción del cuestionario, la construcción del cuestionario no debe ser delegada. Los cambios más fuertes en el proceso de investigación ocurren en el tercer paso. El administrador puede hacer varios pasos de modo que colecta y analiza los datos. En el primer paso, los investigadores completan un pequeño número de entrevistas, y luego regresan para inscribir e identificar palabras claves y pasajes importantes. Estos datos son revisados por el investigador, quien puede formular un segundo conjunto de preguntas.

Este proceso es continuo hasta que el administrador este persuadido que los asuntos claves han sido descubiertos. Este proceso de identificar categorías y suposiciones también puede comprender cada uno de los cuatro pasos del proceso. Usando sesiones tipo lluvia de ideas, el administrador puede acercar el equipo a la indagación cualitativa.

Conclusiones

En sentido técnico, la entrevista es un método de investigación científica, que utiliza un proceso de comunicación verbal, para recoger unas informaciones, en relación con una determinada finalidad, el rigor de su técnica es lo que lo distingue del sentido convencional de lenguaje.

En un sentido general y de acuerdo con Goody, la taxonomía de las entrevistas se basa particularmente en la finalidad con que se realizan y destaca que, en ella, la forma en que se realizan, es un aspecto que la hace cada vez más relevante, como un instrumento de obtención de información poderoso. El autor las clasifica en:

- →**estructurada**
- →**no estructurada**
- →**combinada**

Los distintos métodos de entrevista deben adaptarse a las variadas situaciones, bien puede tratarse de una comunicación-información, para lo cual un cuestionario estructurado es suficiente o realizar una técnica de exploración para recabar la información deseada.

Por su parte, las entrevistas profundas son flexibles y dinámicas, no directivas, estructuradas, no estandarizadas y abiertas, se trata de un método de investigación cualitativo, en donde se dan reiterados encuentros cara a cara entre el investigador y los informantes, los cuales van dirigidos a comprender las perspectivas que tienen estos últimos respecto de sus vidas, experiencias o situaciones y lo dicen con sus propias palabras.

La pauta para realizar una entrevista exitosa consta fundamentalmente de la selección apropiada de informales la elaboración de la guía de entrevistas y la realización del sondeo, así como realizar controles cruzados y gravar las entrevistas y, finalmente, llevar registros precisos de la información recabada.

Con relación al final de la entrevista, no deben dejarse de lado aspectos tales como la explicación de la utilidad de la información y las acciones que se pretenden realizar con ello de manera que se reflejen una intervención ética y profesional por parte del entrevistador y las causas e instancias que proveen la investigación.

Finalmente, la elaboración del informe debe contener las síntesis de la información relevante y análisis de resultados, vinculados estrechamente a los objetivos planeados, sin dejar de considerar en la metodología el tipo de estudios, los alcancé de la información recabada, así como las fuentes y referencias a que se haya recurrido.

Por otra parte, hemos de mencionar la trascendencia que ha tenido en el trabajo social individual para poder conocer de forma más amplia y veraz todos aquellos datos importantes recopilados por medio de la entrevista para realizar un estudio socioeconómico, así como para llevar a cabo un diagnóstico situacional de la problemática real y sentida en la que se ve inmerso el individuo que es tratado por este profesionista del Trabajo Social.

Ahora bien, para el Trabajo Social es de suma importancia trabajar con individuos que se encuentran con una problemática tal que les imposibilita desarrollarse en el ámbito empresarial, personal y familiar de ahí la importancia de emplear la entrevista como un medio de recabar información para realizar un buen diagnóstico para implementar un adecuado tratamiento.

Nuestra profesión surge como evidencia de ayudar, educar y dirigir a los individuos que se encuentren con problemas en la empresa y/o fuera del contexto familiar y/o social bajo un proceso de atención individualizada y grupal de forma metodológica a través de una visión global y que se apoya en esta importante técnica para lograr en muchas de las ocasiones sus objetivos.

Bibliografía

Deslauriers, J. P.

(1991) *Recherche qualitative,* Montreal, Mc Graw-Hill èditeurs, Traducciòn de Eduardo López Estrada

Departamento de Enseñanza, Escuela Nacional de Trabajo Social, U.N.A.M., (1988) "La Encuesta", Tríptico informativo.

Edwar, Geiselman

(1994) La entrevista cognitive U.C.L.A

Goode, William y Hall, Paul

(1991,97) *Método y Técnicas de las Ciencias Social,* México, Editorial Trillas.

Grawitz, Madeleine

(1984) *Método y Técnicas de las Ciencias Social,* México, Editorial Hispano-europea.

Mc Cracken Grant

(1991) The Long Interview, Newbury Park, Sage Publications, 5a. Ediciòn

Traducciòn de Ricardo A Hill.

Ronald, P. Fisher

(1993) La entrevista Universidad de Florida

Taylor, S.J., Bogdan,R.

(1996) Introducción a los Métodos Cualitativos de Investigación. Barcelona, Editorial Paidos.

Ortiz Uribe, Frida Gisela." *La entrevista de investigación",* México, Limusa, 2007.

Hernández Sampieri, Roberto. "*Métodos de investigación*", Mcgraw-Hill / Interamericana de México 2006.

Complemento

¿Qué es una entrevista?
   "una conversación entre dos personas"

Es la forma de obtener información por medio de una serie de preguntas o de una conversación informal con el fin de obtener una serie de datos y/o cualidades personales de alguien o algo.

¿Cómo realizar una entrevista?

• →Antes que nada, hacer preguntas con una finalidad.

• →El hacer preguntas de manera inteligente y cuidadosa es la base de la solución en el 99% de los casos.

• →El grupo de entrevistadores competentes con que cuentan las instituciones, es la base para cumplir con el trabajo requerido o en su caso aportar datos fieles en un informe.

Figura 4
¿Cómo nos comunicamos?

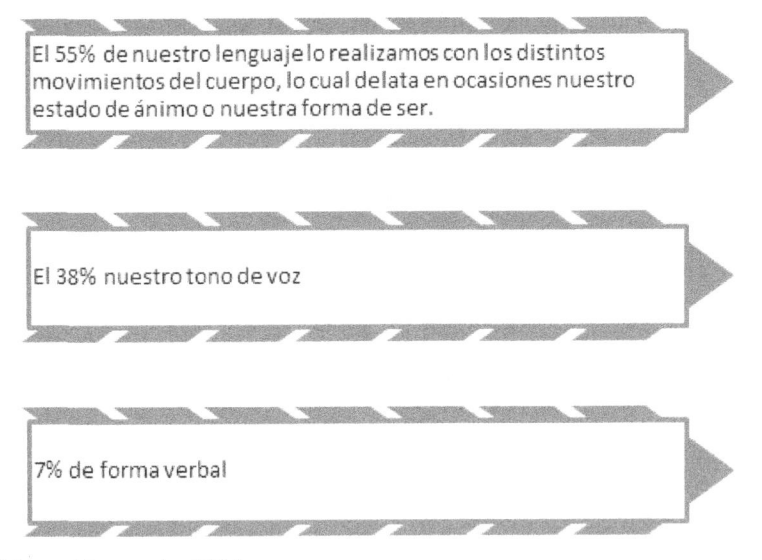

El 55% de nuestro lenguaje lo realizamos con los distintos movimientos del cuerpo, lo cual delata en ocasiones nuestro estado de ánimo o nuestra forma de ser.

El 38% nuestro tono de voz

7% de forma verbal

Fuente: elaboración propia, 2024.

Ahora bien, menos del 65% al 75% de la comunicación la hacemos no verbalmente.

Figura 5
¿A qué tipo de personas entrevistamos?

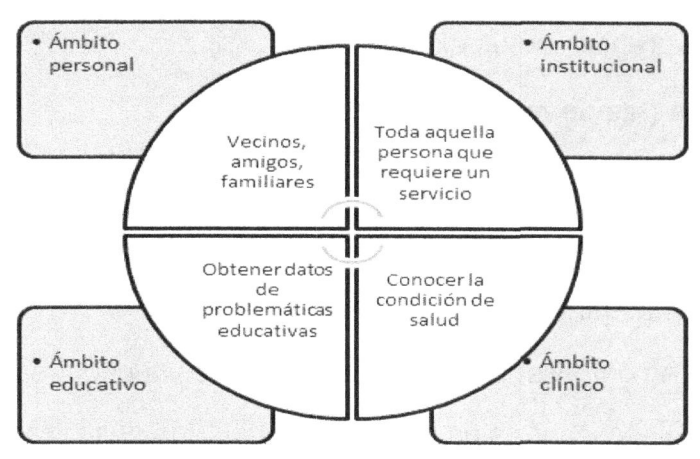

```
• Ámbito                              • Ámbito
  personal                              institucional

         Vecinos,         Toda aquella
         amigos,          persona que
         familiares       requiere un
                          servicio

         Obtener datos    Conocer la
         de               condición de
         problemáticas    salud
         educativas
• Ámbito                              • Ámbito
  educativo                             clínico
```

Fuente: elaboración propia, 2024.

¿Cómo lograr una buena entrevista?

- →Desarrolle un plan de acción
- →Lleve a cabo la entrevista en privado
- →Asegúrese que el entrevistado se sienta cómodo
- →Deje hablar a la persona que entrevista
- →Perfeccione la técnica de hacer preguntas
- →Escoja las preguntas cuidadosamente
- →Escuche con atención
- →No impugne las contestaciones
- →Manténgase en control
- →Tome notas breves
- →Concluya la entrevista en forma apropiada

- →Escriba un resumen inmediatamente después de la entrevista (Se recomienda que sea antes de pasar tres horas ya que pasado este tiempo es difícil retener la información).

- →Aprenda de sus experiencias

Precisas (las de mayor importancia).

Abiertas o cerradas (dependiendo de su tipo de entrevista).

La entrevista

- →Una entrevista es una lista de preguntas
- →Las entrevistas deben apegarse a los hechos reales
- →El escuchar es un proceso natural "una destreza"
- →El tomar notas es de suma importancia
- →El entrevistador debe dominar la situación en todo momento

Estructura de la entrevista

A)→Preparación

B)→Introducción

C)→Establecimiento de la compenetración

D)→Preguntas

E)→Comprobación

F)→Trate de captar todo para aprovechar la recuperación durante la comprobación

G)→Salida

H)→La crítica

Preparación

- →Conozca a fondo el caso
- →Biográfico, antecedentes del cliente a entrevistar (familiares, psicológicos, laborales, y hasta un momento dado criminales).

Lugar para entrevistar

- →Lugar de labor del entrevistador (para un mejor control)

- →Lugar que elija el entrevistado (indica lo que él considera importante)

- →Neutral (a menudo es más cómodo para ambos)

¿Quién y cuántas personas?

- →Sólo los necesarios (entrevistador y entrevistado)

- →Evitar intimidar (por parte del entrevistador)

Introducción

"La primera impresión "

No habrá una segunda oportunidad

- ✓ →Proporcionar nombre, competencia y objetivos (Libertad de acción en este punto)

- ✓ →Puede establecer el tono para toda la entrevista

"Cómo presentarse "

- ✓ →"Estoy aquí para visitar a la señora..........."

- ✓ →"Sería tan amable de indicarnos dónde vive"

"Compenetración "

Cuando dos personas logran un estado de armonía a través de un proceso informal.

"Establecimiento de la compenetración "

- →Personalizar la entrevista

- →Comunicar empatía

- →Ponerse en el lugar del entrevistado

- →Decirle que comprendemos su caso

- →Repetir su última idea y seguirla con preguntas relevantes.

- →Evitar frases preconcebidas

- →Decirle algo de usted
- →Reducir su ansiedad
- →Reconocer su ego

Preguntas, comprobación
- →Hacer las preguntas (claras y concretas)
- →Repreguntar (para comprobar con otras palabras)

El éxito
- ✓ → Cumplir con el objetivo
- ✓ → Proporcionar datos verídicos

Salida

Despedirse, dejando la puerta abierta para posteriores entrevistas.

Crítica

La Crítica

Realizar una autocrítica, aprender de los errores.

Entrevista

Definición:

Muchos entrevistadores exitosos definen a la entrevista tan solo como **"una conversación con un propósito"**

¡¡La escucha activa!!

Estudios clínicos han demostrado que aquellos que saben escuchar son los que tienen mayores posibilidades de influir en las personas.

Escuchar vs oír

- →**Oír:** Uno de los cinco sentidos (las ondas sonoras son transformadas en impulsos audibles).

- →**Escuchar:** Implica oír y consideración reflexiva atención. (proceso que envuelve esfuerzo y concentración).

Técnicas para desarrollar la escucha activa

• →Realizando preguntas abiertas

• →Reflejando o espejeo (uso de las mismas palabras o frases que utiliza el entrevistado)

• →Uso de las pausas (con estas se enfatiza lo que se le dice al entrevistado, mientras se le observa cuidadosamente)

• →Verificar lo que se nos dice (entonces Ud....)

• →Preste atención a lo que las personas piensan que es importante!

• →A lo que las personas valoran (sin juzgar).

• →Es probable que haya necesidad de aclarar los valores de las personas

• →Recuerde los valores influyen sobre la conducta

• →Recuerde que:

• →Los sentimientos, valores, estilo de vida y opiniones de las personas **son los elementos con los que tenemos que trabajar!**

• →Demuestre interés con su lenguaje corporal

• →Desarrolle empatía

Estructura de la en trevista

1. →Preparación
2. →Introducción
3. →Desarrollo de confianza
4. →Preguntas
5. →Verificación
6. →Asegurarse que se realizaron todas las preguntas
7. →Retirada
8. →Crítica

1.- Preparación

• →**Hechos.** Asunto, antecedentes y clasificación del entrevistado

• →**Tiempo.** El que sea necesario para terminar la entrevista (se recomienda no presionar al entrevistado, elemento que el entrevistador debe tomar en cuenta para evitar posibles fallas por falta de tiempo)

• →**Lugar.** Para un mayor control de nuestra parte. En el caso de los entrevistados para que se sientan más relajados para lograr una mayor profundidad en su personalidad.

Continuación

• →**Lugar:** Se recomienda que este sea neutral, por lo general resulta menos intimidatorio (Se considera el mejor)

• →**El plan:** Quien o quienes realizarán la entrevista, de qué forma, lugar y tiempo que emplearán.

2.- Presentación

- →Las primeras palabras determinan el tono de la entrevista
- →La primera impresión es la que cuenta
- →Quiénes somos
- →Qué somos
- →Qué queremos

3.- Ganándose la confianza

- →Por lo general es el siguiente paso lógico a la presentación
- →Escucha activa
- →Intereses en común con la persona
- →Respeto
- →Sinceridad (la clave)

4.- Preguntas

- →Preguntas abiertas seguidas de escucha activa (qué pasó?, ¿qué vio Ud.? Descríbanos todos los pequeños detalles...)

- →Preguntas cerradas (¿quién o quienes la acompañaban, que día fue? Etc.)

- →Preguntas que dirigen, es el tipo de preguntas que indican la respuesta deseada (Ud. la conoce verdad...?)

5.- Verificación

- →De esta forma aseguramos el entendimiento mutuo
- →Es nuestra oportunidad de para tomar notas (adicionales)
- →Da oportunidad al entrevistado nuevamente de ampliar la memoria

5.-Verificación (continuación)

- →Parafrasee lo que el entrevistado le comenta
- →Si le entendí bien, Ud. dijo...
- →Lo que Ud. dice, es ...
- →Deje ver si le entendí bien...

6.- Asegúrese de que realizo todas las preguntas

- →Actitud positiva (¿qué he olvidado preguntarle...?)
- →Actitud negativa (qué es lo que no me ha dicho...?)

7.- Retirada / despedida

- →Mantener la buena impresión, que se logre construir durante la entrevista
- →Puertas abiertas: Dejar la posibilidad de un reencuentro en el futuro

8.- Autocrítica

"Aquellos que no aprendan del pasado y de sus errores están condenados a repetirlos"

- →Es el único camino para aprender de nuestros errores
- →Critique su entrevista en términos de los pasos anteriores

8.- Autocrítica (continuación)

- →Estaba yo preparado
- →Me presente adecuadamente
- →Me gane su confianza
- →Use preguntas abiertas, escuche activamente y después hice preguntas cerradas
- →Me asegure que entendí bien
- →Me asegure que hice todas las preguntas pertinentes
- →Realice bien el cierre de la entrevista

Entrevista cognitiva

- →Técnica que permite ampliar la memoria del entrevistado sin el estigma que implica el uso de la hipnosis
- →Cognición: Proceso por el cual la información es adquirida.

La entrevista cognitiva

1. →Remueva las barreras emocionales
2. →Reconstruya las circunstancias
3. →Reporte todo (tome notas de todo)
4. →Recuerde los eventos en diferente orden
5. →Cambie las perspectivas
6. →Rememoranza especial

Elimine barreras emocionales

• →¿Cómo se siente? ¿Ya está usted mejor? ¿Qué le preocupa? ¿Puedo hacer algo por usted?

• →La entrevista cognitiva comenzará hasta que la persona haya recobrado su compostura por completo.

Detectando el engaño

1. →A través de la cuidadosa observación de su comportamiento (mensaje no verbal, nerviosismo movimientos repetitivos, mirada insistente, perdida, tics nerviosos manoteo constante, y sudor en la frente o las manos)

2. →A través de la cuidadosa observación de lo que comunica (mensajes verbales o escritos).

El Trabajador Social en una micro financiera

Rosa Jazmín Mendoza López[5]

---
[5] Trabajadora Social Egresada de la UAEH

Históricamente en relación con los orígenes del Trabajo social, se aprecia cómo desde los primeros siglos de esta era aparecen preocupaciones e iniciativas dirigidas al mejoramiento de las condiciones del ser humano; pero las mismas tenían una expresión esporádica en contadas personas y patrocinadas por instituciones poderosas como la iglesia, siempre encaminadas a sectores limitados de la población. Estas acciones con magníficas intenciones, innegablemente resultaban insignificantes para colmar la ayuda que recababan los males sociales, además nunca atacaban las causas reales que daban origen a los disímiles problemas que se presentaban. El empleo de métodos científicos de investigación posibilitó el enriquecimiento paulatino del Trabajo Social. En sus inicios, fue considerado como un arte en el que los conocimientos de la ciencia de las relaciones humanas y su aplicación práctica posibilitó la movilización de actitudes en el individuo y los recursos de la comunidad. Más tarde, se define como tecnología social, al aplicar las teorías de las ciencias sociales en el campo del bienestar social.

Existen criterios que el Trabajo Social ha dejado de ser arte y tecnología para devenir en disciplina científica, por cuanto da cumplimiento a las leyes del desarrollo social y el método científico que propicia bienestar a los colectivos humanos tanto han sido los avances del trabajo social a partir de un trabajo social pre científico hasta llegar hoy en día al grado de que el trabajo social se esté insertando en instituciones de tipo financieras; se diría que el trabajador social no tiene nada que hacer en este tipo de instituciones y que no es su área por el contrario, la institución financiera piensa que el mejor elemento es un trabajador social capaz seleccionar individuos para organizar grupos, capacitarlos, designar roles, ser mediador entre institución y grupo que conoce a la gente la sabe convencer además de tener tolerancia capaz de hacer trabajo de campo y de oficina entender y evaluar las necesidades de la gente y su entorno, que cuenta con empatía hacia los demás, que se gana la confianza el respeto y hasta el cariño todo esto sin quebrantar las reglas de la institución pues de la buena relación que este elemento tenga dependerá para que la gente esté más tiempo con la institución pues es susceptible de dejar dicha institución si no se le trata con respeto y se le tenga paciencia es ahí cuando la institución que más que solicitar un matemático solicita un trabajador social pues tiene una visión bastante amplia donde cree que la contabilidad debe ser sencilla para que la gente comprenda y que debe haber alguien que los capacite que enseñe de manera sencilla las reglas de una microfinanciera para que entiendan con lo cual obtendrán beneficios los dos tanto la gente que ingresa a la institución como la misma institución tan es así que la institución llama socios a las personas que solicita un crédito con ella, pues de antemano sabe que como a un socio se le debe atender con respeto informar y capacitar en el caso que no entendiera la forma de operar dicha institución así como tener transparencia con ellos. De hecho, el promotor social es un facilitador y orientador de las personas en problemas de índole social de manera que éstos puedan hallar y utilizar los recursos y medios necesarios para superar las dificultades y lograr los objetivos planteados. De tal suerte que la institución entrega soluciones según las posibilidades del caso y del entorno del o de los afectados, pero siempre, pero siempre con la consigna de que las personas son las que deben decidir qué hacer y cómo hacerlo.

La institución entonces como una de sus mutiles funciones a través del trabajador social solo se encargar de capacitar a su promotor en contabilidad encargándose de que sea constante esta capacitación la institución tiene diversos nombres para este elemento que es la base de su organización le nombra como ejecutivo de venta, promotor de venta y en algunos casos tienen el nombre de promotor social.

Los préstamos son utilizados para invertir en microempresas, así como para invertir en salud y educación, mejorar la vivienda o hacer frente a emergencias familiares.

El micro crédito no se limita a proveer servicios financieros solamente, sino que provee entrenamiento en el manejo del dinero, y toca aspectos tales como liderazgo, confianza, autoestima, educación y manejo de microempresas. Y aunque algunos programas se interesan exclusivamente en lo concerniente al ahorro y el crédito, otros tienen este elemento como parte de un paquete que incluye, además, actividades relacionadas con la salud, la planificación familiar o la organización de la producción y distribución de bienes.

Los programas de micro crédito son focalizados y su población objetivo suele estar conformada por gente pobre que no tiene acceso a los préstamos institucionales de la banca comercial o de otras instituciones públicas. Sin embargo, estas personas pobres tienen la capacidad de emprender actividades que eventualmente aumentarán su ingreso. Son los denominados "pobres emprendedores" y se diferencian de aquellos pobres que no tienen capacidad de llevar a cabo actividades económicas debido a la carencia de habilidades personales o al grado de indigencia en que se encuentran. Estos últimos deben ser asistidos preferiblemente mediante otro tipo de programas sociales. No obstante, algunos programas de micro crédito se las han arreglado para asistir a los extremadamente pobres (Nava, 2006).

En México, las MiPYMES (Micro, pequeñas y medianas empresas), constituyen el 99.8% del aparato productivo, generando la mitad del PIB (Producto Interno Bruto) y siete de cada diez empleos. Son las Microempresas quienes constituyen el mayor empleador de nuestro país. De los 3.4 millones de MiPYMES en el país, 95% son micro, 3.9% pequeñas y 09% empresas medianas (Murillo, 2005). Las estadísticas reflejan la necesidad de atender este sector, facilitando los proyectos productivos de las familias con menores recursos.

La buena identificación de la población objetivo es importante para la creación y el mantenimiento de la disciplina crediticia, que es una condición necesaria para la sustentación del programa. Las mujeres constituyen un grupo objetivo común en los programas de micro crédito. Esto se debe, entre otras razones, a que las mujeres han demostrado mejores cualidades empresariales y mejores tasas de repago que las registradas por los hombres; las mujeres tienen un acceso más limitado al crédito porque generalmente los activos, que podrían servir de colateral, los cuales están registrados a nombre de sus maridos; el ingreso percibido por las mujeres usualmente tiene un mayor impacto sobre el bienestar de la familia; el micro crédito no sólo mejora la situación financiera de la mujer sino que mejora su posición en la familia y la sociedad, su autoestima y su poder de decisión (Celarie, 2005). Por ello, muchos programas de micro crédito tienen un enfoque de género para que las mujeres tengan las mismas oportunidades que los hombres.

Una institución micro financiera lo que hace es que otorga micro créditos, préstamos para apoyar económicamente a personas en situación de vulnerabilidad, es decir inyecta financiamiento para disminuir la vulnerabilidad económica y la pobreza entre las personas desde su percepción de sí misma la institución menciona que trabaja con la gente y no para le gente es decir que con el apoyo de la institución la comunidad salga de su situación de vulnerabilidad.

Las micro financieras son organizaciones que brindan créditos en pequeñas cantidades para emprender o ampliar un negocio. De hecho, los montos parten desde $500 pesos. Entre sus beneficios destaca que no exigen trámites complicados, ofrecen capacitación para el manejo del crédito y, en algunos casos, ayudan al ahorro familiar.

Los préstamos se otorgan en forma individual o en grupos solidarios. En caso de que se decida solicitarlo en conjunto, tendrá la ventaja de contar con el respaldo de sus compañeros. Por lo que no se le pedirá garantía alguna.

Una microfinanciera ofrece servicios financieros sólo a sus clientes, a través de pequeñas cuentas de ahorro, individuales o grupales, y créditos que van de acuerdo a sus necesidades y a su situación económica.

Las micro financieras tienen diferentes requisitos y distintas formas de participación, porque se adaptan a las necesidades de la comunidad a la cual le ofrecen el servicio financiero. Las Micro financieras no prestan grandes cantidades, cuenta con una metodología muy específica para colaborar con sus clientes e ir incrementando las sumas de préstamos para evitar el endeudamiento desmedido y la incapacidad de pago del socio. Por lo general, inician con pequeñas cantidades de crédito y en algunas también de ahorro, las cuales que se incrementan gradualmente hasta lograr establecer un historial crediticio exitoso y un patrimonio para cada persona o grupo.

¿Cómo ayuda el micro crédito a los más pobres?

Incrementando su capacidad de ahorro, y con ello su patrimonio enseñando la forma de ahorrar creyendo en ellos y en sus capacidades para salir adelante. Acercándolos a los servicios financieros institucionales, servicios financieros oportunos y a su alcance enseñando la forma de llevar un crédito.

Compartiendo la responsabilidad del manejo de los créditos con otros clientes.

El objetivo de las micro finanzas es potenciar la capacidad de los clientes de iniciar un pequeño negocio, o instrumentar el autoempleo especialmenteen las mujeres como agentes económicos del cambio.

La manera típica cómo funciona el micro crédito es otorgando un préstamo pequeño, cuyo monto está determinado por la capacidad de pago del prestatario, durante un período corto. Una vez pagado el primer préstamo, el prestatario puede optar por un segundo préstamo mayor, ya que ha aprendido a gerenciar sus inversiones y ha demostrado ser buen pagador. Si el beneficiario continúa pagando puntualmente puede optar a préstamos cada vez mayores. El tamaño máximo del próximo préstamo se determina por el desempeño en los pagos, declinando en una cantidad previamente establecida por cada cuota no pagada a tiempo. Se fija un número máximo de cuotas no pagadas a tiempo que hacen que el beneficiario deje de ser elegible para nuevos préstamos. Este mecanismo de control de pago es dinámico, y se recurre a el porque los pobres no tienen activos que puedan ser utilizados como colateral, lo cual representa uno de los principales obstáculos para acceder a los préstamos del sistema bancario institucional.

Otra manera usual de garantizar el pago del préstamo es mediante el sistema de grupo. Los prestatarios son organizados en grupos solidarios por parte del trabajador social, conformados con personas de la misma comunidad, usualmente amigos o familiares. Cada grupo tiene un líder, posición de carácter rotatorio. Los préstamos son otorgados por las instituciones donantes al grupo, cuyos miembros se reúnen semanal o mensualmente para discutir y aprobar los proyectos individuales que serán financiados. Una vez otorgado el préstamo a uno de los miembros, el grupo le hace seguimiento a la inversión. Los préstamos otorgados al grupo se le cobran al grupo. Si uno de los prestatarios no puede pagar su cuota, el grupo debe hacerlo dividiendo el monto entre sus miembros. Los nuevos préstamos de la institución donante dependen del récord de repago del grupo, de manera que todos los miembros deben amortizar las cuotas puntualmente para que el grupo tenga acceso a nuevos recursos. Esto hace que se produzca presión social entre los miembros del grupo y sirve como colateral social (Rodríguez, 1987). Muchas veces se potencia el colateral social pidiéndoles a los futuros miembros que conformen sus propios grupos, ya que al éstos seleccionar individuos en quienes confían la probabilidad de tener que pagar las cuotas de los otros miembros del grupo disminuye y la tasa de repago del grupo aumenta.

El sistema de grupo no sólo proporciona una garantía de repago, sino que disminuye los costos administrativos del financiamiento porque es el propio grupo el que administra los préstamos individuales. Además, la rotación de la posición de líder del grupo, usualmente es de manera anual, lo cual les da la oportunidad a sus miembros de asumir responsabilidades de liderazgo, participar en actividades sociales de la comunidad y mejorar su autoestima. Esto tiene un efecto positivo en la identidad individual de los miembros y propicia el desarrollo de la identidad colectiva y la participación comunitaria, preparando a los miembros de la comunidad para enfrentar los problemas y resolverlos de manera endógena (Wilhem, 1980).

La manera típica cómo funciona el micro crédito es otorgando un préstamo pequeño, cuyo monto está determinado por la capacidad de pago del prestatario, durante un período corto. Una vez pagado el primer préstamo, el prestatario puede optar por un segundo préstamo mayor, ya que ha aprendido a gerenciar sus inversiones y ha demostrado ser buen pagador. Si el beneficiario continúa pagando puntualmente puede optar a préstamos cada vez mayores. El tamaño máximo del próximo préstamo se determina por el desempeño en los pagos, declinando en una cantidad previamente establecida por cada cuota no pagada a tiempo. Se fija un número máximo de cuotas no pagadas a tiempo que hacen que el beneficiario deje de ser elegible para nuevos préstamos. Este mecanismo de control de pago es dinámico, y se recurre a el porque los pobres no tienen activos que puedan ser utilizados como colateral, lo cual representa uno de los principales obstáculos para acceder a los préstamos del sistema bancario institucional (Rosenberg, 2007).

La formación de una identidad colectiva ayuda a la sustentabilidad del micro crédito, una vez que los patrocinadores finalizan su actividad, porque hace que los beneficiarios se identifiquen con el esquema elevando su grado de compromiso. En este sentido es importante que los servicios ofrecidos satisfagan las necesidades del grupo. No sólo debe haber acceso fácil y rápido al crédito, sino que los servicios financieros deben ser acompañados por servicios no financieros que incluyan información y entrenamiento. Además, se debe considerar la personalización de los servicios, ofreciendo diferentes productos en préstamos y ahorros, porque no todos los clientes progresan al mismo ritmo. Esto, a su vez, atraerá nuevos clientes haciendo crecer el sistema. Por último, el esquema debe ser lo suficientemente flexible como para adaptarse a las condiciones locales.

Por otro lado, La Comisión Europea European Commission (Ben Rogaly, 2004) afirma que una empresa micro financiera exitosa debe ser sustentable, eficiente y eficaz. En donde la sustentabilidad financiera depende de cinco factores:

- →Alcanzar el volumen crítico de operaciones que permita una operación eficiente y efectiva

- →Un diferencial satisfactorio entre la tasa activa y el costo de los fondos

- →Control de costos operativos

- →Control de pagos de principal e intereses

- →Reinversión de beneficios (tasa de capitalización) que permita aumentar el patrimonio y, en consecuencia, los montos prestados

La efectividad se puede medir por:

1. →Alcance o cobertura del mercado o población objetivo

2. →Volumen de operaciones. El monto de los créditos y los ahorros debe crecer constantemente

3. →El repago de los préstamos, cuya tasa debe acercarse al 100 por ciento

4. →El desarrollo institucional. La microempresa debe transformarse en una institución financiera sustentable en un período de tiempo que oscila entre 5 y 12 años.

5. →Los programas de micro crédito tienen la ventaja de ser focalizados y fomentar la participación ciudadana. Para asegurar su éxito es fundamental que los mismos sean sustentables, eficaces y eficientes. Y una de las características más importantes del micro crédito es que va más allá de la simple provisión de servicios financieros a familias pobres.

Es importante mencionar que en México la institución mexicana de asistencia privada, promueven la creación de grupos de ahorro y crédito llamados grupos generados de ingresos GGI que inicia actividades en el valle de Chalco en 1993 (Durán, 2004).

Desde su creación, un aspecto de algunas micro financieras han considerado trascendente en el desempeño de sus funciones, y es que el préstamo es tan importante como los servicios de ahorro para la satisfacción de las necesidades financieras de los microempresarios.

Lo que busca es fortalecer la capacidad de las personas de cumplir con sus necesidades más importantes; favorecer el desarrollo comunitario, y de esta manera cambiar una situación vulnerable a una situación estable. Es ahí cuando las funciones del trabajador social y lo que pretende la micro financiera se conjugan en una sola, el trabajador social formando grupos, organizándolos y capacitándolos y l micho financiera haciendo la inversión y otorgando la confianza.

Las micro financieras no promueven el paternalismo por el contrario las micro financieras saben que la persona "si puede" por tanto promueve el crecimiento de los socios mediante grupos generadores de ingresos (GGI); Hombres y mujeres que comparten un lazo de confianza (familiares, vecinos, amigos, conocidos, etc.) y los une un objetivo común: "Mejorar su economía familiar". Ello a través de los ejes como: El ahorro, el crédito enfocados a las actividades productivas.

La institución basa su funcionamiento en la transparencia la cual es una labor compartida en la cual, la micro financiera aporta la asesoría, las herramientas necesarias y la metodología para que los Grupos funcionen de manera adecuada y se logren los objetivos del programa a través de la supervisión y capacitación del trabajador social.

¿Por qué los préstamos en una institución financiera son un instrumento social?

Porque son una respuesta para atender a las personas que no tienen acceso a la banca formal. La institución promueve la creación de Grupos Generadores de Ingresos (GGI), en los que, al reunirse los integrantes del grupo para realizar actividades de ahorro y crédito, se propicia un intercambio de experiencias que les permite conocer los proyectos de otros integrantes, aprender estrategias para mejorar el negocio o en su caso impulsar nuevas actividades productivas. Para que se pueda dar respuesta del préstamo como instrumento social se deben considerar los principios:

- »→Tasas reales y positivas
- »→Plazos cortos y pagos frecuentes
- »→Monto pequeños y crecientes
- »→Destino productivo
- »→Existencia de voluntad y capacidad de pago

El préstamo grupal ha representado un espacio para aquellas personas que no son sujetas de crédito, una alternativa para ellos es integrarse a un grupo, este tipo de grupos también se conocen como solidarios porque todos sus integrantes tienen la responsabilidad conjunta por los prestamos recibidos por sus miembros, de esta manera, el grupo en su totalidad es el aval solidario.

El nivel de la institución depende del total de activos y número de poblaciones atendidas. El nivel más alto es el 4 y los beneficios de tener uno u otro Nivel están en función de la especialización de servicios que la Institución puede ofrecer. Cabe señalar que, con esta nueva autorización, las micro financieras está en posibilidades de poder ofrecer productos específicos de ahorro, ratificando la autorización previa que se tenía bajo prórroga condicionada.

Los elementos que constituyen la identidad institucional son los siguientes:

- →Nombre de la institución
- →Filosofía (misión, visión, y principios)
- →Ejes
- →Objetivos
- →Historia
- →Población atendida
- →Zonas de influencia
- →Colores
- →Logotipo
- →Logros
- →Lema
- →Porra, arenga
- →Imagen
- →Información
- →Reglas
- →Metodología

Como surgen algunas de estas micro financieras un paseo por la historia.

Sector financiero popular y de finanzas rurales en México, su regulación (González-Vega, 2006), (stakeholders) ha mostrado importante crecimiento en los últimos años, principalmente estimulado por la expansión de este sector en el país y un mayor interés en la materia en diversos círculos e instituciones

La metodología grupal de micro créditos surge en Bangladesh en la década de los 70¨s siendo su fundador el premio Novel de la paz 2006, Mamad Yunus.

A finales de la década de los 80's, las micro finanzas comienzan a proponerse en los círculos de desarrollo y finanzas como herramienta efectiva para promover el desarrollo.

Las micro finanzas son servicios financieros que ofrecen, a personas productivas de segmentos populares, acceso a créditos, cuentas de ahorro, seguros y otros servicios que contribuyen al desarrollo de sus negocios y sus familias. El valor social está en dar acceso a servicios financieros al mayor número de gente, en el menor tiempo posible.

No es un número nada más, atrás de cada uno de estos créditos hay una persona, un hogar o una familia que encontró en una oportunidad para fortalecer sus negocios y así, con su esfuerzo, acceder a una mejor calidad de vida para sus familias en donde puedan desarrollarse como mejores personas.

En México, como en el resto de América Latina, el crecimiento acelerado de la población ha sobrepasado la capacidad de las empresas para proveer trabajo, ∘por lo que∘ las personas buscan realizar actividades productivas, conocidas como microempresas, para obtener ingresos.

1985 A raíz de los sismos de 1985 la población requiere de dar impulso a acciones tendientes a reconstruir las fuentes de empleo para los damnificados. Se crea la Fundación Comunitaria. (F.A.C).

Fundada en 1990, Pro Mujer es una organización dedicada a las micro finanzas y al desarrollo de la mujer cuya misión es de aliviar la pobreza a través de las micro finanzas, la capacitación en negocios y el apoyo en salud.

Pro Mujer opera en 5 países Latinoamericanos: Argentina, Bolivia, México, Nicaragua y Perú.

En 1990, dentro de este contexto, nace el Programa Generadora de Ingresos, semilla de Compartamos Banco, brindando oportunidades y ofreciendo el crédito como un medio para hacer crecer a las microempresas y contribuir al desarrollo en México (Reyes, 2000).

A lo largo de la historia ha logrado obtener resultados con una tendencia clara al crecimiento sostenible, la calidad de sus activos y la rentabilidad; logrando ser un intermediario financiero entre los grandes inversionistas y los segmentos populares.

En 1990 Se constituye la fundación los Emprendedores, I.A.P (FLE), con el objeto de generar empleos de bajo costo a través de la consolidación de empresas familiar que crecían y operaban de manera auto sostenida en zonas populares; brindando servicios de crédito individual a microempresarios urbanos en el Distrito Federal. FLE para ello centro en sus inicios los esfuerzos en impulsar acciones tendientes a reconstruir las fuentes de empleo para los damnificados de los sismos del año 1985.

1991 1ª. Etapa CAME inicio sus operaciones en enero como sucesor de CEPSE (Centro de Promoción y Superación Empresarial) que opero desde 1968 ofreciendo servicios de capacitación y crédito a la microempresa urbana. CAME, en su primera etapa de 1991-1993, se dedicó a la capacitación de personas dedicadas a trabajar en pequeños proyectos familiares, clientes de fundación los Emprendedores I.A.P (FLE).

1992 2ª Etapa. Manuel de la Pesa de CAME y Alfredo Hubard de FLE entraron en contacto con María O'Keefe de fundación Integral Comunitaria A.C (FINCA), y Raúl Hernández de alternativas para diseñar el Programa crédito, Ahorro, y Mejoría al Emprendedor (CAME), como un programa de ahorro y crédito.

1993 3ª Etapa. El 3 de mayo; el 'programa de CAME inicia actividades en Valle de Chalco con el propósito de romper el círculo vicioso de la pobreza. En agosto del mismo año CAME otorga su primer crédito el Grupo Generador de Ingresos (GGI) Zihuame Citlali (mujeres estrella).

1998 creación de las reglas CAME, se constituye la Desarrolladora de Emprendedores Asociación civil (DEAC).

En junio del año 2002, SOLFI inicia operaciones otorgando crédito al sector microempresarial del Estado de Hidalgo los primeros créditos se entregaron en el municipio de San Agustín Tlaxiaca, a diversos negocios de consumo alimenticio y artesanales

En 2005 se inicia operaciones el Consejo de Asistencia al Micro emprendedor S.A (CAMESA).

El entonces Presidente Vicente Fox Quesada, en su momento se interesó en apoyar las capacidades productivas de los más pobres para mejorar sus condiciones de vida, ha establecido en la Secretaría de Economía el Programa Nacional de Financiamiento al Microempresario, PRONAFIM, que tiene como objetivo impulsar las iniciativas productivas de los individuos y grupos sociales en condiciones de pobreza, mediante el fomento y promoción de un sistema de micro finanzas con la participación de Instituciones de microfinanciamiento como canales para la distribución y ejecución del crédito en todas las regiones del país, con especial énfasis en aquellas que registren mayores índices de pobreza.

Esto significó que el Gobierno a través del PRONAFIM, otorgo líneas de crédito a las Micro financieras y que hoy en día funcionan a fin de que ellas a su vez den crédito a los más pobres.

Al día de hoy el gobierno no otorga directamente a los ciudadanos los micro créditos, sino que en una revisión minuciosa, evalúa a las microfinacieras sujetas de crédito para que mediante ellas lleguen los recursos a los más pobres.

¿Qué es lo que ofrece la institución financiera?

Es importante resaltar que la institución financiera

- » →Ofrece servicios financieros oportunos y al alcance de las personas
- » →Una educación financiera, enseñando la forma de llevar sanamente un crédito.
- » →Creyendo en la gente y en sus capacidades para salir adelante
- » →Incrementando la capacidad de ahorro

Ello lo logra ofreciendo:

- » →Prestamos: por cantidades pequeñas, que se incrementan de acuerdo al cumplimiento de pago en cantidad y tiempo
- » →Capacitación: para aprender a evaluar, a tomar decisiones, al trabajo en equipo; educación financiera.

»→Ahorro: desarrollo del hábito del ahorro- parte de la cultura financiera- para formar un patrocinio individual y familiar.

Fundamentos de trabajo del programa

Promueve una cultura del ahorro y autogestión financiera mediante la metodología de Grupos de Generadores de Ingresos (GGI); es decir, a través de una serie de fundamentos y procesos clave que tienen su origen en una de las tres metodologías utilizadas en el sector de las micro finanzas: metodología de bancos comunales.

La metodología de Bancos Comunales es una de las herramientas más eficaces, creada para ayudar a miles de personas, principalmente mujeres, a salir de la pobreza y reducir su vulnerabilidad, con el objetivo de mejorar sus vidas y la de sus familias; a través de servicios financieros confiables y sólidos (micro créditos y ahorro), por los cuales las personas puedan iniciar un pequeño negocio o instrumentar el autoempleo.

El grupo autogestivo es aquel que tiene como fin...

»→Organización social

»→Gobierno democrático

»→Corresponsabilidad

Desarrolla las capacidades de...

»→Pensamiento

»→Razonamiento práctico

»→Toma de decisiones

»→Empoderamiento

»→Reducción de la vulnerabilidad

»→Generación de activos

»→Desarrollo de confianza

»→Garantía solidaria

»→Cultura solidaria

»→Hábitos

»→Prácticas

»→Valores

Sostenibilidad

»→Productividad sostenible

»→Riqueza compartida

»→Compensación

»→Amplia cobertura

Objetivos y ejes de la institución "sentido de la operación del programa"

Para poder tener claro como la institución fomenta la cultura financiera, la solidaridad y responsabilidad en las personas con vulnerabilidad económica, es imprescindible que identifique cuales son los objetivos que sustentan el programa, así como los tres ejes de la metodología que dan sentido y orientación a dichos objetivos; para fortalecer las condiciones económicas y sociales de las comunidades.

»→Objetivo del programa

»→Promover la creación de GGI

»→Fomentar procesos de aprendizaje.

»→Consolidar e impulsar microempresas familiares.

»→Promover la creación de fuentes de empleo

»→Ejes del programa

»→Ahorra préstamo, actividades productivas

»→Creación GGI fomentar aprendizaje microempresas familiares fuentes de empleo

Por otra parte, podeos identificar que las Micro finanzas significa otorgar a la población en desventaja, pequeños préstamos (micro créditos) para apoyarlos económicamente en actividades productivas.

Las Micro finanzas las podemos considerar como las organizaciones a través de las cuales se brindan estos servicios. Como trabaja; Siguiendo la metodología de trabajo de los bancos comunales; bajo los siguientes principios en el ofrecimiento de los servicios financieros:

» →La conformación de GGI por desde 4 socios.

» →Son préstamos grupales que otorga, a través del GGI para impulsar actividades productivas o pequeños negocios.

» →Los montos de los préstamos son pequeños y crecientes.

» →La institución presta al GGI y el GGI es responsable por los pagos

(Los socios garantizan estos pagos solidariamente.)

» →La institución cobra sobre el préstamo, el interés y sobre este el IVA correspondiente.

» →Los prestamos son a determinado número de semanas y la institución recibe los pagos grupales semanalmente por montos iguales.

Con base a lo anterior de la capacidad de las personas de saber manejar sus recursos económicos; es decir sus ingresos, ahorros y préstamos, para que de manera inteligente los inviertan en proyectos productivos para hacerlos crecer, logrando así una mejor estabilidad, desarrollo económico y satisfacción de necesidades por medio de lo siguiente:

» →Haciendo una planeación que permita decidir cómo usar los recursos y prepararse para el futuro.

» →Tomando decisiones reflexivas sobre en que se van a utilizar el dinero.

También es necesario por parte del socio ir haciendo una evaluación de los riesgos la inversión y la capacidad de su recuperación.

Disminuir los riesgos es:

- →Haciendo lo que sabes hacer
- →Haciendo lo que te gusta
- →Invirtiendo con cautela
- →Desarrollando el hábito del ahorro.
- →Aprendiendo la forma de llevar sanamente un préstamo, desarrollando él habito de pago.

Criterios de contratación en la institución de un Trabajador Social

El ingreso de un promotor social (Trabajador Social) implica un proceso de capacitación y formación integral para la adquisición de los conocimientos teórico- metodológicos indispensables para la operación del programa; para desarrollar y fortalecer una serie de habilidades y competencias, que le brinden al promotor las herramientas necesarias para desempeñar satisfactoriamente su trabajo en campo.

Para poder convertirse en promotor social, ha de cumplir satisfactoriamente con dicho proceso de formación, el cual lleva implícito un esquema de compromisos de trabajo a cumplir, marcados por la institución, que acreditan el contar con el perfil requerido, con base en la calidad y productividad marcadas por la institución.

En este sentido es indispensable que se tenga desde el primer día en campo, un manejo adecuado y responsable del tiempo, el que debe enfocar a la promoción intensiva de nuevos grupos de alta calidad, con el apoyo y guía del gerente de sucursal.

Lo más conveniente es que se mantenga el esfuerzo la promoción desde el primer día en adelante, para garantizar el cumplimiento de este compromiso e incluso rebasarlo.

La promoción de la institución financiera es el primer paso que debe de hacer el trabajador social para formar grupos y tener socios y lograr cada uno de los objetivos.

Características importantes de un Trabajador Social

» →Actitud y vocación de servicio hacia las personas

» →Interés por el trabajo en campo y comunitario

» →Disposición para trabajar en equipo

» →Creativo y con iniciativa para implementar nuevas estrategias de trabajo

» →Ser abierto a situaciones de cambio, con capacidad de adaptación a distintas circunstancias.

» →Organizado y con capacidad de planeación eficaz de actividades y tareas.

» →Seguimiento y supervisión de los procesos de operación de los grupos.

» →Manejo de grupo

» →Manejo de conflictos

Roles y responsabilidades del Trabajador Social

El promotor cumple varios roles y tiene diversas responsabilidades, los cuales los desarrolla simultáneamente, pero todas las actividades tienen que desempeñarlas con calidad, atención, y una gran actitud y vocación de servicio hacia las personas. Ello implica, que debes conocer ampliamente a su comunidad, sus costumbres, sus necesidades, sus creencias, actitudes y posibles formas de organización que faciliten la formación y consolidación de los GGI.

Necesita tener en cuenta en todo momento que....

Para el trabajo de promotor necesitas contar con una fuerte vocación de servicio y convicción de que se puede mejorar las condiciones de vida de miles de personas que solo deseen una oportunidad para salir adelante. Una institución de personas que trabaja para personas; donde los promotores, a través de la calidad de su servicio y atención, buscan lograr un desarrollo e impacto en los socios.

Para ser social hay que ser productivos

Como institución micro financiera se debe ser productivo para seguir siendo altamente sociales. Mientras más personas logren incorporar al programa. Mayor será la productibilidad, logrando así un mayor impacto, haciendo bien las cosas desde luego, así como fortalecer la capacidad de autoexigencia día con día con el trabajo.

El promotor social es la base de la estructura organizacional, ya que él es quien conoce y maneja el programa y la institución; facilita la educación financiera previendo así el desarrollo económico y social de las personas en las comunidades.

Nuestros principios por los cuales se rige todo Trabajador Social (promotor social)Los principios se definen como el origen de la fuerza que impulsa cada una de las acciones diarias los cuales nos rigen como trabajadores sociales en la institución son:

Calidad

Entendida como el apego a las reglas, como la guía de un camino seguro que lleven a conseguir los fines que nos hemos propuesto. Este principio es la virtud de un esfuerzo adicional tanto para aprender, comprender y llevar las reglas adelante; que nos permite igualarnos por un lenguaje común. Permite solidarizarnos con las necesidades de las comunidades y dar rumbo a nuestra dinámica de trabajo con planes de acción ordenados.

Compromiso

Es la búsqueda de la excelencia en el trabajo; satisfacer con excelencia cada una de las expectativas de nuestras socias, con un toque cálido y humano. Lo medio bien hecho es el origen de lo mal hecho. Este principio significa hacer las cosas muy bien y a la primera. Por ello, es el principio que nos eleva día con día a niveles superiores de actuación y satisfacción personal; es decir, demuestra la capacidad que tenemos de autoexigencia día con día en cada acción que realizamos.

Honestidad

Este principio significa creación de la riqueza para todos; tanto material, moral, como social y espiritual; entre y para todos sus participantes. Promueve el desarrollo comunitario con justicia y equidad, por lo que es el principio que justifica nuestra actuación.

Productividad

Desde la Visión de la institución es la capacidad de cumplir o hacer cumplir acuerdo u objetivo que haya surgido entre nosotros. Los acuerdos son para cumplirse, para no generar un ambiente de plena confianza en el que podamos trabajar y crecer juntos. Es la actitud de servicio que nos vincula con la misión. Cumplir es generar confianza y generar confianza es el reto de la institución.

Disciplina

Significa conducirse con la verdad, y así que se va generando la confianza en la relación entre cada uno de nosotros los que forman la institución. La dignidad de la persona, la transparencia y la claridad están íntimamente relacionadas con este valor. Para resguardar este principio, el personal de la institución no debe intervenir en el manejo de los fondos de los grupos, por lo que el promotor nunca debe tocar el dinero ni hacer negocios con las socias o con los grupos.

Para formar un grupo como se menciona antes se debe tener una adecuada promoción hay diversas formas de promocionar cambaceo, volanteo, posteo brigadas, entre otros. El más efectivo es el volanteo en el momento en el que una persona te toma un volante y te pregunta de qué se trata es un prospecto de posible socio pues este socio formara el inicio de un grupo es importante conocer la institución que promociona saber debilidades y fortalezas conocer la competencia de otras financieras esto crea seguridad cuando se promociona a una persona se debe tomar en cuenta la actitud con la que está tomando la información los gestos y ademanes esto nos guía para poder captar su atención también, el cómo habla y su forma de vestir esto nos orienta para hablarle adecuadamente. Siempre mostrando amabilidad por supuesto que existen algunas decepciones es decir que se molesten porque ofreces un volante o que solo te escuchen por educación de ahí la importancia de observar sus gestos, pero esto de manera personal te hace ser más tolerante, desenvolverte en diferentes ambientes y poder enfrentar nuevos retos.

La promotoría social

La promoción es una actividad muy importante dentro de nuestro quehacer como promotores sociales (trabajadores sociales) en la institución, es la actividad a través de la cual se identifican a los contactos y socios potenciales para establecer un vínculo con ellos, con el objetivo de la formación de grupos generadores de ingresos GGI dentro de las zonas de influencia e impacto que tiene la institución a través de sus sucursales.

La promoción puede hacerse de forma individual o con estrategias de promoción en grupo. La ventaja de la promoción en un grupo es que causa un mayor impacto en la zona donde se realiza, debido a que despiertan la curiosidad e interés de la gente. Por eso es muy importante considerar que para incrementar el efecto de la promoción en grupo, todos los integrantes lleven puesta la playera de la institución, cuenten con la propaganda impresa, se cuente con el apoyo de sonido a bordo de un vehículo, y llevar un módulo para la promoción.

- » →Estrategias de promoción
- » →Brigadas de promoción
- » →Caravanas
- » →Fiestas

Estrategias de promoción individual

- • →Identificación de las zonas potenciales de impacto (peinado o recorrido de las zonas).
- • →Algunas sugerencias para hacer promoción con los socios potenciales
- • →Ver a los ojos a la persona
- • →Demuestra atención
- • →Que es lo importante
- • →Genera confianza
- • →Sonreír
- • →Le demuestra que lo aceptas
- • →Te agrada tratar con él
- • →El clima de confianza se incrementa
- • →Saludar:

- →¡Buenos días ....! buenas tardes!
- →Muestras respeto
- →Mencionar tu nombre
- →Personaliza la relación
- →El trato es más humano
- →Más confianza

Cuando conoce tu nombre, es más difícil que te rechace.
Al final es más fácil que te dé su nombre
Si es posible utiliza frases para romper el hielo
Se relaja el socio potencial
Genera más confianza

También es importante preguntar si conoce la micro financiera
Ya conoce la micro financiera
Si la respuesta es sí
Ya estuvo en un grupo de la micro financiera
Qué le pareció
Le gustaría pertenecer nuevamente
Si
No
Si la respuesta es sí cierra rápidamente concretando próxima reunión, no más distante de dos días inmediatos.

Por ejemplo, si hoy es miércoles

Jueves o viernes le parece bien para invitar a sus conocidos

Si en la pregunta que le pareció contesta mal pregunta motivo

Ejemplo

Mi comadre perdió dinero

Hace cuanto sucedió

Conoce usted el motivo

(La respuesta más común es: no sé muy bien lo que paso).

Ahí retomamos para mencionar que por eso entre ellos mismos invitan solo a gente de la comunidad, que sea confiable, responsable, trabajadora. Además, contaran con un promotor cada semana lo que permitirá tener un buen funcionamiento en el grupo y evitar situaciones como la que le ocurrió a su comadre.

Finalmente le puede decir ¿le parece bien el jueves o el viernes para la plática con sus conocidos (personas que puede invitar).

Si la respuesta es no conoce a la institución

Informar que es institución, que tipo de servicios ofrece y que beneficios

Ejemplo usted ya tiene un negocio

Que le parece

Como le va

Puede responder mejor otro día, no tengo tiempo

Concédame 30 segundos para mencionar los beneficios del programa

Usted forma un grupo interesado en ahorrar y solicitar préstamos

Inician con una pequeña cantidad y les otorga un préstamo inicial de $ a $ con la finalidad de conocernos mutuamente en el proceso

¿Qué le parece? (en función de lo que opine el socio potencial; lo conducimos al cierre preguntando cuando seria la reunión jueves o viernes y cuantas personas puede reunir)

El desarrollo de cultura financiera se refleja en los hábitos, prácticas y valores que adquieren las personas:

El ahorro
- →¿**Qué harías con más dinero?**
- →¿Lo utilizarías para las emergencias?
- →¿Lo invertirías en la salud de tu familia?
- →¿En la compra de alimentos?
- →¿En comprar o mejorar tu vivienda?
- →¿En la educación de tu familia?
- →¿Para cuándo no haya trabajo?
- →¿Para tener tranquilidad para la vejez?

Ahorrar no significa que tengas que sacrificar tus gastos básicos.

Empieza ahora, no esperes a que te sobre para empezar a ahorrar.

El crédito
- →¿Quieres iniciar tu negocio?
- →¿Deseas mejorar el que ya tienes?
- →¿Quieres arreglar tu vivienda?
- →¿Invertir en los estudios de tus hijos?
- →¿Aprovechar las oportunidades que se te presentan?
- →¿De verdad, ¿deseas mejorar tus ingresos?

El crédito te puede ayudar a conseguir esto y más.

El crédito tiene muchos beneficios y puede ser tu gran aliado para mejorar tu economía.

Tener crédito significa tener credibilidad.

Que creen en ti porque eres una persona digna de confianza.

- →Ahorro
- →Crédito

- →Inversiones productivas

Y naturalmente, tú trabajo.

Documentos o formatos lo que se requisita previo a la reunión:

- -→La sábana
- -→Control de ahorro
- -→Control de préstamo
- -→Control de préstamo inter-ciclo
- -→Control de asistencia
- -→Tarjetas socio y pareja (se entregan a los socios desde la reunión de inauguración o de cambio de ciclo para registrar desde ese momento su ahorro inicial)
- -→Orden del día: # semanas lo
- -→Constancia de operación
- -→Aviso de disposición
- -→Notificación de liquidación anticipada
- -→Block de formatos de depósito múltiple
- -→Formatos de amparo de deposito
- -→Ficha de pago
- -→Bitácora

Cabe mencionar que no todas las micro financieras usan los mismos formatos la mayoría solo tienen su control de ahorro y la ficha de pago de los socios.

La organización y la capacitación son la clave del éxito en el trabajo de los GGI. Durante la primera semana hasta la última semana el trabajo del promotor será:

- »→Vigilar y hacer cumplir las reglas
- »→Vigilar el arrastre contable del GGI semana con

semana, tanto en sabana como bitácora.

» →Ser un facilitador de los procesos grupales.

» →Motivar la participación y delegar las responsabilidades

» →Mediar los conflictos que se presenten

» →Que cada socio verifique semanalmente en sabana el monto de préstamos, así como el ahorro. Esta actividad propicia un clima de confianza y estabilidad del grupo.

» →Verificar semanalmente la primera ficha de depósito de con el fin de comparar el saldo inicial del grupo contra el saldo inicial esperando, según el saldo en sabana, o sabanita de fin de ciclo y registrarlo en bitácora para el seguimiento contable.

» →Asesorar el llenado y seguimiento de cada uno de los instrumentos que se utilizaran en cada una de las semanas.

» →Llevar la agenda del promotor y organizar cada una de las actividades semanales en forma permanente durante todo el ciclo.

No todas las microfinancieras manejan toda esta metodología, pero la mayoría procura que por lo menos la mitad si se lleve a cabo.

El conflicto es algo natural que ha de presentarse entre los socios de los GGI la cuestión no es como eliminarlo, si no como aprender a manejarlo para que no afecte el funcionamiento y dinámica del grupo; es buscar un acuerdo, lograr una negociación, donde las partes involucradas logran un beneficio.

Qué factores propician los conflictos

» →Mala comunicación

» →Rumores infundados

» →Búsqueda del poder

» →Falta de respeto

» →Necesidades o intereses no satisfechos

»→Manejo inapropiado de información

»→Expectativas altas o bajas

»→Dificultad para aceptar los cambios

»→Insatisfacción con los estilos de supervisión o liderazgo de los comités o del promotor, conflictos con uno mismo.

»→Falta de cumplimiento para cumplir los acuerdos y compromisos pactados.

Las repercusiones negativas de los conflictos dentro del grupo

»→Divide a los miembros

»→Desvía la atención de los socios en el trabajo dentro de las reuniones

»→Reduce la cooperación entre los socios, afectando la interacción y relación entre ellos.

»→Provocan comportamientos que destruyen la comunicación, la confianza mutua y la solidaridad.

Conclusiones

Qué hacer como promotor (Trabajador Social):

»→Identificar situaciones de conflicto (diagnóstico de la problemática).

»→Identificar a las personas que intervienen en dicho conflicto.

»→Dejar un periodo para que se calme la situación.

»→Fungir como mediador, respetando las diferentes maneras de pensar de las personas y valorar entre todos los socios que se puede hacer.

»→Establecer acuerdos y compromisos para que se lleven a cabo las acciones de solución.

Cuando el promotor comienza dar la información de los posibles socios se da cuenta de los roles de cada uno pues el diferente tipo de líder sale a la luz y he ahí cuando el promotor sabrá si el grupo se formará o no, también quien es el que solo sigue al líder y no aceptara otra opinión más que la del líder.

Es interesante observar que el grupo tomara la personalidad del líder y que ha este hay que quitarle ese control y poder pues si no se hace el grupo está en riesgo de terminar o terminar lazos con la institución si el líder así lo deseara; Cuando se inicia el grupo el promotor debe identificar aquellas personas que son adecuadas para desempeñar diversos roles como presidente, tesorero, etc.

La transición del líder se debe hacer de una manera adecuada esto evitara que se tengan amargas experiencias en el grupo.

Se deben respetar las reglas en todo momento esto, aunque incomoda al grupo al principio, esto dará lugar a que respeten la institución y estén más tiempo con ella. Cuando se habla de dinero el grupo comprenderá que se debe ser estricto en cuanto las reglas esto genera confianza y respeto asía el promotor algunos socios no estarán muy de acuerdo y sugerirían doblar algunas reglas si se llegase a ser esto el promotor no solo pone en riesgo su credibilidad ante el grupo sino la permanencia de los demás socios pues perderán la confianza de invertir.

Se debe recordar que los socios son personas inteligentes y que algunos de ellos ya han estado en otras micro financieras por lo cual lo ponen a prueba y observan su reacción en situaciones de conflicto el promotor debe tener la obligación de pensar rápidamente para dar una mediación adecuada y obtener el beneficio del grupo y la institución.

Todos los grupos que se forman son diferentes es deber del promotor ser un líder de los lideres ubicándose estratégicamente y logrando la confianza de los socios. El promotor cuando se posiciona como líder del líder tiene más facilidad de rotar funciones a otros socios esto le genera más vida al grupo pues les da la confianza que las actividades son transparentes.

Se puede observar que los grupos van madurando en la institución salen aquellos que no están muy de acuerdo y los que quedan son aún más fuertes pues comparten su objetivo principal mejorar la calidad de vida de los suyos a través del trabajo pues tienen ese deseo de superación.

El trabajador social debe de estar en el entendido que trabaja con gente y en este caso trabajara con diferente tipo de gente de diferente religión, cultura, educación pero con un mismo fin salir de su vulnerabilidad y mejorar su calidad de vida esto le dará vida a cada grupo que se forme y que la durabilidad de esa vida dependerá mucho del promotor pues tendrá que atender a todos y capacitarlos esto se complica a través del tiempo pues la mayoría no podrá coincidir en horarios el promotor deberá ser un estratega para el cobro, la capacitación y la resolución de acuerdo en el grupo.

Las micro financieras tienen una rotación de personal frecuente ofrecen incentivos económicos para retener este personal pues se da cuenta que cada promotor que se retira son socios que también se irán de la micro financiera, pero la pregunta sería ¿por qué se van? Tratar con gente diferente no es sencillo mucha de esta gente se encuentra en vulnerabilidad y a veces pierden su otro trabajo y quedan al descubierto así que optan por tomar las ganancias que ya tenían destinadas al pago para cubrir necesidades básicas esa es la otra cara de las micro financieras aunque como trabajadores sociales podamos tratar con distintos tipos de gente y que podamos ser tolerantes o que seamos mediadores tenemos una formación de ayuda al próximo cuando un trabajador social se encuentra en la situación que el grupo cayó en problemas familiares fuera de su alcance y utilizan el pago para resolverlo no una sino más veces la micro financiera exigirá su pago presionando al promotor y este a su vez al grupo quedando la misión y la visón tanto del trabajador social como de la micro financiera fuera.

Esto produce en el trabajador social un conflicto moral ya que tiene que cumplir con su trabajo, pero su definición y sus valores de profesión le generaran incomodidad.

Por ello es muy importante que desde que se realiza la promoción se observe al futuro socio y a los que integraran al grupo su capacidad de pago y su compromiso después se observe a los líderes del grupo se esté atento a los acuerdos y que desde el inicio se respete las reglas esto evitara que el grupo caiga en mora.

El promotor social jamás debe ser grosero siempre debe atender con respeto como se mencionó antes las personas trabajan en equipo si hay armonía en el grupo y es deber del promotor social fomentar esto.

El auge que tienen las micro financieras y su impacto social ha generado que organizaciones no gubernamentales y gubernamentales inviertan en esta propuesta esto también genera que requieran trabajadores sociales como parte de la plantilla el invertir para atacar la vulnerabilidad a través de este medio hace que el paternalismo vaya quedando atrás y que más gente trabaje para mejorar su calidad de vida en vez de esperar que el gobierno decida sobre su situación.

Las micro finanzas son un fenómeno que permite enriquecer otras áreas y temas de las disciplinas que las estudian (como el trabajo social, la sociología, la antropología, la psicología y la economía).

Actualmente el sector financiero mexicano presenta una dinámica de transformación, desregulación (Sofoles->Sofomes), de apertura de barreras de entrada (Nuevos Bancos), todo con la finalidad de promover la competencia, desarrollar sectores, bajar los niveles de intermediación y consecuentemente las tasas de interés.

Es en este marco donde la eficiencia operativa de las instituciones financieras, como pudiera ser el caso de su empresa, marca la diferencia entre la permanencia y el posicionamiento en el mercado

Existen muchas micro financieras las cuales se suponen ofrecen lo mismo y su objetivo es común, sin embargo, no todas las micro financieras son confiables hay algunas que solo son fantasmas y solo tendrían como propósito llevarse el ahorro del socio como promotor la historia de la micro financiera es importante pues los años que cuente en el mercado hará sentir al socio y a ti como trabajador social más seguro.

Bibliografía

Rodríguez Arnoldo, 1987 Psicología Social, Editorial Trillas.

Contreras de Wilhem Yolanda 1980 Trabajo Social de Grupos, Editorial Pax México.

Rogaly, Ben, Alfonso Castillo y Martha Romero (2004) "Building assets to reduce vulnerability: Microfinance provision by a rural working people´s union in Mexico." *Development in Practice* 14:381-396.

Romo Murillo, David (2005), *Crédito y microcrédito a la mipyme mexicana con fines ambientales : situación y perspectivas*, CEPAL, Santiago de Chile.

Rosenbeg, R. (2007), "CGAP Refleccions on Compartamos Inicial Public Offering: A Case Study in Microfinance Interest Rates and Profits", CGAP Focus Note. 42.

Ruiz Durán, Clemente (2004), "Los desbancarizados: el problema de los mercados financieros segmentado", *Comercio Exterior*, Vol. 54, Núm. 7, Julio, pp. 566-574.

Velasco Castrejón, Armando y Sonia Rita Reyes "Microbancos: solución sostenible para familias rurales", 2000 Agro Revista Industrial del Campo, núm. 6, pp. 52-53.

Vera Nava, Andrea (2006), "Microfinanzas sostenibles: una herramienta para disminuir la pobreza extrema", Tesis de licenciatura, ITAM, México.

Villafani-Ibarnegaray, Marcelo y Claudio González-Vega (2006). "El Estado y las finanzas, *crédito en poblaciones semiurbanas y rurales: reflexiones y perspectivas*, México, SHCP.

Hernández y Nidia Hidalgo Celarie (2005), "El ahorro como estrategia de empoderamiento individual y colectivo", en Y. Massieu, M. Chauvet, R. García (coordinadores), P. M. Sesia y E. Zapata. AMER-Editorial Praxis, México.

De la caridad a la tecnificación; la visita domiciliaria ¿una técnica al servicio del Trabajo Social?

David López Romero, Ismael Aguillón León[6]

---
6 Investigadores del ICSA e ICSHu, de la UAEH

Introducción

Hoy en día en el lenguaje cotidiano del Trabajador Social de cualquier institución ya sea pública, privada u ONG´s, mucho se habla de realizar una visita domiciliaría como parte de su quehacer cotidiano esto para hacerse de elementos que le permitan abordar la problemática de un cliente o paciente según sea el caso, pero ¿realmente el Trabajador Social sabrá la importancia que esta técnica le aporta para su buen desempeño? De ahí el interés por realizar una pequeña aportación a nuestra profesión haciendo un abordaje de la visita domiciliaría de manera retrospectiva considerando los siguientes aspectos históricos, su evolución, y la importancia de las visitas domiciliarías en la actualidad. Haciendo hincapié en el sentido de las visitas domiciliarias en nuestro trabajo cotidiano y lo más importante el por qué utilizar las visitas domiciliarias en nuestra profesión.

Antecedentes de la caridad y regulación de la ayuda a los necesitados

Durante el desarrollo histórico de la sociedad han existido instituciones dedicadas a ayudar en cualquier sentido a algunos sus miembros, ya sea por enfermedad, invalidez u otro motivo. En la Nueva España, también fueron establecidas instancias de ayuda social, como hospitales, asilos, casas de cuna, etc. dedicadas no sólo a mantener a los individuos necesitados sino también a controlar problemas sociales como mendicidad, vagancia, orfandad, así como otros de índole médico, como demencia, brotes epidémicos de sarampión, peste, tifo, entre otros (García, 2000). La guerra, el hambre, las enfermedades, la pobreza y el desamparo fueron elementos que se combinaron para que, aunado a los preceptos cristianos de ayuda al prójimo, la obra hospitalaria se procurará a todo aquel que la necesitara.

La Iglesia Católica como principal responsable de fomentar esos preceptos se arrogó la obligación de atender a los más necesitados y uno de esos resultados fue el hospital como casa de misericordia, albergue para pobres y hogar de caridad. Los antecedentes de este tipo de establecimientos se encuentran en las antiguas casas para peregrinos en Grecia y en Oriente el *nosocomium*, lugares para descanso y atención de problemas de salud.

Durante la Edad Media, comienza la transformación de casas de peregrinos a una institución más formal de atención, con carácter filantrópica y humanista. Así fue como se constituye el principio médico sanitario como una forma de salvar el alma, ya que el pensamiento del medievo occidental estaba basado en la imagen del Cristo médico que curaba leprosos, tullidos y ejercía la caridad con los desvalidos. En este momento de la historia aparece el modelo llamado *Pantocrátor*, éste era un conjunto de elementos: Iglesia, hospital y tumba, y a la postre daría paso a los hospitales (Ortiz, 2000).

Ante las reformas de la Iglesia Católica, los monjes comenzaron a atender casas de peregrinos donde se encontraban enfermerías. A partir del siglo XIII se fundaron enfermerías en los monasterios. La actividad en éstas se basaba principalmente en la práctica de rezos, invocaciones, imposición de manos, empleo de amuletos, uso de aceites sagrado y reliquias. Se comenzaron varias creencias acerca de varios santos, y éstos a su vez adquirieron ciertas advocaciones y propiedades específicas sobre los diversos tipos de enfermedades y de aflicciones. Con estos elementos el pueblo tuvo una motivación y un refugio para sus penas y para sus miedos. Cada enfermedad tuvo su santo patrono y sus plegarias específicas para cada caso. Entre varios, San Cosme y San Damián fueron los santos patronos de la medicina; San Basilio regía para pulmones y garganta; Santa Lucía sobre los ojos, San Roque sobre las llagas, San Lázaro, la lepra, los males de muelas o el dolor de ellas, Santa Apolonia (López, 2006).

El reformador más importante de las obras de la caridad de la Iglesia Católica fue Vicente de Paúl, en Francia que vivió durante el siglo XVII. Este joven sacerdote había sido capturado por piratas tunecino y vendido como galeote. Después escapó y consagró entonces su vida a mejorar obras de la caridad, especialmente para los prisioneros y sus familias, los huérfanos, los hijos ilegítimos, los enfermos y los hambrientos. Logró despertar gran interés entre la aristocracia y en la corte real, y obtuvo grandes donativos para el establecimiento de hospitales, orfelinatos y asilos de indigentes. No satisfecho con aquel éxito espectacular, convenció a las damas de la corte a que ellas mismas ofrecieran sus servicios personales a los desamparados y los enfermos. Organizó una orden de mujeres no religiosas las "Damas de la Caridad", cuyos miembros visitaban a los pobres en sus hogares, distribuyendo ropa y comida. Para mejorar la forma de cuidar a los enfermos y a los inválidos, en 1633 el Padre Vicente fundó la orden, las "Hijas de la Caridad" compuestas por hijas jóvenes de los labriegos que querían dedicarse a obras caritativas. Les enseñó a cuidar a los pobres y se convirtieron en las predecesoras de la trabajadora social. Las ideas del Padre Vicente hicieron que se establecieran reformas importantes en todo el programa de obras de la caridad bajo el patrocinio de la Iglesia Católica, en Francia y otros países.

Durante la Reforma, Martín Lutero pidió, en una alocución pública que título: "Llamado a la Nobleza Cristiana de la Nación Alemana" (1520), a los príncipes que prohibieran la mendicidad y que organizaran en todas las parroquias un fondo común para reunir el dinero, la comida, y la ropa destinados a socorrer a los necesitados. Lutero pidió que se hicieran aportaciones regulares, además de los donativos voluntarios, para estos fondos. Un plan similar de ayuda fue llevado a cabo en Zurich, Suiza, por el reformado protestante Ulrich Zwingl, en 1525. Francia y en los países escandinavos se establecieron programas semejantes a la idea luterana; la responsabilidad para la recolección de fondos y la distribución de ayuda a los desamparados, los enfermos y los huérfanos fue asumida por las autoridades locales; pero los guardianes eclesiásticos fueron los que tuvieron a su cargo la administración del Socorro. Aunque estos métodos reconocían la responsabilidad legal para el sostenimiento de los pobres, hicieron muy poco para cambiar las condiciones sociales de las famitas desamparadas. La idea que el destino individual que el pobre merecía atención fue concebida por primera vez por el filósofo español Juan Luís Vives en el siglo XVI. Vives se educó en Paris y vivió la mayor parte de su viuda en Bélgica. Amigo de Erasmo de Rótterdam y de Tomas Moro, fue uno de los científicos más notorios en ese tiempo. Preparo un programa conciso de asistencia a los pobres, para los cónsules y el senado de la ciudad de Brujas, en Flandes bajo el título de "De Subventione Pauperum" (WA, 1994). Propuso dividir la ciudad en barrios parroquiales, asignar dos funcionarios con un secretario a cada barrio, para que investigaran las condiciones sociales de toda familia indigente, y para proporcionar ayuda por medio de la preparación vocacional, o para los oficios, el empleo y la rehabilitación, en lugar de la acostumbrada distribución de limosnas. Para los ancianos y los despreocupados Vives pidió que se les internara en un hospital (asilo). Estas previsoras ideas, sin embargo, no fueron puestas en práctica en la Europa continental durante mucho tiempo.

Pasaron dos siglos y medio para que los métodos esbozados en el plan de Vives fueran llevados a la práctica. Esto fue realizado en Hamburgo, en donde una reforma legal al socorro para los pobres introdujo un sistema de investigación y distribución de ayuda a los indigentes individuales, por medio de un sistema de distritos que funcionaba a través de comités voluntarios nombrados por el Senado.

Las primeras obras de caridad

En la Inglaterra medieval, el cuidado de los pobres era una actividad de la Iglesia. Dar limosna a los desamparados, los ciegos y los cojos era un deber religioso y un medio de salvación de la amenaza del castigo divino después de la muerte. Como el principal motivo de la caridad era la salvación del alma del donante, generalmente le preocupaba muy poco el ser humano que recibía la caridad. Al iniciarse el siglo XIV, sin embargo, se empezó a distinguir entre tipos de pobres: el que no podía trabajar el ciego, el cojo, el anciano, el enfermo, el niño y la mujer embarazada. Para el cuidado de los pobres, la Iglesia destinaba de un cuarto de tercio de las dadivas y las limosnas que recolectaba entre sus feligreses.

La ayuda a los desamparados fue primero distribuida por el sacerdote de la parroquia, era auxiliado por los diáconos y los sacristanes. En los siglos XII y XIV, las órdenes religiosas y las instituciones eclesiásticas liberaron a las iglesias parroquiales de la mayor parte de los deberes de cuidar a los pobres. En el siglo XV, monasterios, conventos, hospitales y abadías proporcionaban el refugio, limosna, comida y ropa para los pobres o para los mendigos ambulantes. Muchas instituciones eran sostenidas por medio de los donativos hechos para fines caritativos por lo miembros de la familia real y la aristocracia. Aunque diariamente se distribuía comida en la puerta del convento, y se ofrecía lecho a quienes no tenían casa, se hizo muy poco para cambiar las condiciones sociales del pobre, de tal manera que pudiera sostenerse nuevamente por sí mismo.

Aunque la Iglesia era indiscutiblemente la institución caritativa más importante de este periodo, su obra era complementada, - al menos lo fue en los siglos XII al XV, por las actividades de beneficencia de los gremios. Las sociedades de los mercaderes y artesanos, las fraternidades rurales y las fraternidades eclesiásticas o sociales como fueron organizadas primordialmente con el objetivo de ofrecer ayuda mutua, hermandad y amistad, por lo tanto, sostenían ante todo a sus propios miembros enfermos o necesitados, a sus viudas y huérfanos; aunque también organizaban obras de caridad para los pobres del pueblo. Particularmente en tiempos de sequía y de hambre, distribuyan cebada y trigo entre los indigentes, les daban de comer en ciertos días festivos del año y ofrecían albergue gratuito a los viejos pobres.

La poor law (ley de los pobres) de 1601, también conocida como "43 Isabel" fue realmente una codificación de las leyes anteriores para el socorro de los pobres. Su única característica nueva fue el establecimiento de la obligación de sostener a los abuelos al igual que a los padres necesitados. Esta ley representó la forma final que tomo la legislación para proteger a los pobres de Inglaterra, después de tres generaciones en las cuales la opinión pública había sido conmovida en su sumo grado acerca de la protección, que necesitaban los pobres en un periodo de cambios políticos, religiosos y económicos, que exigió intervención gubernamental. La ley confirmó la responsabilidad de la parroquia, o sea, la comunidad local, en cuanto al mantenimiento de los pobres a quienes sus familiares no sostenían. La responsabilidad de la parroquia en cuanto a ayudar a los desamparados se limitaba sólo a los que habían nacido allí o que llevaban cuando menos tres años de vivir en la misma. Esta cuestión de "residencia" o de "derecho de población", como uno de los importantes para recibir la asistencia pública, ha continuado siendo un problema vital en la asistencia pública hasta la época presente.

La ley de pobres de 1601 no permitía que se registrara una persona, como necesitada de caridad, cuando sus parientes – esposa o esposo, padres o hijos— podían sostenerla. El principio de "responsabilidad de los parientes" o "responsabilidad familiar" significa que los familiares deben asumir la responsabilidad básica de sostener a sus parientes pobres, y que las autoridades encargadas de la asistencia pública deben ayudar a los desamparados solo si su familia no puede sostenerlos.

La severa oposición a la aplicación que se le daba a la ley de pobres, la oleada ascendente de la mendicidad, y la carga cada vez más onerosa de impuestos destinados a la ayuda de los mismos, produjeron en 1832 el nombramiento de una "Comisión Real para investigar la Administración y Aplicación Práctica de las Leyes de Pobres". Fue nombrado presidente el profesor Nassau W. Senior, notable economista, y secretario, Edwin Chadwick, inteligente y joven abogado, que había hecho estudios bajo la tutela de Jeremy Bentham. La Comisión emprendió una extensa investigación sobre cómo se aplicaba la ley de pobres en todos los condados de Inglaterra. Esta labor requirió dos años y la comisión rindió su informe en 1834. El informe declaraba con insistencia que la forma en que se proporcionaba en la práctica la ayuda en los pobres no había logrado hacer que los niños y los adultos capacitados trabajaran, y en cambio los había convertido en "mendigos permanentes", en lugar de hacerlos ciudadanos capaces de sostenerse a sí mismos. Esto es producto, particularmente, de la introducción del sistema de "auxilio parcial". Los impuestos que se aplicaban para la ayuda a los pobres se empleaban como subsidios para los labriegos, los terratenientes, los comerciantes y los manufactureros. Las seis principales recomendaciones del informe fueron a) abolir el "auxilio parcial" aplicado de acuerdo con el sistema de Speenhamland; b) internara a todos los solicitantes de ayuda, físicamente capacitados, en el hospicio; c) otorgar "socorro" externo solo a los enfermos, ancianos, inválidos y a viudas con hijos pequeños; d) coordinar la administración de auxilio de varias parroquias convirtiéndola en una "unión de la ley de pobres"; e) hacer que las condiciones de los recipiendarios de auxilio publico fueran menos apetecibles que las condiciones de vida de los trabajadores de más bajos sueldos en la comunidad (*principio de "menor elegibilidad"*) y f) establecer una comisión central que debía ser nombrado por el rey.

Estas recomendaciones dieron como resultado que se promulgara una ley en Inglaterra, el 14 de agosto de 1834, que durante cien años fue considerada la Nueva Ley de Pobres.

En Europa durante el siglo XVIII se presentaron diversos procesos políticos como fue el caso del llamado *mercantilismo* la cual se describe como una política de poder. La idea de mercantilismo no se agota a partir de una concepción meramente política también era social. Como tal, implicaba varias ideas acerca de las relaciones sociales de los individuos y de los grupos y la forma en que debían ser manejados en cuanto a política social.

En el marco de la acción y pensamiento europeo se desarrolló en Alemania el *cameralismo*, variante alemana del mercantilismo el cual, consideró como parte fundamental del funcionamiento estatal las relaciones sociales en el campo de la salud.

En el marco de este cameralismo, la idea de policía es un concepto clave en relación con los problemas de la salud y la enfermedad. Derivado del griego *politeia*, en tanto la administración del Estado el término policía (*policey*) se manifestó de manera popular desde el siglo XVII a partir de diversos escritos de pensadores como lo fue el desarrollado a partir del enfoque cameralista de la relación de la salud y la vida social del Ludwig von Seckendorff. De acuerdo con él, el propósito adecuado del gobierno era establecer las normas por las cuales se asegure el bienestar de la tierra y el pueblo. Ya que el bienestar y la prosperidad se manifiestan en el crecimiento de la población, se deben adoptar las medidas para cuidar la salud de la gente para que aumente la población. Los programas gubernamentales debían preocuparse por mantener y supervisar a las parteras, cuidar a los huérfanos, la designación de médicos y cirujanos, la protección contra plagas y enfermedades contagiosas, el uso excesivo de bebidas alcohólicas y del tabaco, la inspección de los alimentos y del agua, las medidas de limpieza y drenaje de las ciudades, la fundación y el mantenimiento de hospitales y la provisión de ayuda a los pobres. También Leibniz, filósofo, científico y político alemán hizo sus propuestas acerca de los planes gubernamentales para el bienestar social. El estado debía levantar de manera completa y frecuentemente los datos del número de ciudades, villas y donde fuera necesario las casas individuales, así como el total de la población por edad y sexo. También debía incluir la cantidad de soldados, artesanos, jornaleros y obtener la información de las habilidades de cada habitante. Como obligatorio se convenía conocer el número de muertos y sus causas, sobre todo si estas eran consecuencia de enfermedades contagiosas. Estos datos servirían para un adecuado control de los recursos destinados a la salud a partir de una Autoridad Médica Estatal.

A partir de lo anterior el interés por la salud visto como una cuestión de política pública entró en una nueva etapa de desarrollo durante la segunda mitad del siglo XVIII debido a la creación del concepto de *policía médica* (Rosen, 1985). Influido principalmente por los trabajos de funcionarios, filósofos y teóricos de ciencia policial comenzaron a aplicarlo a los problemas médicos y de la salud.

A partir de la Revolución Francesa algunos grupos iniciaron una serie de investigaciones acerca de los problemas que tenían en torno a la salud, principalmente de los pobres. La preocupación llego a la Asamblea de los Estados Generales cuyos integrantes realizaron un análisis de la condición de pobres y los menesterosos. El aumento en los precios de los alimentos coincidió con un invierno difícil, malas cosechas, inundaciones y el desempleo. Estas condiciones desataron disturbios sociales y la respuesta fue una atención inmediata de asistencia a los pobres ya fue a partir de instituciones, comisiones y la ayuda se otorgaría en lugares designados o en el propio domicilio de los necesitados.

También se reconoció la necesidad de visitar hospitales y otros lugares destinados a pobres y si era necesario llevar ayuda a la vivienda de los familiares de los enfermos. Para tal efecto, la atención a enfermos, pobres e indigentes se proporcionaría hasta donde fuera posible en su propio hogar donde estarían en compañía de sus familiares o conocidos, para los indigentes en los lugares destinados a ellos. Cada distrito urbano o rural llamado cantón designaría a un médico y cirujano, quienes atenderían a los más necesitados, principalmente a los niños. Los facultativos tendrían la obligación de atender a cuantos fueran necesarios y vacunar a los niños periódicamente. Presentarían un informe anual de las condiciones climáticas y su posible relación con brotes epidémicos, además de las estadísticas propias de nacimientos, matrimonios y defunciones.

El caso de México

Concluida la conquista, los españoles se dieron a la tarea de establecer lugares adecuados para la atención social y médica no sólo de los europeos, sino también para los indígenas. Recordemos que uno de los motivos que favorecieron la caída de Tenochtitlán, fue una epidemia de viruela que flageló a la población que defendía su ciudad. De manera paralela, se inicia la conquista espiritual en atención a la salvación de las almas pérdidas de los indios americanos. De las tres influencias socioculturales que llegaron junto con los españoles a América, la bizantina, la musulmana y la occidental, fue esta ultima la que influyo bajo los preceptos del cristianismo a la aparición de la ayuda a los desamparados y enfermos (Rodríguez M. E., 2006).

Los frailes encargados del trabajo evangelizador también se encargaron de la atención médica de los naturales en los territorios conquistados; así se dieron a la tarea de la fundación de hospitales destinados a la atención asistencial de los indios. Para Venegas (1973:34), la obra hospitalaria para indios tuvo como fines la congregación de los naturales en poblaciones, la conversión a la nueva fe, y el auxilio a sus necesidades físicas. Los hospitales fueron muy útiles en las continuas epidemias, y los religiosos encargados de administrarlos, procuraron conservar sus rentas y sustentos que eran utilizados para curar enfermos y mantener las capillas de los mismos hospitales en buen estado. Así, los hospitales para indios se establecieron no solamente con fines terapéuticos, también por intereses de tipo económico, político y religioso. La población indígena disminuía durante cada epidemia y la cantidad de indios tributarios era cada vez menor, la dispersión de los indios provocaba problemas al gobierno y eclesiásticos por lo que era necesario buscar un motivo de congregación a fin de mantenerlos juntos y convertirlos a la nueva religión. En las ordenanzas que el Tercer Concilio Provincial Mexicano de 1585 emitió para regular la vida interna de los hospitales se señalaba entre otras cosas la obligación de dar instrucción cristiana a los enfermos, se procurara la confesión, los sacramentos, misa y en su caso, se les diera sepultura, asimismo quedaba prohibido recibir, ebrios y maleantes (Rubial, 1985).

En muchas ocasiones, los hospitales funcionaron también como hospicio que mantenía a los enfermos pobres para que no se propagaran las enfermedades y no murieran en la calle. Algunos enfermos como leprosos y dementes, vivían en los hospitales el resto de su vida; los que por sanaban generalmente lo hacían por una recuperación propia, ya que la ayuda terapéutica que se les proporcionaba no era la más adecuada y en varios casos era contraproducente (López D. L., 2002).

Para el siglo XVII se atribuyeron dos funciones paralelas para los hospitales: la primera, fue su consagración para el cuidado de los enfermos. La segunda, consistía en recoger huérfanos, hospedar peregrinos, albergar a los desvalidos. En un ejemplo de la primera, dio pie a la fundación de hospitales como el de La Purísima Concepción y Jesús Nazareno. En un ejemplo de la segunda, el Hospital Real de Naturales.

La adscripción étnica y de oficios pesó en la institucionalización de la caridad y el socorro a los indios. Los indios generalmente tenían hospitales separados financiados con parte de sus tributos, además de donaciones de particulares y de la Corona. La introducción del modelo europeo de hospitales trajo consigo algunos cambios para los indígenas, por ejemplo, el uso de camas; también el morir en un hospital se convirtió en una experiencia desusada para los indígenas. El concentrar enfermos en un hospital tenía como función no solo la doctrina cristiana sino la concentración de enfermos a fin de evitar el contagio, principalmente en las epidemias (Chocano).

Al igual que en la metrópoli, la Corona vio la necesidad de asegurar su dominio frente a los diversos grupos que gozaban de privilegios. Así que se planteó la creación de varias instituciones, entre ellas una en el campo de la salud: el protomedicato. Entre las obligaciones del protomedicato se encontraba la de notificar a la población cuando apareciera algún brote de enfermedades que se pudieran convertir en epidemias como el *matlazahuatl* o la viruela y quedaba bajo su responsabilidad la preparación de bandos con recomendaciones al virrey, y al cabildo del ayuntamiento así como instrucciones médicas en lenguaje accesible para toda la población, el establecimiento de cuarentenas y la implementación de hospitales provisionales para el aislamiento de los enfermos del resto de la población. La implementación de brigadas en cada cuartel y manzana que recorrían calle por calle, casa por casa con el fin de identificar la cantidad de personas enfermas, convencerlas de ir a algún hospital (Schifter, 2002).

La presencia de epidemias con sus consecuentes efectos hizo ver a la población de sus esfuerzos individuales tenían importantes limitantes, ya que se continuaba con la tradición de solicitar ayuda celestial a partir de procesiones hasta que el ayuntamiento comenzó a promulgar disposiciones y ordenanzas; la Junta de Policía emitió normas sobre el aseo y buen orden en las ciudades; la Iglesia procuraba en los sermones la disposición de las decisiones gubernamentales ; los virreyes expidiendo leyes y haciendo valer su autoridad; las Juntas de Sanidad que organizaban a la p población ante una epidemia y finalmente, el Real Tribunal de Protomedicato que proporcionaba la regulación del campo médico. Todos, en conjunto contribuyeron a poner en práctica las funciones de la policía médica y los códigos sanitarios en la Nueva España[7].

Las juntas sanitarias[8] tanto principales como subalternas o municipales sustentadas por la caridad tenían como propósito brindar ayuda a los más necesitados, a las personas enfermas llevándoles medicamentos, alimentos, ropa y frazadas, así como recolectar donativos en efectivo o en especie. Las juntas de sanidad también daban instrucciones a los vecinos sobre recomendaciones de cómo tratar la enfermedad y evitar los contagios. Se conformaban de personas notables[9] de cada cuartel[10] y recorrían las manzanas, calles y casa por casa para

7 En este sentido, la policía médica que funcionó en la Nueva España no tuvo el mismo efecto ni la misma estructura que la llevada a cabo en Alemania (nota DLR).
8 Los conocedores de la historia de la medicina coinciden que a partir del siglo XIV y ante el temor de un gran contagio, se crearon las juntas de sanidad, que fueron los primeros organismos administrativos creados específicamente para ejercerlas primeras implementaciones generales de la salud pública como cuarentenas, cordones sanitarios, técnicas de aislamiento, control de los flujos de migración, entre otros. Lindemann, Mary. Medicina y sociedad en la Europa Moderna. Siglo veintiuno editores. 2001: 176.
9 Respecto a los integrantes, generalmente se conformaban por la autoridad eclesiástica como podían ser canónigos, presbíteros o párrocos, regidores y funcionarios del ayuntamiento así como personas con una preparación académica o con solvencia económica. Aunado a éstos se encontraban varios médicos reconocidos por el Real Protomedicato y algunos vecinos voluntarios
10 Durante el siglo XVIII en la Nueva España fueron tiempos de reformas administrativas y grandes obras de servicio público. A partir de 1720, los borbones reordenaron la ciudad de México con base en divisiones territoriales llamadas cuarteles. En 1744 la ciudad se dividió en cuarteles mayores y cuarteles menores bajo la autoridad de alcaldes de cuartel. Esto permitió una mejora en los servicios como empedrado de calles, alumbrado y sobre todo limpieza, ya que desde la culminación de la conquista las prácticas de limpia en la ciudad eran bastante insalubres. López, David. s/f. Entre sanos y enfermos. Análisis del proceso biocultural salud enfermedad atención en el Hospital Real de Naturales 1775- 1802.

levantar censos, identificar casas con enfermos y conducirlos a los hospitales, se vacían acompañar por un modelo de autoridad con carácter de policía médica que ante la negativa de recibir atención se le recluía a la fuerza para evitar contagios innecesarios[11]. Estas brigadas adicionalmente, vigilaban las ordenanzas en cuanto a la regulación de basureros y muladares, cementerios, drenajes y canales, y a la higiene de mataderos y tocinerías.

Análisis de la visita domiciliaria en la actualidad

La carrera de Trabajo Social surge como toda disciplina de las Ciencias Sociales con pocos elementos teórico-conceptuales propios de la profesión; por lo cual se ve en la necesidad de apropiarse de conceptos de otras profesiones para adaptarlos a la misma, de tal manera que como concepto de lo que es una visita domiciliaria y qué son los visitadores de trabajo Social como tal no los encontramos en textos propios de la carrera y es por eso que enseguida damos a conocer algunos conceptos que se acercan a lo que es ésta técnica, así mismo proporcionamos un concepto de lo que es una visita domiciliaria y un visitador Trabajador Social.

De tal manera es que iniciamos con el visitador de Derechos Humanos como un referente de nuestro tema.

Es un funcionario de la CEDH, dotado de fe pública en el ejercicio de sus funciones, que, con motivo de ellas, acude con las autoridades o servidores públicos, con los particulares o partes involucradas en una queja, e inclusive al lugar que sea necesario, para obtener la información o datos de mayor relevancia o trascendencia, para el eficaz desempeño de su actividad pública. Sus funciones son:

- →Recibir, admitir o rechazar quejas o denuncias.

- →Iniciar a petición de parte o de oficio las investigaciones.

- →Realizar actividades para lograr por medio de la conciliación la solución inmediata a las violaciones a derechos humanos.

- →Formular los proyectos de resolución.

---

11 Recordemos que durante varios años no se comprendió la idea de la vacunación a partir de una inoculación del mismo agente patógeno que provocaba la enfermedad. Muchas personas se negaban a ser vacunadas o tratadas ante la idea generalizada del temor que la misma autoridad los enfermaba (nota del autor).

- →Proporcionar asesoría u orientación a las personas, e inclusive canalizarlas a las autoridades competentes.

- →Efectuar visitas a diversos centros: de reclusión, de internamiento de menores infractores, de atención psiquiátrica y de asistencia social para dialogar con la población, atender demandas y otorgar asesorías y orientación.

- →Visitar los municipios de la entidad para los mismos efectos.

- →Verificar la eficiencia, diligencia y honestidad de la defensoría de oficio y de los bufetes sociales.

- →Las demás que señale el presidente de la CEDH.

Visitadores

La CNDH (Comisión Nacional de los Derechos Humanos) tiene un equipo de Visitadores, encargados de registrar las violaciones a los Derechos Humanos, cada uno tiene una función y tema de seguimiento, son cinco visitadores.

Primer Visitador: *Presuntos Desaparecidos, Mujer, Niñez, Familia, VHI/SIDA y Víctimas del Delito*

Dr. Luis R. García López Guerrero

Segundo Visitador: *Igualdad Mujeres y Hombres*

Dr. Luciano Silva Ramírez

Tercer Visitador: *Sistema Penitenciario y Presidiarios*

Lic. Daniel Romero Mejía

Cuarto Visitador: *Asuntos Indígenas*

Lic. Cruz Teresa Paniagua Jiménez

Quinto Visitador: *Libertad de Prensa, Defensores Civiles y Política Migratoria*

Mtro. Fernando Batista Jiménez

Alcances

Entre sus funciones se encuentra la de velar y hacer valer por los Derechos Humanos en México, entre ellas si la Ley Orgánica menciona que tiene la facultad de:

- ✓ →Recibir quejas de toda la ciudadanía

- ✓ →Conocer y seguir de oficio las violaciones de Derechos Humanos por parte de las autoridades
- ✓ →Formular quejas y observaciones públicas además de denuncias
- ✓ →Conciliar los conflictos de los sistemas de Derechos Humanos entre los Estados
- ✓ →Promocionar los Derechos Humanos en todas las áreas
- ✓ →Proponer al Ejecutivo suscribir tratados internacionales en la materia
- ✓ →Revisar los derechos humanos en Centros Penitenciarios y de Readaptación
- ✓ →A pesar de ello, no es una autoridad con capacidad vinculatoria ni jurisdiccional, además de no tener facultades en las resoluciones judiciales, de Carácter Laboral o entre particulares.

Por otra parte, tenemos la Visita domiciliaria en cuestiones fiscales para verificar la expedición de comprobantes fiscales.

De acuerdo con la fracción V del artículo 42 del CFF, las autoridades fiscales están facultadas para practicar visitas domiciliarias a los contribuyentes, con objeto de verificar el cumplimiento de las obligaciones fiscales en materia de expedición de comprobantes fiscales. Para tal efecto, se observa el procedimiento previsto en el artículo 49 del mismo Código.

Al respecto, el Primer Tribunal Colegiado del Vigésimo Primer Circuito emitió una jurisprudencia en la que señaló que, en una orden de visita domiciliaria referente a verificar la expedición de comprobantes fiscales, no se requiere que se precise el periodo de inspección, ya que de lo contrario se permitiría al contribuyente, durante el tiempo que ocupara la visita, hacer parecer que cumple con la obligación de expedir comprobantes con requisitos fiscales.

Esto, según la jurisprudencia, no contraría al artículo 16 de nuestra Carta Magna, ya que, entre las formalidades para expedir órdenes de cateo, no se exige que deban precisarse fechas o periodos de inspección; ello dependerá de que la naturaleza de la obligación fiscal sea susceptible de no ocultarse y que pueda apreciarse en los libros contables.

En seguida se transcribe esta jurisprudencia.

VISITA DOMICILIARIA, ORDEN DE SUPUESTO EN QUE NO ES NECESARIO SE PRECISE EL PERIODO EN QUE SE LLEVARA A CABO LA INSPECCION TRATANDOSE DE EXPEDICION DE COMPROBANTES FISCALES: ARTÍCULO 49 DEL CFF EN VIGOR (Federación, 2000) . La expedición de comprobantes fiscales debidamente requisitados, por tratarse de una obligación que se realiza correlativamente con la actividad que desempeña el particular y que por su naturaleza no es posible que se advierta con la simple revisión de un periodo en los libros de contabilidad, ya que puede suceder que el contribuyente, para aparentar que cumple con su obligación fiscal, únicamente registre y expida parte de la totalidad de los comprobantes de las mercancías o prestación de servicios adquiridos por los clientes; esto conlleva a que resulte necesario contar con otros elementos de prueba para tal efecto, por lo que lo factible es que la comprobación de dicha obligación pueda realizarse en el momento mismo en que la autoridad llega al domicilio fiscal del contribuyente y éste efectúa la actividad que le impone la entrega de los referidos comprobantes debidamente requisitados, de ahí que la acreditación de esta actividad, en concreto, no esté sujeta a temporalidad alguna y, por ello, lo lógico, lo natural, lo común, resulta que los inspectores vigilen si durante el desarrollo de la visita se cumple cabal y no parcialmente con la expedición de comprobantes requisitados, ya que estimar lo contrario, permitiría al contribuyente, durante el tiempo que se precisara para la visita, hacer aparecer que cumple con la repetida obligación, propiciándose el consecuente fraude a la ley fiscal; por tanto, es de concluirse que el artículo 49 del Código Fiscal de la Federación no está en contraposición con el artículo 16 constitucional, por el hecho de que en la orden para visita de verificación de expedición de comprobantes fiscales no se precise el periodo de inspección, pues entre las formalidades para expedir órdenes de cateo a las que están sujetas aquéllas, no exige que deban precisar fechas o periodos de inspección, de manera que ello dependerá de que la naturaleza de la obligación fiscal sea susceptible de no ocultarse y que pueda apreciarse en los libros de contabilidad, de lo contrario, bastará que se indique el objeto y propósito que se persigue con la visita, para que se cumpla con la debida motivación (S.F.J., 1998).

Concepto de visita domiciliaria para Trabajo Social y de visitador social

Una vez visto lo anterior podremos decir que una visita domiciliaria para Trabajo Social es una Técnica por medio de la cual el trabajador social obtiene información sociodemográfica, socioeconómica, criminógena, del medio que rodea al individuo utilizando sus 5 sentidos, apoyándose claro está en una entrevista ya sea informal o formal, poniendo en práctica el uso de la observación tanto participante como no participante, realizada por un profesionista en Trabajo Social capacitado, y que es aquel que se encarga de realizar la visita domiciliaria para posteriormente rendir un informe detallado de todo lo investigado.

Visita domiciliaria en la actualidad

La visita es una técnica que puede variar en sus unidades de observación en el estudio social. Es un medio para investigar en forma directa en el lugar donde se desarrolla un individuo como por ejemplo en el...

1. →Área laboral.
2. →Su barrio.
3. →Su escuela.
4. →En su domicilio particular, entre otros.

Y dado que es una forma de conocer directamente la dinámica familiar y las relaciones familiares, específicamente tiende a ser una técnica de observación participante.

Y una forma de entrar en contacto con los familiares parientes, maestros etc., que procuren darnos datos fidedignos sobre el asunto de estudio.

De tal manera que la investigación como en si en una visita domiciliaria, es una acción que nos acompaña a lo largo de todo el proceso y participación profesional. Acción que se inicia desde el primer contacto entre el usuario y el profesionista

¿Qué es lo que se investiga en una visita domiciliaria?

- ✓ →Del usuario que solicita la intervención, por ejemplo.
- ✓ →Datos Generales: nombre, edad, sexo, escolaridad, ocupación, estado civil, religión, lugar de nacimiento y lugar de residencia.

- ✓ →Estructura Familia: familia actual, familia de origen, con quiénes vive (elaborar familiograma)
- ✓ →Estado físico y mental
- ✓ →Motivo de solicitud del servicio
- ✓ →Antecedentes
- ✓ →Percepción de la situación de conflicto
- ✓ →De la naturaleza del cambio
- ✓ →De la naturaleza del problema
- ✓ →Recursos disponibles

Propósito de una visita domiciliaria por Trabajo Social

Es presuponer una preparación especial de visitador-trabajador social esta preparación, significa estar en conocimiento del proceso anterior y de las entrevistas en la institución para clarificar algunos aspectos.

Es conveniente hacer en la visita domiciliaria una entrevista flexible, dinámica, y entender lo que al tiempo significa para el sujeto o persona entrevistada hacerla breve por lo que es necesaria una buena planeación con antelación de la visita.

El saber preguntar es describir posteriormente todos los aspectos tanto físicos como psicológicos que se hayan captado.

En la visita domiciliaria se puede dar lo que es la entrevista grupal, lo que indicaría que es necesario manejar técnicas de dinámica grupal o lo que es la iniciación de la orientación familiar y la educación social.

La visita domiciliaria en especial puede ser poco grata para el sujeto de estudio porque se trata de una investigación. El explicar al sujeto el motivo de la visita e inclinarla a que sea él, el que invite al Trabajador Social a ir a su casa suaviza esta molestia.

En su medio natural el individuo tiende a comportase como nórmamele lo hace, claro siempre y cuando no sea observado, el Trabajador Social puede captar rasgos de su personalidad mediante el tono de voz, sus gestos y su desenvolvimiento dentro de su hogar

Es importante facilitar el conocimiento de las visitas: historia, evolución Hacer hincapié en el sentido de las visitas domiciliarias en nuestro trabajo cotidiano; dotar a los profesionales de habilidades para la intervención en el domicilio de los usuarios con los que trabajan.

Un vistazo a los expedientes de los usuarios a visitar. Sirve para encuadrar esta técnica y da sentido al porqué de las Visitas Domiciliarias. Aspectos a tener en cuenta a la hora de realizar una visita: antes, durante y después. También es importante como ya se mencionó anteriormente el visitador debe de poner en práctica sus cinco sentidos en las visitas domiciliarias. Escenas temidas: casos prácticos. Manejo de las emociones de los profesionales son puntos claves para lograr realizar una buen Visita Domiciliaria

De lo anterior se deduce la importancia que tiene esta técnica en el quehacer profesional diario del Trabajador Social y como muestra de tal importancia presentamos algunos datos de las

Reflexión.

La visita domiciliaria como una técnica al servicio del Trabajador Social ha tenido una aportación significativa a la profesión, y es que la labor de este profesionista no se entendería sin el uso de la visita domiciliaria a lo largo y ancho de su historia, por ser una de las técnica más utilizadas en su labor diaria para obtener información del cliente o paciente, del cual se quiere indagar todo lo relacionado a su vida, así como la manera en la que se desarrolla con amigos, familiares en su medio y del cual se requiere al igual que lo relacionado al medio que le rodea, aspecto económico, social, criminógeno, ya sea por parte de las áreas jurídica, empresarial, de salud, psiquiátrica o de impartición y procuración de justicia que así lo requieran.

Referencias y/o Bibliografía

Aguirre, V. y García, I. *De la caridad a la beneficencia pública en la ciudad de México (1521-1910)*. Valero, A. (Coord.) ENTS, UNAM, México. 2000

Chocano, Magdalena. *La América colonial (1492-1763)*. Editorial síntesis, Madrid.

Código Fiscal de la Federación, México Distrito Federal Editorial Trillas. 2000

Lindemann, Mary. *Medicina y sociedad en la Europa Moderna*. Siglo veintiuno editores. 2001

López, David. *La colección ósea del Hospital Real de Indios y la de San Gregorio Atlapulco, Xochimilco, Algunos indicadores paleoestomatológicos.* Tesis de Licenciatura. ENAH, México. 2002

Acercamiento a la salud oral de la población colonial en la ciudad e México: Un estudio de antropología dental. Tesis de Maestría. Facultad de Filosofía y Letras, UNAM, México. 2006

s/f. *Entre sanos y enfermos. Análisis del proceso biocultural salud enfermedad atención en el Hospital Real de Naturales 1775- 1802.* Tesis de doctorado en preparación. Facultad de Filosofía y Letras. Universidad Nacional Autónoma de México.

Ortiz, Federico. *Hospitales.* McGraw Hill Interamericana Editores, México. 2000

Rodríguez, Martha Eugenia. Las juntas de sanidad en la Nueva España. *Revista de investigación clínica*; 200153 (3): 276-280

Hospitales medievales y novohispanos. Algunas similitudes. En *LABORAT- acta.* 2006 Vol. 18. núm. 2.

Rosen, George. *De la policía médica a la medicina social.* Siglo XXI editores, México. 1985

Rubial, Antonio. *Monjas, cortesanos y plebeyos. La vida cotidiana en tiempos de Sor Juana.* Taurus Aguilar, México. 2005

Schifter, Liliana. *Medicina, minería e inquisición en la Nueva España.* Universidad Autónoma Metropolitana, México. 2002

S.J.F. IX Época. T.VII.1er. T.C. del 21o. C., Enero 1998, P. 1197. Jurisprudencia del 1er Tribunal de Circuito.

Soto Flores, Armando. Teoría de la Constitución, d. Porrúa, S.A. 2003.

WA. Friedlander, Dinámica del Trabajo Social, Edit. Pax , México, 1994.

La importancia del estudio socioeconómico en el área de Trabajo Social Empresarial.

Emigdia Andrómeda Vargas Manzano, Ismael Aguillón León[12]

---
12 Exalumna de la Lic. en Trabajo Social e Investigador de la UAEH.

Profundizando en el llamado Trabajo Social Empresarial el cual se mantiene como una área considerada potencial, según Sánchez Rosado, quien menciona que este tipo de área se ha manejado por encima de lo aquejante de los problemas sociales, por lo tanto este sector no se ha abordado en su magnitud, ya que se utilizan métodos novedosos pero dificultosos de aplicar ya que se presentan de manera sistematizada, de este modo se conciben áreas como son el sector empresarial, investigación, urbanismo, procuración de justicia, promoción social entre otros.

Dentro de lo antes mencionado y con un sector ligeramente demandado se observa que el trabajo social empresarial centra su atención en problemas y necesidades de los empleados y trabajadores.

"El trabajo social empresarial maneja al trabajador desde una perspectiva integral, englobando aspectos económicos, psicológicos, sociales, relaciones productivas y relaciones humanas, tendiendo hacia el aumento de la productividad en un ambiente propicio y satisfactorio. Por lo que su objetivo es conocer los facto res y demandas sociales del grupo trabajador., que están condicionando la producción, con el fin de atender de manera amplia las necesidades básicas de los mismos. Esto implica la promoción del mejoramiento de las condiciones de trabajo en que se desarrollan los diferentes grupos que integran el personal de la empresa, lo que contribuye al mejoramiento de las relaciones laborales" (Rosado, 1999).

Una de las definiciones más completas que se manejan para el trabajo social en empresas se visualiza la siguiente manera:

"El trabajo social en empresas identifica, diagnostica y contextualiza problemas y necesidades de la empresa, de la organización, y de los empleados, desde una perspectiva integral que considera los aspectos económicos, psicológicos y sociales, con la finalidad de poder conocer las relaciones productivas y humanas, tendiendo hacia el aumento de la productividad" (Rosado, 1999).

La productividad también se maneja por jerarquías; existen necesidades que son básicas para el hombre y otras meramente complemento del mismo, pero llegan a ser parte de la vida general del individuo, de esto en la pirámide de necesidades humanas de Abram Maslow se visualiza la forma en que las mismas están jerarquizadas de forma tal que se orientan desde la supervivencia hasta el desarrollo, siendo así que a medida en que se satisfacen los primeros peldaños un individuo requiere cubrir los escalones ascendentes de la pirámide, logrando así un desarrollo meramente social productivo.

Figura 6

Teoría de las necesidades humanas de Maslow.

```
          /\
         /  \
        /Realización\
       / personal  \
      /─────────────\
     /    Estima    \
    /─────────────────\
   /       Amor        \
  /─────────────────────\
 /      Seguridad        \
/─────────────────────────\
/       Fisiológicas       \
────────────────────────────
```

Fuente: elaboración propia, 2024.

Las necesidades fisiológicas son las fundamentales para lograr la supervivencia del hombre así por ejemplo estas cubren el comer, vestir, dormir, logrando así el equilibrio corporal.

Necesidad de seguridad: En estas se busca la propia seguridad de protección, logrando así un estado de orden y estabilidad.

Necesidad de amor: El hecho de querer ser parte de algún círculo da el sentido de pertenencia que el hombre necesita para sentirse amado, de esta manera se vuelve una necesidad imperiosa hasta el momento en que la consigue.

Necesidad de estima: En el momento que se es parte de cualquier grupo ya sea familiar, laboral, y hasta por cuestiones de pareja sentimental, se necesita tener momentos de estima en los que el individuo se siente parte del círculo en el que se encuentra.

Una vez que el sujeto se encuentra en el empleo deseado, llega el momento de sentirse reconocido e incentivado por él mismo gracias a los logros alcanzados dentro del área laboral, esto forma parte del elogio que se necesita si se hace algo bien en el empleo, en esta parte es donde se encuentra centrada el área de trabajo social, en el hecho de la buena productividad y el sentimiento individual.

Necesidad de autorrealización y trascendencia: En este caso el individuo busca más de lo que es y llegar a la meta de lo que cree ser capaz en el futuro.

De esta manera se observa la necesidad de sentirse realizado y con objetivos tangibles en el momento de encontrarse una persona laborando en cualquier sector social, hablando particularmente de las empresas que brindan y demandan servicios o bienes.

El Trabajo Social Empresarial consta de los siguientes objetivos:

◦→Conocer al grupo trabajador que está condicionando la producción

◦→Desarrollar la integridad del trabajador como ser humano y como participante de la empresa como comunidad.

Dentro de una empresa el principal objetivo es desarrollar las potencialidades del ser humano para aplicarlas a las industrias y organizaciones públicas o privadas, en cualquier forma el trabajo social defiende las buenas relaciones sociales tanto familiares como de trabajo en un estrecho campo de costumbres, tradiciones, valores, idioma, entre otros.

En muchas ocasiones los problemas laborales van de la mano con los aspectos socioculturales enfrentándose por un proceso de socialización en el individuo.

Una persona está expuesta a cualquier clase de problemas que desea satisfacer en el área laboral, de manera contraria a la empresa no le conviene que un sujeto se desempeñe de manera ineficiente en la misma es por ello que cierto profesional se encarga de restablecer ciertos obstáculos que permitan brindarle una excelente rendimiento laboral coadyuvado con la familia, para que él mismo se fortalezca y crea en sus capacidades productivas y personales en cuanto a la producción económica, de manera puntual el trabajador social es la persona más apta para el trabajo con grupos, así como el líder y demandante de carencias socioculturales, las cuáles son parte de los valores y costumbres, es de esta manera como se solucionan conflictos laborales y que a la empresa le interesa resolver en un factor profesional.

Diferentes problemas socioeconómicos.

Los diferentes problemas sociales en cuanto al margen social siempre han existido, retomando en este ámbito un contexto de estructura capitalista en donde el hombre es explotado por el hombre al surgir la maquina e industrialización, es así como se van marcando las diferencias de clases sociales destacando por ejemplo, el pauperismo, los pobres o miserables.

Los problemas económicos anteriores se pueden considerar individuales, de grupo y hasta colectivos, pero estos últimos llaman la atención al situarse en carencias personales, aunque cada uno con su grado de dificultad característico.

En los problemas generales se encuentra con más frecuencia dificultades complicadas variando así la forma y contenido, ya que no se presentan situaciones iguales o parecidas y cada tratamiento recibido se elabora de manera diferente.

Problemas de vivienda

La vivienda tiene un paso preponderante para la vida del individuo, principalmente porque es ahí en donde el niño adquiere condiciones de vida tanto psicológicas como sociales. En condiciones generales existen factores de clases humildes que brindan enfermedades infecciosas por el tipo de vivienda, causando principalmente situaciones de promiscuidad, desintegración familiar y desajustes morales o emocionales, de esta manera los niños viven en un ambiente de baja sanidad al escuchar a sus padres discutir y observar riñas que no están al alcance de su corta edad.

Con la preocupación de lo anterior algunas naciones están logrando que se otorguen mejores condiciones a este tipo de vivienda, ya que es demostrado que estas aumentan la probabilidad de desintegración familiar.

Para fines de investigación las viviendas han sido clasificadas en tres categorías: buenas, regulares y malas.

Considerando *buenas* las casas de mampostería, con techos de bóveda o de concreto, instalaciones hidráulicas, electricidad, etc.; *regulares* las de madera o mampostería con tejas, algunas deficiencias en la distribución de agua, y *malas*, las que tienen techo de paja u otro material de este tipo, pobres condiciones sanitarias o higiénicas, piso de tierra, entre otros (Castellanos, 1962).

Problemas basados en la alimentación

La alimentación es un problema social considerado trascendental, cuando la misma resulta escasa o inadecuada es causante de desajustes y enfermedades.

Los niños de igual manera son los principales afectados al no contar con las mejores condiciones de alimentación balanceada, tanto en su casa como en la escuela, se debe de mostrar el ámbito de nutrición correcta, la importancia que esta adquiere para el desempeño escolar de los menores se convierte en factor importante en cuanto a una problemática social en la que cooperan actores como el trabajador social y las mismas instituciones educativas.

Es importante instruir al menor sobre la importancia de la buena alimentación y ejemplo de hábitos alimenticios.

Vestuario

Esta parte constituye una de las necesidades básicas para el hombre en cuanto a la vida misma, el hecho de usar vestido para protegernos del frio es una cuestión de supervivencia del hombre, sin embargo, el uso de cierta moda es uno de los factores que la misma sociedad impone.

La ropa ha demostrado estereotipos como la posición social del hombre y el gusto que este tiene por el arreglo personal.

Por lo regular el vestir puede incluir ideas personales adecuadas en relación con la calidad, utilidad, gusto, entre otros. Por regla general el vestir persigue satisfacción y seguridad en el porte personal.

El vestuario tiene valor también como creador de hábitos. Por medio del mismo se acostumbra al niño a ser limpio y correcto, al aprender que debe vestir de acuerdo con la circunstancia u ocasión, y adecuar sus ropas de acuerdo a su economía.

Desempleo

Este es una de las principales causas de miseria de un país, este se presenta en secuelas tanto como del individuo como del país.

Entre las causas del desempleo se encuentran los vicios, la irresponsabilidad personal, la educación inadecuada, oferta mayor que la demanda, la carencia de fuentes de trabajo, el monocultivo, las enfermedades, entre otros.

El desempleo muchas veces conduce a los vicios y malos hábitos de individuo, aunque estos también pueden ser efectos del mismo.

El desempleo tiene efectos también psicológicos, si la persona que es cabeza de familia y carece de empleo pierde seguridad ante su persona, aunque por lo general.

Mendicidad

La mendicidad constituye un problema de gran trascendencia, la mayor parte de las veces tiene origen en el desempleo, teniendo que ver con el sentido de ganarse la vida.

Por lo regular el uso de la familia en situación de peligro es una manera de ganar dinero preocupando a la sociedad de su situación.

La mendicidad como problema social, exige medidas gubernamentales, que junto con el servicio social, se imponen en el propósito de erradicarla científicamente, atendiendo en forma especial a los incapacitados y a los totalmente indigentes (Castellanos, 1962).

Para lograr la erradicación de la misma se mencionan los siguientes puntos:

- →Analizar los factores que indicen al individuo a pedir dinero

- →Formular acciones que terminen con el problema

- →Impulsar al sujeto para la mejora en la calidad de vida con un trabajo remunerado

Educación

Esta siempre ha sido una de las necesidades sociales que la población a veces deja de lado por ciertas costumbres que en un momento dado llegan a perder vigencia.

El hecho de llegarse a informar puede impulsar un conocimiento acumulado, sin embargo, desde que se está en la cuna se adquiere experiencia que es paralela a los derechos u obligaciones que el individuo necesita en un momento esencial de la vida.

La educación se convierte en problema cuando la misma sociedad se deja manipular ante situaciones laborales que atentan contra la vida digna del hombre, ante la ignorancia de derechos y obligaciones que se necesitan para el desarrollo en cuanto al bienestar humano.

Higiene y salud

La higiene para conservar la salud, y la salud como resultante de la prevención o curación oportuna de las enfermedades angulares que sostienen el "edificio humano" y por tanto tienen especial interés para el trabajador social (Castellanos, 1962).

Aunque también afectado por la cultura el rubro de la salud en algunas zonas geográficas se da por herbolaria y remedios que se consideran hábiles en tiempos pasados, provocando actualmente un desajuste en la medicina como método de alivio para el equilibrio bio – pisco – social del hombre, retomando la vivienda, educación y factores culturales como las principales fuentes de salud y desarrollo social en el individuo.

Siendo que diferentes factores afectan de manera directa a la colectividad y que algunos de ellos son proporcionados por los mismos, la manera individual en la que se desempeña el hombre y mujer cuenta oportunamente en la resolución o aumento de los problemas sociales.

En factores de conflicto social o al resolver problemáticos u objetivos individuales, se utilizan los llamados trabajo social de caso y grupos consecutivamente siendo que:

"El estudio de caso es el método del trabajo social que estudia individualmente la conducta humana a fin de interpretar, descubrir y encauzar las condiciones "positivas" del sujeto y debilitar o eliminar las "negativas", como medio de lograr el mayor grado de ajuste y adaptación entre el individuo y su medio circundante. De este modo Mary Richmond define el trabajo social de caso diciendo que es la serie de procesos que desarrollan la personalidad de cada individuo a través de ajustes efectuados conscientemente y realizados en las relaciones sociales de los hombres con el medio en el que viven" (Castellanos, 1962).

Retomando las concepciones de dichos autores el trabajo social de caso va mas allá de las potencialidades que el propio individuo cree tener, de esta manera Hamilton menciona que el estudio de casos es aquel que procura llenar de satisfacciones al hombre tanto en la vida personal como laboral, de esta manera conociendo la proyección social del individuo es como se pronostica una mejor visión en el futuro.

Asimismo, el trabajo social grupal se caracteriza por un proceso en el que el trabajador social conduce a los individuos a establecer relaciones de grupo satisfactorias que les permitan crecer emocionalmente y los capacita para actuar de acuerdo a las circunstancias de su medio ambiente social y familiar que los rodea.

Hoy en día el trabajo social de grupos está inserto en un sistema de cambio que influye en crecimiento del individuo, grupo y comunidad hacia ese panorama amplio y de oportunidades que ellos mismos van a crear.

Si se perciben entonces las relaciones que existen entre el individuo y el grupo se denota la tarea de que el individuo debe desenvolverse de manera eficaz en su vida personal para que resurja una armonía de manera laboral, este es el punto en el que se cruzan el sector empresarial y el trabajo social.

Dentro de las actividades que el trabajador social realiza en las empresas se encuentran las siguientes:

- »→Investigación: elaborar estudios que influyan en procesos productivos de los trabajadores, diseñar perfiles sociales sobre grupos que conforman la empresa, diseñar diagnósticos y estudios situacionales sobre el ambiente laboral y la seguridad social, detección de demanda y requerimientos de los trabajadores, estudios de estructura organizacional para la potencialización de la administración de personal.

- »→Selección y reclutamiento: orientación sobre políticas y normas de la empresa, selección de personal a través de estudios sociales, organización y coordinación de acción de inducción e introducción al puesto.

- »→Capacitación: desarrollar medidas de capacitación en cuanto a seguridad e higiene, capacitar en cursos y adiestramiento para el personal, capacitación continua de derechos y obligaciones del trabajador.

- »→Seguridad social y prestaciones: desarrollar sistemas y mecanismos para la aplicación de incentivos y estímulos para los trabajadores, orientación sobre las medidas de seguridad social y prestaciones laborales, propiciar acciones que activen la convivencia familiar y laboral, gestionar recursos y apoyos que contribuyan al desarrollo personal y laboral del trabajador, desarrollar programas de apoyo social y asistencia para el trabajador y su familia.

Una de las actividades más importantes que el profesional en trabajo social desempeña dentro de un organismo social es la investigación, la misma permite verificar los datos que los propios participantes para obtener un puesto dentro de la empresa, proporcionan en una cédula llamada estudio socioeconómico.

Aunque la economía llega a ser un problema para la población mexicana en el caso de que existen 6 niveles socioeconómicos en el país en donde cada uno menciona los diferentes ingresos y hábitos de consumo.

Es necesario saber la situación en la que la persona se encuentra para rescatar la atribución monetaria que quiere y merece ganar, en cuanto a ser parte de un departamento empresarial.

El integrarse a trabajar dentro de una empresa implica una visita domiciliaria por parte de un experto para la creación de un estudio socioeconómico, esta es una etapa considerada protocolaria dentro del proceso de reclutamiento.

El objetivo del mismo es corroborar datos laborales, forma de vida y escolaridad, lo primordial es establecer el entorno de vida que tiene cierto candidato, esto implica que si los datos no son verídicos la empresa puede frenar una contratación ya aceptada.

Es por ello que cada empresa invierte una cantidad considerable en recursos, las visitas domiciliarias son la manera más aceptable para saber si el candidato es viable desde las primeras entrevistas de selección.

A pesar de que en las primeras entrevistas se haya observado una actitud confiable, una entrevista agradable, y predomine un currículum fascinante, no se sabe a ciencia cierta si lo que el candidato menciona es la verdad, ya que con la plática y logros laborales puede llegar a conquistar al reclutador.

Es necesaria la investigación que incluya puestos, empresas y periodos de tiempo, de esta manera se sabrá si el reclutado sabe hacer lo que dice y si en verdad ha sido parte de los puestos que manifiesta, esto verifica lo que ya se encuentra plasmado en el currículum vitae.

Otro de los objetivos que adquiere el estudio socioeconómico es principalmente evitar riesgos, ya que si se contrata a una persona que miente la empresa puede ser amenazada con las intenciones de la persona contratada, se asume que una persona estable es la que causa menos problemas, además de que representa, fluidez en el trabajo y un ambiente laboral adecuado.

También la zona geográfica contribuye para saber el tiempo en que el empleado tarda al llegar al trabajo.

Las condiciones de la vivienda miden la estabilidad económica de un prospecto; es decir, una persona que tiene ciertos gastos que cubrir no es tan sencilla que deje de laborar o que cambie de trabajo muy seguido. En cambio, si la persona no tiene gastos fijos, colegiaturas que pagar o dependientes económicos, se convierte en un candidato más "volátil", por llamarlo de alguna manera, porque es más fácil que abandone el trabajo o que renuncie sin razón aparente.

Esta situación representa pérdidas para la empresa por los gastos de capacitación, inducción y sueldo invertido.

La escolaridad también debe ser comprobable; es muy frecuente que para ciertos puestos se requiera de una escolaridad específica, desde preparatoria hasta maestría. Por lo tanto, es importante comprobar que el candidato realmente cursó un determinado grado académico, debido a que cada nivel de educación brinda herramientas cognitivas, organizacionales y hasta de vocabulario que la persona requerirá para desempeñar su puesto (universal, 2024).

Las referencias laborales en este caso son también elaboradas por el trabajador social, en donde todo consiste en una investigación telefónica o personal, a las empresas o trabajos en los que se ha desempeñado anteriormente y que el candidato da a conocer en su currículum, en estas investigaciones se verifica que el candidato realmente haya estado contratado ahí, el tiempo que permaneció en la organización, el sueldo que percibía y referencias de conducta durante su estancia en dicho lugar.

Lo anterior marca la manera de saber si se quedó en buenos términos o no con la empresa anterior, ya que si no es así se muestra el estudio socioeconómico como no recomendable o medianamente recomendable, y eso es otro aspecto que detiene o no la entrada a un empleo.

El índice de nivel socioeconómico se basa en los siguientes indicadores:

- Nivel educacional del principal sostén del hogar (indicador de mayor importancia)
- Nivel ocupacional del principal sostén del hogar.
- Patrimonio del hogar (posesión de bienes y de automóvil).

Dimensión social: Se expresa en la variable de la Educación del principal sostén del hogar (el miembro del hogar que más aporta al presupuesto y la economía familiar a través de su ocupación principal, aunque no es necesariamente quien percibe el mayor ingreso).

Dimensión económica: Se expresa en la ocupación del principal sostén del hogar y en el patrimonio del hogar: bienes (T.V. color con control remoto, teléfono, heladera con Freezer, videograbador/reproductor, secarropas, lavarropas programable automático, tarjeta de crédito del principal sostén del hogar, computadora personal, acondicionador de aire) y automóvil (Economía, 2024).

El análisis del estudio socioeconómico va de la mano con factores bio – psico – sociales del individuo tomando en cuenta las dimensiones antes citadas que identifiquen la situación del candidato en la empresa.

El estudio socioeconómico se realiza en el domicilio y en el reporte de investigación se describen datos generales, características físicas, nivel de estudios, aspecto social, antecedentes familiares, información del ultimo empleo, estado de salud, referencias de vecinos, nivel socioeconómico, comentarios generales del encuestador y fotografía de la casa (COPARMEX, 2024).

Proceso de reclutamiento y selección de personal, tomando en cuenta la investigación como participación del trabajador social ante la investigación laboral.

Perfil del puesto

Son los requerimientos que deben satisfacer las personas, para ocupar los puestos eficientemente, puede decirse que la vacante es una pieza faltante en una máquina.

El reemplazo y el puesto de nueva creación se notificarán a través de una requisición al departamento de selección de personal o a la sección encargada de estas funciones, señalando los motivos que las están ocasionando, la fecha en que deberá estar cubierto el puesto, el tiempo por el cual se va a contratar, departamento, horario y sueldo.

Reclutamiento

Reclutamiento: Conjunto de esfuerzos que hace la organización para atraer, convocar al personal mejor calificado con mayores posibilidades de integración. Éste debe de ser rápido y de respuesta rápidas.

Selección

Selección: Proceso que trata no solamente de aceptar o rechazar candidatos si no conocer sus aptitudes y cualidades con objeto de colocarlo en el puesto más a fin a sus características. Tomando como base que todo individuo puede trabajar.

Frecuentemente la selección es informal por motivos de rapidez y economía, aunque ésta forma es peligrosa porque se pone en manos del azar la obtención de empleados capaces, responsables e idóneos.

Entrevista

Tipo de comunicación interpersonal (entrevistador-entrevistado), cuyo fin es intercambiar información valiosa.

Elementos de la entrevista

- →Solicitud. - Es una herramienta que servirá de base para todos los demás procesos ya que sus datos son fuente de información comparable entre los diferentes candidatos.

- →Currículum. - Al igual que la solicitud su papel es fuente de información en la cual el candidato puede utilizarlo expresando cada uno de sus logros o experiencias laborales.

Investigación laboral

Nos permite predecir el comportamiento futuro del candidato en el puesto.

Tipos:
- Investigación de antecedentes de trabajo
- Investigación de antecedentes penales
- Investigación de cartas de recomendación
- Investigación en el domicilio

Cubre tres áreas

- Aspectos familiares de conflictos
- Tipo de responsabilidad y eficiencia realizada en trabajos anteriores
- Comprobar la veracidad de la información proporcionada.

Pasos para pedir referencias

- Prepárese antes de la llamada Preséntese a sí mismo y a la compañía
- Explique su propósito
- Obtenga cooperación
- Pase de la verificación al desempeño, luego al potencial
- Pida una impresión general y pregunte a quién más se podría consultar
- Tome notas y manténgalas por preparado del archivo del empleado una vez que se haya contratado (Gestiopolis, 2024).

Formato de estudio socioeconómico laboral

Datos de identificación

Puesto a cubrir				
Nombre				
Dirección				
Fecha de Nacimiento			Edad	Estado Civil
Día	Mes	Año		
Teléfono				Nivel Académico

Revisión documental

Actas del Registro Civil						
Nacimiento	Sí	No	Matrimonio	Sí		No
Identificación Personal						
Documento		Folio			Vigencia	
Seguridad Social						
IMSS						
R.F.C.						
CURP						

Historia laboral

Empresa	Periodo	Observaciones

Investigación laboral

Último Empleo		

Giro	Teléfono

Puesto Desempeñado	Fecha de Ingreso	Fecha de Baja

Antigüedad	Sueldo Inicial	Sueldo Final

Jefe Inmediato	Puesto

Motivo de separación

Comportamiento durante su estancia			
Con Superiores		Con compañeros	

Evaluación del Desempeño			
Escala		1 Deficiente a 10 Excelente	
Honradez		Iniciativa	
Responsabilidad		Espíritu de Servicio	
Confiabilidad		Eficiencia	
Colaboración		Eficacia	
Trabajo en Equipo		Sumatoria		Promedio	

Informante	Puesto

COMENTARIOS

Referencias personales

Referencia 1			
Nombre		Ocupación	
Tipo de relación		Tiempo	
Dirección		Teléfono	
Comentarios			
Referencia 2			
Nombre		Ocupación	
Tipo de relación		Tiempo	
Dirección		Teléfono	
Comentarios			

Investigación académica

Profesional			
	Documento		Periodo
Institución			
	Inconcluso	Pasante	Titulado

Información económica

Resumen	
Personas que viven con el investigado	
Personas que dependen económicamente de él	
Total de Ingresos	
Total de Egresos	

Ingresos

Ingresos		
Persona	Fuente	Monto Mensual
Total		

Egresos

Egresos		
Persona	Concepto	Monto Mensual
	Alimentación	
	Ropa y Calzado	
	Transporte	
	Servicios	
	Gastos Escolares	
	Actividades deportivas	
	Actividades recreativas	
	Otros	
Total		
Créditos		
Concepto	Mensualidad	Plazo	Saldo
Tarjeta de crédito			

Seguros

De vida	Sí ☐	No ☐	Monto mensual	$
De gastos médicos mayores	Sí ☐	No ☐	Monto mensual	$
De automóvil	Sí ☐	No ☐	Monto mensual	$
Contra accidentes	Sí ☐	No ☐	Monto mensual	$

Activos

Propiedades		
Tipo		
Casa ☐	Terreno ☐	Departamento ☐
Ubicación		Valor Estimado

Tipo	Modelo	Valor Estimado

Investigación social y familiar

Datos Familiares (Personas que viven con el investigado)

Parentesco	Nombre	
Edad	Ocupación	Depende económicamente
	Estudiante	Sí ☐ No ☐

Parentesco	Nombre	
Edad	Ocupación	Depende económicamente
	Estudiante	Sí ☐ No ☐

Parentesco	Nombre	
Edad	Ocupación	Depende económicamente
	Estudiante	Sí ☐ No ☐

Actividades sociales

Religión		
Católica	Otra	Ninguna

Actividad	Frecuencia anual
1. Eventos sociales (familiares o amigos)	
2. Eventos comunitarios	

Actividades culturales

Actividad	Frecuencia anual
Museos	
Teatro	
Festivales Culturales	
Zonas Arqueológicas	

Actividades deportivas

Deporte	Lugar	Frecuencia
Deporte	Lugar	Frecuencia

Actividades recreativas

Actividad	Frecuencia anual
Vacaciones	
Plazas públicas	
Parques naturales	
Parques de diversiones	
Cine	

Pasatiempos

Actividad	Frecuencia
	Tiempo libre
	Tiempo libre

Visita domiciliaria

Estructura de la vivienda			
Una planta ☐	PB y 1 piso ☐	2 pisos ☐	Más de 2 ☐
N° de Recamaras		N° De Baños	
3		1	
Condiciones generales de la vivienda			
Buenas			
Servicios			
Luz		TV por cable	
Línea telefónica		Sistema de seguridad	
Agua		Gas subterráneo	
Drenaje		Internet	
Gas			
Recolección de basura			
Vías de acceso			
Avenida (s)			
Entre las calles			
Referencias			
Transporte			
Metro	Transporte público	Taxi	Otro
Zona			
Popular		Residencial	
Cuenta con todos los servicios		No cuenta con todos	
Urbana	Semi- urbana	Rural	

Bibliografía

Sánchez, Rosado Manuel, *Manual de Trabajo Social*, Escuela Nacional de Trabajo Social, Plaza y Valdés, México, 1999.

C. Castellanos Marie, *Manual de Trabajo Social*, Ediciones Científicas La prensa Médica Mexicana, S.A de C.V. México, 1962

Páginas de internet

http://blogs.eluniversal.com.mx/weblogs_detalle3424.html,2011

http://cmapspublic3.ihmc.us/rid=1194899212562_2140868026_3967/DEFINICION%20DEL%20INDICE%20DE%20NIVEL%20SOCIO.pdf,2011

http://www.coparmexqro.qro-mx.com/Secciones.aspx?Id=51,2011

http://www.gestiopolis1.com/recursos7/Docs/rrhh/el-proceso-de-contratacion-de-personal.htm,2011

El Trabajo Social en la industria, ¿realmente un campo de intervención?

María del Carmen Navia Rivera[13]

---
13 Docente jubilada del AATS del ICSHu de la UAEH.

En la historia del trabajo social, se puede observar cómo se han ido definiendo y afinando los campos de intervención profesional, emergiendo según los momentos históricos y las políticas emitidas por el Estado para dar atención a las demandas sociales; como es el caso del Trabajo Social en la industria, el cual surgió en EU, posterior a la primera guerra mundial implementado como "orientación industrial" (Friedlander, 1973).

En esa época a los trabajadores sociales de esta área, les llamaron "consultores industriales" y su tarea principal era ayudar a los empleados en la solución de sus problemas personales y familiares, en cuestiones de salud, atención de los niños, problemas maritales y dificultades económicas; utilizando principalmente el nivel de intervención individualizada. Y con el dominio de la técnica de la entrevista y la interrelación de instituciones como apoyo.

Sin embargo, actualmente la orientación del trabajo social en la industria no ejerce ya el papel esencial en el bienestar de la fuerza trabajadora y en el mejoramiento de la moral de los obreros, como lo fue en otros tiempos de inicio de la industrialización.

Buscar las razones de ese cambio, es de lo que se ocupa este artículo, en el que se abordaran los aspectos que han influido para que se dé tal situación.

El trabajo social y su desarrollo ha estado ligado a la forma de Estado vigente, sus acciones y roles profesionales se ven fuertemente afectados por las funciones generales del estado (económico, jurídico y administrativo).

El espacio profesional del trabajador social es dinámico e histórico porque se configura en relación con dos elementos fundamentales: el primero es el de la relación de las clases sociales expresadas en políticas sociales; y el segundo, la capacidad teórica y técnica con la que el trabajador social interviene en la administración de las políticas sociales. Por lo que en la medida que los sectores intensifiquen sus demandas por mayores beneficios sociales y que los Estados respondan a sus aspiraciones en virtud de su naturaleza más o menos democráticas, se logrará la ampliación de ese espacio.

La naturaleza contradictoria de la práctica del trabajador social deriva de su función de paliar las necesidades que tienen que ver con la reposición y reproducción de la fuerza de trabajo (esta es la tarea esencial que le asigna el sistema capitalista); ella fue perfeccionándose y tecnificándose de forma paralela a la institucionalización de los servicios sociales, siendo propia del

"Estado benefactor", Trabajo Social desarrolla programas que tienen que ver con estas necesidades y que son reconocidos como fundamentales e impostergables, aún en el nivel de reposición de la fuerza de trabajo, aunque en última instancia, ello sea en beneficio del sistema capitalista, el trabajo social no puede dejar de actuar con estas necesidades.

Buscando, encontré que una de las razones del porque no ha florecido y multiplicado este campo de intervención de Trabajo social son los aspectos de la organización y forma de Estado, no solo en México sino a nivel internacional, aspectos como los siguientes:

Antes de la aparición del capitalismo, las clases dominantes (señores feudales, esclavistas) al ser propietarios o amos de la persona misma, de su siervo o esclavo, como lo eran de la tierra, los animales o los elementos de labranza, eran responsables de su preservación física. De la misma manera y por idéntica razón que debían mantener la tierra en condiciones de producir o las herramientas en buen estado, debían preservar físicamente al siervo o al esclavo, garantizando su supervivencia, aunque sea al límite de lo estrictamente necesario. La vida del esclavo no dependía de él, sino de su amo, que podía disponer de ella a voluntad.

Con el advenimiento del capitalismo, el siervo se transforma en hombre "libre". Ya no es propiedad de nadie, pero tampoco posee nada. Únicamente cuenta con su fuerza de trabajo, convertida ahora en mercancía, que puede ofrecer libremente en el mercado. Nadie es ya responsable de él, su supervivencia depende ahora de él mismo. Si muere, o no puede trabajar, otro hombre "libre" vendrá a reemplazarlo, vendiendo su fuerza al dueño del capital.

Con el nuevo sistema se produce también una profunda modificación en la forma de explotación de la fuerza de trabajo. La lucha entre las nuevas clases que irrumpen en la historia, paralelamente al crecimiento del contingente de la clase trabajadora y de su presencia política, conduce a que con el desarrollo de las fuerzas productivas, se vayan modificando los mecanismos destinados a paliar la miseria de los trabajadores.

Históricamente en Trabajo Social, se pasa de aquellas manifestaciones filantrópicas de religiosas y damas de la caridad, a la organización de la actividad asistencial que paulatinamente va centrándose en el Estado, que toma a su cargo la tarea de atenuar las consecuencias de la explotación del trabajo.

Estos mecanismos conllevan, por un lado, la intencionalidad de preservar el sistema de dominación, y por otro, dialéctica y contradictoriamente, vienen a satisfacer necesidades concretas de las clases explotadas y son fruto de las luchas y la fuerza de éstas. Así, la jornada de ocho horas, la prohibición del trabajo de los niños, en un primer momento, y posteriormente, la legislación laboral y la seguridad social, tendrán este carácter (Alayón, 1986).

Puede decirse que la asistencia y la seguridad social son políticas planificadas, reglamentadas y controladas de distribución de la riqueza, lo que no constituye más que una forma diferenciada del salario, y conlleva la doble intencionalidad de preservar el sistema y de satisfacer las reivindicaciones de las clases desposeídas. Su magnitud depende del estadio y correlación de fuerzas de las clases en pugna, del desarrollo alcanzado por las fuerzas productivas en una formación social determinada, así como de la misma coyuntura político-económica en un periodo dado (Alayón, 1986).

En este contexto, el trabajador social, que encuentra su perfil en aquellas benefactoras, religiosas, damas de la caridad, etc., es el profesional asalariado encargado de ser intermediario entre los poseedores de esas riquezas y los beneficiarios. Usualmente, el organismo a través del cual se hace tal intermediación es el propio Estado, como representante de los intereses de las clases dominantes, pero también como reflejo y expresión de la propia lucha de clases en conflicto.

Rodeado en este contexto de las relaciones sociales se ubica el Trabajo social; consecuentemente, sus profesionales se constituyen en asalariados contratados por los sectores dominantes, cuyos servicios se dirigen a las clases subalternas. Esto significa, además, que en el interior mismo del Trabajo Social se reproducen estas contradicciones, ocasionando que se participe tanto de los mecanismos de dominación, como también dé respuesta a las necesidades vitales de los sectores populares.

En este sentido, el Trabajador social no será por sí mismo ni conservador ni revolucionario, sino que, como puede deducirse de la propia práctica profesional, puede ser alternativamente ambas cosas, ya que en su interior se reproducen los conflictos de intereses de la sociedad en la que actúa. Se acercará más a uno u a otro polo, según sea la correlación de las fuerzas actuantes.

Estos aspectos ya históricos (siglo XIX), nos permiten ubicar a los diferentes actores de la Industria, cada vez más definidos y cerrando el espacio profesional al trabajador social en ella, debido a que con el desarrollo del capitalismo y el predominio de lo económico sobre lo social, el Estado cada vez asume la responsabilidad del bienestar de los trabajadores, a través de políticas sociales concretizadas en las instituciones (públicas y privadas) encaminadas a prestar atención a las necesidades de los obreros. Y el profesional del Trabajo social es ubicado y con un rol definido en dichas instituciones y desde ahí trabajar en Pro del bienestar de los obreros. En salud, educación y seguridad social. A la vez que se generan instituciones y leyes que regulan el trabajo y al que lo oferta y el que lo ejecuta.

Si en el siglo XIX se habló de la cuestión obrera fue porque todos los aspectos del trabajo y de la vida de los obreros parecían determinados por la misma causa; la presión del capitalismo liberal sobre los vendedores de trabajo. Pero, fue en el plano del sistema económico mismo y por medio de la ley donde los reformadores emprendieron su acción en defensa de los trabajadores.

Los progresos del maquinismo, la complejidad creciente de las técnicas de organización, la concentración industrial y el desarrollo del movimiento obrero, sindical y político no han dejado, desde fines del siglo XIX, de aumentar la importancia de los problemas de la empresa, visualizándola hoy en día a partir de los cambios producidos en las relaciones de la empresa y del sistema económico y social.

El Trabajo Social y los sindicatos

Otra razón más, del porque el área de Trabajo social en la industria no se ha fortalecido y desarrollado al mismo ritmo que la empresa limitando la intervención de este profesional, es que los trabajadores y empleados se organizaron en sindicatos para defender sus derechos y mejorar sus condiciones de trabajo, dado que también se inició la legislación del trabajo, misma que permitió los contratos colectivos y la representación legal a través de estas organizaciones.

La identificación del Trabajo Social con los sindicatos, se debió a que sus objetivos tanto del profesional como el de estas organizaciones eran similares, de ayuda a los empleados y con sus familias, de trabajadores sin empleo, además que era fortalecida esta identificación, por su propia participación en el movimiento laboral, vivían la misma inseguridad en su propio empleo que experimentaban sus clientes cuando eran despedidos al reducirse la producción o cerrarse las empresas.

En Estados Unidos de América, durante los años de la depresión de la década de 1930, los trabajadores sociales y los empleados, técnicos y administrativos de las organizaciones, empezaron a unirse a los sindicatos. Muchos de ellos, los más antiguos, se iniciaron como sociedades fraternales de ayuda mutua, haciendo estipulaciones para ayudar a sus miembros durante épocas de enfermedad y desempleo, por medio de mesadas y préstamos y para ayudar a los familiares, en caso de muerte del obrero para su sostén. Algunos patrones fundaron clínicas médicas, implementaron planes de pensión y protección; pero solo una pequeña proporción de empleados y obreros estaban amparados (Friedlander, 1973).

Con el desarrollo de la producción y el aumento consiguiente de industrias (fábricas, empacadoras, almacenes muelles etc.) los dirigentes sindicales empezaron a preocuparse sobre la posibilidad de que los consultores industriales (trabajadores sociales) se inclinaran y fueran parciales en la forma de enfocar los problemas personales y de trabajo a favor de los patrones, que eran los que los habían contratado y no estar a favor de los sindicatos. Inclusive fueron acusados en varias ocasiones como espías de la gerencia, de modo que los empleados y obreros no tenían confianza en ellos, situación que modifico literalmente la intervención de los trabajadores sociales en la industria. Asignándole un lugar en las instituciones públicas y privadas que prestan atención a las demandas de los empleados y trabajadores de la industria, desde esos espacios.

Hoy en día los sindicatos han adquirido el carácter de instituciones reivindicadoras o consultivas en el marco de la empresa y, bajo la idea de la democracia y la economía de mercado no se ha podido saltar el cerco de las vulnerabilidades y desigualdades sociales que definen el núcleo duro de la civilización industrial. Una y otra vez, al calor de oscilaciones más o menos pronunciadas de la actividad económica, las desigualdades se vuelven en empobrecimiento e incluso marginalidad.

Tal como plantea Beccaria (2005) tanto las reformas estructurales como el nuevo régimen macroeconómico, afectan negativamente la capacidad de generar empleo, cristalizándose varios de los rasgos que habían comenzado a manifestarse durante los años anteriores, tales como la inestabilidad, la precariedad y la desigualdad distributiva, deduciendo que el hecho de estar ocupado, no garantiza que estén satisfechas las necesidades de los trabajadores. Bajo este contexto en lugar del empresario clásico movido por la búsqueda de su beneficio individual, se ha instalado el director asalariado, más preocupado por la organización, la coordinación y la técnica.

Para la industria moderna, con sus grandes concentraciones de población en los centros industriales, alrededor de fábricas y de minas se ha convertido en un reto tanto para empleados y patrones, proporcionar las medidas de protección a la vida del empleado, a su salud y el bienestar de ellos y sus familias, además de que lo establece la ley. Sin embargo, hay un obstáculo muy grande en la actualidad, el desempleo que también ha afectado la intervención del trabajador social en esta área.

La empresa ha cambiado y es fuertemente influenciada por fenómenos internacionales como: los mercados. La globalización, el uso y predominio de las máquinas más que la fuerza del hombre entre otros, generando otros fenómenos sociales como son: el desempleo la migración internacional, las devaluaciones e inestabilidades económicas el predominio de la técnica etc. que afectan al hombre mismo en su individualidad y desarrollo.

En México a más de una década de implementarse el proyecto neoliberal las situaciones mini y macro sociales han ido extremándose. Se puede identificar claramente la evolución de la desigualdad y de la exclusión social paralelamente a la implementación de políticas neoliberales.

El trabajo mecanizado, el nivel y la forma de salarios, los métodos de organización y gestión de las empresas, definen una situación de trabajo y permiten analizar las actitudes y la acción obreras. Pero, éstas no se explican solo por las condiciones de trabajo, de empleo, de remuneración o de mando, dependen también de los caracteres de la sociedad considerada en su conjunto y del lugar que ocupa en ella la clase obrera, de sus relaciones con otras categorías sociales, de su grado de participación en el poder político (Touraine, 1997).

Todos estos aspectos han conflictuado a la clase trabajadora y sus relaciones laborales, ocasionando que nuevamente intervenga un profesional que vele por los intereses de todos aquellos empleados regidos por contratos temporales que los deja fuera de la protección de la seguridad social a ellos y sus familias y al numeroso grupo de desempleados tanto de zonas urbanas como rurales.

Como ya se ha descrito, los profesionales del Trabajo Social en la historia, se han identificado con los que quedan indefensos y susceptibles de la injusticia social por ello, se identifican con las organizaciones públicas y privadas que trabajan para su mejoramiento, en este caso de normas laborales justas que permitan el desarrollo de las potencialidades de los empleados.

Así mismo, el preocuparse por conocer y establecer relación con los organismos de trabajadores y patrones como un medio de comprender mejor los alcances del problema laboral y de poder, esto ha sido el objetivo del trabajador Social que se desempeña en las empresas, y en su oportunidad ofrecer una propuesta constructiva para el establecimiento de unas mejores relaciones obrero-patronales.

En esta área, el profesional de Trabajo Social, tendrá que innovar en su intervención además de que suele ser miembro de un equipo de trabajo (médico, psicólogo industrial y otros profesionales afines) cuyo tamaño está en relación a la importancia de la empresa (industria), y los servicios que presta están relacionados con el bienestar y protección del obrero y su familia, los cuales han sido:

- →Orientación personal relacionada con el desempeño del trabajo

- →Participar en programas de estímulos a la producción.

- →Gestión de los servicios del Seguro Social para los trabajadores

- →Supervisión de la continuidad de tratamientos iniciados para mejorar la salud de los obreros y empleados

- →Orientación a las familias de los obreros y empleados respecto a la educación, salud y recreación.

- →Colaboración en la tramitación de préstamos.

- →Colaboración en la gestión de pensiones, retiros u otros beneficios a los que en determinado momento por accidente vejez o incapacidad temporal, requiera el trabajador.

- →Organización de comedores para los empleados.

- →Participación en los programas de vivienda para el trabajador.

- →Trabajar en la educación social, el trabajo en grupo para mejorar la producción y la organización general de la empresa.

- →Traslados a las diferentes instituciones según las necesidades de los empleados, para que reciban la atención correspondiente.

- →Insertarse y trabajar conjuntamente con programas sociales que beneficien a los empleados y sus familias.

- →Participar activamente en el diseño y ejecución de políticas laborales y sociales para beneficio de los trabajadores.

Conclusiones

Bajo estas categorías económicas y políticas del trabajo y la empresa, el espacio de oportunidad para el profesional del Trabajo Social en la Industria es amplio, pero tendera a modificarse dadas las políticas establecidas por el gobierno en turno y la influencia del exterior (políticas internacionales), y exigirá mayor preparación profesional para comprender las problemáticas y participar en su atención.

Es necesario que se comprenda la historia de lo que han sido las relaciones obrero- patronales y los movimientos sociales que se han dado, para entender hacia donde avanzan y estar acorde con las transformaciones que sufren, para no quedar nuevamente fuera de ellas.

Será necesario pensar en otra forma de organización de obreros, trabajadores y empleados que no sean los sindicatos, para la defensa de los derechos y seguridad de los mismos. La continua educación y formación de este profesional facilitará su trabajo en este campo de Trabajo Social.

Bibliografía

CASTELLANOS C María. "Manual de Trabajo Social" México 1971. 3ª. Reimpresión. Ed. La Prensa Médica.

ANDER-EGG, Ezequiel. "Del Paternalismo a la Conciencia de Cambio" . Argentina

FRIEDLANDER Walter A. "Dinámica del Trabajo Social" México 1973. Segunda edición. Ed. Pax

ALVARADO Garibaldi Salvador. "Apuntes para el análisis del Estado" una introducción al estudio del Estado. México 2008. Ed. UNAM, Porrua. Primera edición.

ALAYON, Norberto. "El Trabajo Social de Hoy y el mito de la Asistente Social. Ed. Hvmanitas. Primera edición. Argentina 1986.

II FORO LATINOAMERICANO "Escenarios de la vida social, el Trabajo Social y las Ciencias Sociales en el siglo XXI" Argentina 2009. Ed. Espacio. 1ª edición.

III Encuentro Nacional de Trabajo social en el área de la salud "política Social para la salud" México 1997. Ed. UNAM- ENTS

GUZMAN Valdivia Isaac. "Sociología de la Empresa" México 1993. Ed. Jus, SA de CV. 15ª edición

Trabajo Social Empresarial, el nuevo reto para la profesión.

Anabel Ascencio Pérez[14]

---

[14] Investigadora independiente, docente de la Lic. en Trabajo Social ICSHu-UAEH.

Si bien, Trabajo Social a lo largo de la historia ha estado inmerso en las diversas áreas y campos de intervención, en el área empresarial, se han comenzado a aperturar espacios para el profesional de Trabajo Social, y es que no depende de sus capacidades o habilidades sino del desconocimiento de las mismas empresas por la labor del profesional, así como los recursos de la empresa, el giro y algunos otros factores que se vuelven un reto para la profesión.

Reto que deben afrontar los estudiantes y egresados al incursionar en este campo de intervención, por lo cual deben ir dotados de habilidades, destrezas y conocimientos que les permitan hacer frente a los requerimientos de las empresas y los colaboradores, dando pauta a que Trabajo Social sea parte indispensable del equipo interdisciplinario dentro del campo empresarial.

Para poder conocer el por qué existen muy pocos espacios para Trabajo Social dentro de las empresas, se realizó una entrevista semiestructurada a la directora de recursos humanos de una empresa, quien solicitó brindar la información reservando la privacidad de sus datos así como los de la empresa.

La guía de entrevista aplicada consistió en 11 ítems con opciones de respuesta y respuestas abiertas para la obtención y análisis de los datos obtenidos, el método de estudio es de caso al haber seleccionado una empresa que como requisito fue que no cuente con el área o departamento de Trabajo Social.

A continuación se comparten las respuestas de la directora de recursos humanos sobre la incursión de un trabajador o una trabajadora social en la empresa donde labora desde hace 25 años.

Instrumento de investigación

Guía de entrevista: incursión de Trabajo Social en el área empresarial.

La información que se obtenga será confidencial y analizada para fines académicos y de investigación.

Entrevistadora: Anabel Ascencio Pérez

1. ¿Cuánto tiempo lleva laborando en la empresa?

2. ¿Qué técnicas e instrumentos utiliza para llevar a cabo la contratación laboral?

3. ¿La contratación hacia hombres y mujeres ha sido la misma?

4. ¿Las mujeres y hombres tienen la misma oportunidad de ocupar cargos opuestos directivos?

5. ¿Con qué colaboradores necesita más atender conflictos laborales?

6. ¿Quienes integran el equipo interdisciplinario?

7. ¿En qué campos de intervención está inmerso un trabajador social?

8. ¿Cuál ha sido tu experiencia con un o una trabajadora social?

9. ¿Cuáles son las funciones que realiza el Trabajador Social?

10. ¿Habría oportunidad de contratar a un trabajador o trabajadora social?

11. ¿Qué se necesita para aperturar el área o departamento de Trabajo Social?

Análisis de la información

Categoría analítica	Dimensión/ subdimensión	Relato
Recursos humanos	Contratación de personal	I1"Llevo 25 años laborando para esta empresa en la contracción de personal".
		I2" Se aplica la entrevista, se realizan pruebas psicométricas, pasan a un examen de conocimientos en el área donde van a laborar, ese no lo elaboramos nosotros, sin embargo, al tener los resultados, damos el veredicto para su contratación".
		I3 "Inicialmente, por el giro de la empresa sólo la contratación era para hombres, a partir de hace unos 15 años, ya se incursionaron las mujeres, dando prioridad a quienes no son madres debido a la responsabilidad y a las actividades que se deben realizar, pero actualmente ambos tienen las mismas oportunidad".
		I4"Si lo vemos desde el género, si tienen las mismas posibilidades, sin embargo, las áreas o puestos pueden requerir un perfil en particular. Se debe ser muy cuidadoso al momento de formar los foros, porque desde ahí se hace el filtro y se decide quién continua o no, esto sin caer en violencia de género".

		Í5" Anteriormente los problemas laborales se daban entre el género femenino, debido a situaciones personales, de compañerismo o familiares. Actualmente, la situación que se presenta es con los jóvenes, sean hombres o mujeres, porque vienen sin ganas de trabajar, en modo de rebeldía, no acatan indicaciones, quieren hacer lo que quieren, no son responsables, abandonan el trabajo, no respetan el horarios o los jefes directos y eso se vuelve un problema para el área de recursos humanos porque nos ponen entre la espada y la pared".
Interdisciplinas	Personal laborando	Í6 "Los profesionales que laboramos en esta empresa son administradores de empresas, mercadólogos, abogados, médicos, enfermeros, ingenieros y contadores".
Trabajo Social	Nueva área	Í7"Por la experiencia que he tenido con trabajo social, están inmersos en los hospitales y escuelas, es todo lo que sé".
		Í8"Las pocas veces que he ido a una valoración médica, mi experiencia no ha sigo grata, pareciera que todo el tiempo están enojadas, como que no les gusta su trabajo, que no son felices o no sé".

			I9" De las que he escuchado o visto, ayudan en el trámite de cuestiones médicas, en el espacio educativo me imagino que llevan a cabo los casos de niños que tienen problemas, pero en una empresa no sabría, pero ya que estás aquí y tú eres trabajadora social dime qué es lo que hace un trabajador social".
			I10"Ahora que me dices qué es todo lo que hace un trabajador social tanto en las empresas como en otros espacios, claro que lo contrataría, es más, me convenciste y ahora creo que necesito a un trabajador social en esta empresa, para que me ayude con los expedientes, a investigar el por qué renuncian, a conocer el ambiente laboral, no sabía que podían hacer todo eso".
			I11" Primero tengo que compartirle al director general todo la información que me diste sobre Trabajo Social, posteriormente, fundamentar la apertura del área, sin embargo, eso es un trabajo que lleva tiempo, porque además genera un recurso más para la empresa (Anónima, 2024)".

Categoría: recursos humanos

Dimensión: contratación de personal

Referente a esta dimensión se analizaron los factores que influyen para que una mujer u hombre sean contratados en las empresas, aunque se apegan a los lineamientos de la ley del trabajo, para la postulación o contratación en cargos directivos se toma en consideración el perfil del puesto, dado que en algunos casos son actividades meramente dirigidas por hombres o mujeres, esto sin violentar el género.

Categoría: interdisciplina

Dimensión: personal laborando

En esta dimensión, se compartió información referente al personal que labora en la empresa, destacando a los administradores de empresas, mercadólogos, abogados, médicos, enfermeras, ingenieros y contadores, es importante mencionar que cada uno tiene su rol definido dentro de la empresa.

Categoría: Trabajo Social

Dimensión: nueva área

Esta es la dimensión en donde se aborda todo lo referente a Trabajo Social, y en donde precisamente se comprueba el desconocimiento que existe en otros espacios o personas sobre las funciones y actividades que realiza el profesional, si bien, en pocos casos se ha tenido un acercamiento con el profesional es temas de salud, este no ha sido grato, debido a las actitudes y aptitudes de algunos trabajadores sociales en el ejercicio de la profesión.

Es importante mencionar, que al compartir todo lo referente a Trabajo Social, metodología, campos y áreas de intervención, funciones, actividades, responsabilidades, habilidades y competencias, se da la apertura de poder crear en un tiempo, el espacio adecuado para que Trabajo Social forme parte indispensable del equipo interdisciplinario en la empresa.

Conclusiones

Con la información anterior, nos percatamos que aún existe mucho desconocimiento de las empresas, empleadores y algunos profesionales sobre la labor de Trabajo Social en los diversos campos de intervención, principalmente en el sector empresarial y aunque es un campo potencial, ha sido un poco influenciado por los profesionales de Trabajo Social, quizás porque su perfil sea en las áreas tradicionales como salud, asistencia o educación, lo importante es que entre más apertura y participación tenga Trabajo Social en las empresas, en el medio ambiente, forense y justicia, se logrará el reconocimiento que por tantos años los docentes, investigadores y profesionales ejerciendo han estado luchando, así que aún queda mucho trabajo por hacer en pro de la disciplina.

Peritaje en Trabajo Social como emprendimiento social

José Ángel Díaz Rodríguez [15]

---
15 Consultor, capacitador y Perito Privado en Trabajo Social.

El emprendimiento social puede ser concebido como "la persecución de recursos y oportunidades innovadoras para el intento estratégico de alcanzar una mejora en las condiciones sociales (Dees, 2016)", es decir que el objetivo social es la razón de la acción comercial; a diferencia del emprendimiento tradicional, cuyo objetivo se centra primordialmente en una misión económica con la explotación de las oportunidades de mercado (Moreira, 2011).

La especificidad profesional es una construcción histórico-social y se estructura en un proceso a través del cual se delimita el ámbito de relaciones sociales, donde se hace necesario determinado tipo de intervención (García-Salord, 1991). El peritaje en Trabajo Social "representa una práctica especializada y técnica en la cual las personas profesionales del Trabajo Social aplican sus conocimientos y destrezas específicas para evaluar situaciones sociales, familiares o individuales con implicaciones jurídicas (Díaz, 2024)". Por tanto, puede ser una vía para emprender de manera profesional.

El peritaje en Trabajo Social ha ganado un lugar destacado dentro de los diversos ámbitos de especialización de la disciplina, debido a su capacidad para abordar y resolver problemáticas sociales complejas en contextos legales, administrativos y comunitarios. Desde un enfoque técnico, ético y profesional, el peritaje en Trabajo Social contribuye a la justicia social, la defensa irrestricta de los derechos humanos y la promoción de intervenciones basadas en la equidad y la inclusión con perspectivas diferenciadas: género, infancias, discapacidades, vejeces, entre otras. Sin embargo, en un mundo globalizado y marcado por crecientes desigualdades y marginalidad, este campo también ofrece una oportunidad invaluable para la innovación y el desarrollo sostenible a través del emprendimiento social.

El capítulo titulado "Peritaje en Trabajo Social como Emprendimiento Social", dentro del presente libro *Trabajo Social Empresarial*, se propone explorar esta intersección entre el ejercicio pericial y el emprendimiento social. Se parte de la premisa de que el Trabajo Social no solo busca resolver problemas sociales, sino que también puede generar modelos de intervención económicamente sostenibles y de alto impacto social. A lo largo del capítulo, se analizará cómo el peritaje en Trabajo Social puede ser concebido como un emprendimiento que combina innovación, sostenibilidad y agencia social.

I.I. Contexto del Trabajo Social y el emprendimiento social

En su origen, el Trabajo Social se enfocaba principalmente en la asistencia directa a poblaciones vulneradas, con un fuerte énfasis en el servicio público y la colaboración institucional. Como se puede distinguir, es indudable el involucramiento que tienen las personas trabajadoras sociales en materia de derechos humanos, así como con la justicia social y la igualdad desde un enfoque holístico, que se encuadra con la ética de la profesión, por lo que se reitera en la importancia que tiene ahondar en este tema, teniendo a consideración que las contribuciones que se generan coadyuvan no solo en el ámbito académico, sino en la sociedad en general (Díaz, J. y Aguillón, I., 2024).

No obstante, el siglo XXI ha traído consigo nuevas dinámicas y retos que demandan enfoques más integrales y adaptativos. Las crisis económicas, los cambios en las estructuras familiares, la desigualdad social y los conflictos legales son solo algunos de los factores que han impulsado la diversificación de las áreas de intervención del Trabajo Social.

Se denomina como contemporáneo a todo aquello que sucede en el tiempo presente y que pertenece al periodo histórico temporal más cercano a nuestro presente. El término contemporáneo sirve para señalar todos los hechos, circunstancias o fenómenos que toman lugar en el tiempo presente y que son parte de una realidad particular actual, contrapuesta a las realidades de otros periodos históricos del ser humano. Por eso, lo contemporáneo tiene relación con aquella parte de la historia y de la vida cotidiana de nuestras sociedades que nos tocó y nos toca vivir; conocer, desarrollar, criticar, cuestionar o impulsar. Lo contemporáneo es aquello en que lo que podemos intervenir, los procesos que podemos entender y las relaciones sociales que podemos construir (Evangelista, 2018).

En este contexto, el emprendimiento social se presenta como una alternativa viable y estratégica para responder a las necesidades emergentes. Se trata de una perspectiva que busca generar soluciones innovadoras a problemas sociales, combinando impacto positivo con sostenibilidad económica. Aplicar esta lógica al peritaje en Trabajo Social implica transformar esta especialidad en una práctica profesional independiente, capaz de contribuir al bienestar social y generar ingresos para quienes la ejercen.

I.II. Relevancia del tema en el Trabajo Social Empresarial

En el marco del Trabajo Social Empresarial, conceptualizando a este como *la rama del Trabajo Social de carácter científico e interdisciplinar, que tiene como campos de estudio las relaciones sociales vinculadas al ámbito administrativo y que plantea estrategias de intervención desde lo social, colocando en el centro a la persona, como portadora de necesidades, pero trascendentalmente como titular de derechos con el objetivo de promover el bienestar social, mejorar las condiciones laborales y contribuir al desarrollo de una cultura organizacional inclusiva y ética.* Se enfoca en el análisis de las problemáticas sociales que afectan tanto a las y los empleados como a la empresa en su conjunto. Abarca una variedad de áreas de intervención, entre ellas la atención y gestión de conflictos laborales, el desarrollo de programas de bienestar organizacional, la integración de la responsabilidad social empresarial (RSE), y la implementación de estrategias que favorezcan la inclusión, las perspectivas de género, diversidad, interculturalidad, vejeces, discapacidades y el enfoque interseccional.

Por tanto, el peritaje como emprendimiento social cobra un significado especial, ya que representa una forma de profesionalizar el ejercicio oficial (institucionalizado) y/o libre (con vinculación estratégica) del Trabajo Social, demostrando que esta disciplina puede adaptarse a las demandas del mercado sin perder su esencia humanista, ya que esta actividad no solo busca generar resultados que cumplan con los requerimientos legales o administrativos, sino también impactar de manera positiva, sustantiva y transformadora en las vidas de las personas y sus familias. La esencia humanista del peritaje en Trabajo Social radica en su compromiso con valores como la equidad, la justicia social, la empatía y la promoción del bienestar colectivo. Este enfoque asegura que la labor de las personas peritas no sea solo técnica, sino profundamente ética y centrada en lo social, en el ser humano como sujeto y titular de derechos.

Además, refuerza el papel de la persona Trabajadora Social como facilitadora del cambio, capaz de combinar sus conocimientos científicos, empíricos, sociales y culturales con una visión emprendedora para transmutar realidades sociales complejas.

Este apartado no solo busca inspirar a las y los profesionales del Trabajo Social a explorar nuevas posibilidades en el ámbito del peritaje, sino también brindarles herramientas prácticas para que puedan desarrollar emprendimientos sostenibles y de alto impacto. A través de un enfoque reflexivo y orientado a la acción, se espera que la persona lectora encuentre en estas páginas una guía para reinventar su hacer y quehacer pericial, definiendo una postura de liderazgo en la promoción de justicia social, igualdad y equidad.

I.III. El Peritaje en Trabajo Social como especialidad crítica-emergente

Lo emergente desde la perspectiva social, siempre apela a situaciones complejas, abruptas, de desequilibrios, desajustes y desorganización, que obliga a reformulaciones drásticas y a planeaciones estratégicas. Las necesidades, problemas o demandas sociales emergentes son productos complejos de las contradicciones propias del sistema social vigente, que siempre está en constante cambio o transformación (Evangelista, Prólogo, 2020).

El peritaje en Trabajo Social se ha consolidado como una herramienta clave en los procesos de intervención y actuación social desde un enfoque interdisciplinario, técnico científico. A través de este ejercicio, se realizan documentos periciales que sirven como insumos fundamentales para procesos judiciales, civiles, administrativos, de familia, entre otros. Estas valoraciones abarcan áreas como violencia familiar o doméstica, adopciones, conflictos laborales, reparación del daño, determinación del nivel socioeconómico y otras problemáticas que requieren un análisis profundo de las dinámicas sociales.

A pesar de su relevancia, esta especialidad aún enfrenta desafíos importantes, como la falta de reconocimiento generalizado, el desconocimiento sobre su importancia en la operación del sistema acusatorio adversarial y la ausencia de políticas que promuevan su desarrollo. Es en este punto donde el enfoque del emprendimiento social se convierte en un catalizador para su fortalecimiento y expansión.

I.IV. Conceptualización del emprendimiento social en el Peritaje en Trabajo Social

El emprendimiento social se ha convertido en una herramienta clave para abordar problemas sociales complejos desde un enfoque inventor y razonable. Este concepto implica la creación de modelos de intervención y actuación social que no solo resuelvan necesidades apremiantes, sino que también sean económicamente viables y escalables en su impacto. En los escenarios del peritaje en Trabajo Social, esta visión ofrece una oportunidad invaluable para trasmutar la práctica profesional, promoviendo tanto el bienestar social como el desarrollo personal y profesional de las personas peritas.

Según autores como Muhammad Yunus (Fundación Wiese, 2020), el emprendimiento social busca:

> **1.→Identificar problemas sociales críticos:** Lo acontecido nos permite visualizar, con absoluta claridad, que el Trabajo Social -como cualquier otra disciplina- no constituye una categoría abstracta, que objetivos que se proponen. Una misma técnica puede servir a objetivos significativamente distintos. De ahí que el profesional, para evitar caer en el instrumentalismo vacío, debe poner especial atención en el reconocimiento de los verdaderos objetivos que guían las diferentes políticas sociales (Alayón, 2019). Detectar necesidades no satisfechas o brechas en el acceso a recursos y derechos, para un acceso pleno a la justicia. En rigor, se trata de que Trabajo Social contribuya a recobrar un proceso vivencial que permite la comprensión integral, natural y común de hacer la vida entre personas que se reconocen y legitiman en tiempos y espacios. A través de luchas discursivas podemos ir descifrando modus vivendi cuya comunalidad puede afrontar un mundo globalizado (Yáñez, 2024).

> **2.→Proponer soluciones innovadoras:** Los acompañamientos profesionales, así como las intervenciones en situaciones de crisis, enfrentan en la actualidad grandes desafíos, particularmente en lo relacionado a su instrumentación y desarrollo; no solo por las diferentes realidades institucionales, o aquellas particulares que aquejan a los propios sujetos que vienen complejizándose cada vez más, y que requieren de involucrar distintos niveles de análisis y de reflexión. Donde se reconoce, que no es posible hacer réplicas exactas de diseños metodológicos,

aunque se presentan casos similares, a lo que se puede aspirar, es a delinear acciones generales, y trazar esquemas o rutas críticas de trabajo, las cuales le permitan al profesional llegar a adecuados términos en la atención o el servicio, con las respectivas reservas. Es por ello, que se reconoce que en la actualidad la intervención social en cualquier nivel actuación, exige perfiles cada vez más fortalecidos, no solo en metodologías, técnicas o instrumentos de actuación, sino en el desarrollo de competencias profesionales, así como poseer habilidades específicas, para poder estar a la altura de las realidades complejas; donde pase de propuestas unilaterales o unidisciplinares, a visiones multi o transdisciplinares, y con ello, obtener mejores resultados en su actuación profesional. Es decir, se requiere de perfiles habilitados para el desarrollo de rúbricas, o diseños de modelos de intervención, los cuales se encuentren debidamente fundamentados por algún paradigma; y contextualizados desde la lógica de un sujeto evolucionado o un Nuevo Humano, con necesidades y problemáticas acordes a su momento histórico; diseños que respondan a la vez, a los respectivos marcos normativos y jurídicos, así como a la descripción de las fases de su proceso, y la pertinente estructura (Acevedo, 2024). Dando como resultado la creación de estrategias que rompan con enfoques tradicionales, incorporando metodologías disruptivas y creativas que aporten a los programas académicos de formación en pregrado y posgrado tanto en universidades públicas como en instituciones privadas ya que "la innovación social siempre proyecta nuevos enfoques, prácticas, métodos o sistemas que se pueden realizar por procesos tradicionales o también por procesos nuevas que se hacen con participación de la comunidad, misma que se transforma en protagonista de su propio desarrollo. Por eso, siempre prioriza alternativas o soluciones que resultan novedosas, efectivas, eficientes, sostenibles y justas para un problema social; que buscan siempre ser mejores a las existentes, atacando problemas de la sociedad como un todo (Evangelista, Trabajo Social Contemporáneo, 2018)".

3.→Sostenibilidad financiera: Garantizar que los proyectos no dependan exclusivamente de subsidios, sino que sean capaces de generar ingresos propios, llevando a cabo el ejercicio libre pericial con vinculación estratégica y la posibilidad de la prestación de servicios profesionales a las dependencias de gobierno, organizaciones de la sociedad civil y dependencias universitarias.

Un modelo sostenible requiere múltiples vías para obtener recursos económicos, entre las que se incluyen:

• →**Honorarios profesionales:** Cobrados por la realización de documentos periciales, evaluación e inspección de casos y otros servicios especializados.

• →**Subvenciones públicas o privadas:** Fondos otorgados por instituciones gubernamentales o fundaciones que valoran el impacto social del peritaje en Trabajo Social.

• →**Capacitación y consultoría:** Ofrecimiento del diseño y ejecución de talleres, cursos o asesorías a profesionales e instituciones relacionadas con el ámbito legal y social.

• →**Proyectos de investigación aplicada:** Financiamiento obtenido mediante colaboraciones con universidades, organizaciones de la sociedad civil o centros de investigación para desarrollar estudios en áreas clave del peritaje en Trabajo Social.

La sostenibilidad depende de una administración cuidadosa de los ingresos y egresos, lo que incluye:

• →**Optimización de costos operativos**: Mediante la digitalización de procesos y la colaboración interinstitucional.

• →**Inversión en formación profesional:** Para mantener la calidad y relevancia de los servicios.

• →**Uso de tecnologías accesibles**: Que permitan la automatización de tareas y la mejora en la presentación de informes periciales.

• →**Creación de alianzas estratégicas:** La colaboración con actores clave, como bufetes de abogados, organismos de derechos humanos y entidades gubernamentales, amplía el alcance y la base de clientes potenciales, garantizando una demanda constante de los servicios periciales.

Aplicado al peritaje en Trabajo Social, el emprendimiento social implica estructurar la práctica pericial como una actividad que permite a las y los profesionales alcanzar estabilidad económica y reconocimiento social.

I.V. Características del emprendimiento social en el Peritaje en Trabajo Social

El emprendimiento social aplicado al peritaje en Trabajo Social debe incorporar características específicas que potencien su impacto:

a) Enfoque en el impacto social

Los emprendimientos sociales son organizaciones que aplican estrategias de mercado para alcanzar un objetivo social. El movimiento del emprendimiento social incluye tanto a organizaciones sin ánimo de lucro que utilizan modelos de negocio para alcanzar su misión como a organizaciones con ánimo de lucro cuyo propósito principal es de carácter social. Su objetivo —cumplir con objetivos que son al mismo tiempo sociales/medioambientales y financieros— es a menudo descrito como el "triple resultado": lograr al mismo tiempo desempeñarse en la dimensión social, ambiental y del beneficio económico. Los emprendimientos sociales se diferencian de los emprendimientos comerciales en que su objetivo social o medioambiental siempre se encuentra en el centro de sus operaciones (Falcone-Treviño, 2016). La práctica pericial no debe limitarse a cumplir con los requisitos legales, profesionales y técnicos; también debe buscar soluciones que generen cambios significativos en las personas y familias involucradas. Por ejemplo, un peritaje en violencia familiar no solo documenta los hechos, sino que también puede proponer consideraciones y emitir conclusiones con medidas de protección y recuperación para las personas víctimas que transiten a su autodeterminación como sobrevivientes.

b) Innovación en la metodología

Hablar de metodología en Trabajo Social, es adentrarse al tema de la intervención social, de la investigación y programación, de los cambios sociales en los problemas así como de la transformación de los sujetos sociales que participan en dicho proceso, sobre todo de aquellos individuos que viven situaciones difíciles y, que por el simple hecho de vivir alejados y marginados de los bienes, productos y servicios que se generan en la sociedad, son catalogados como sujetos vulnerables, entre ellos podemos mencionar a los niños, mujeres, adul-tos mayores, indígenas y población con discapacidad (Castro, M., Reyna, C. y Méndez, J., 2017).

A menudo la innovación se confunde con la invención, y esta última se toma como un hecho más o menos aislado, producto de la genialidad o la inspiración de la persona o del equipo que la realizó. Pero la invención es en realidad el resultado de un proceso social que tiene lugar en el curso de una serie de oleadas de pequeños cambios y que finalmente cristaliza en un hecho específico, asociado a un reconocimiento específico. Luego nace la posibilidad de la innovación, como una aplicación localizada y singular de una invención, que puede resultar tan deslumbrante que haga pasar desapercibidos los pequeños avances y la diversidad de factores que debieron coincidir para que la nueva idea se concretara y aplicara. La innovación es el resultado de un largo proceso histórico, de un cúmulo de intentos fallidos y pequeñas mejoras que en un momento crítico cambian el signo de la tendencia, la dirección de un proceso, la calidad de un producto o la técnica de un procedimiento. Dado que aparecen de manera impetuosa y hasta transgresiva, con frecuencia se pasa por alto que cada innovación depende del cambio que se ha venido gestando en el marco de una determinada cultura tecnológica, artística, científica, filosófica u organizativa. La originalidad de la innovación radica en el proceso que permite hacer realidad un cambio específico. Una reflexión más comprehensiva de la innovación requiere entonces que se considere, más que el invento original, el origen y el destino de cada nueva aplicación. Es decir, que se conciba la innovación más como un proceso que como un hecho o un acontecimiento; que se considere más la praxis que genera el cambio y es capaz de sostenerlo en el tiempo y el espacio (Rodríguez-Herrera, A., 2007).

Las personas peritas emprendedoras pueden adoptar nuevas herramientas y tecnologías, como software de análisis social, plataformas de comunicación digital o metodologías participativas que involucren a las partes en la construcción de soluciones.

c) Sostenibilidad económica

De acuerdo con Responsabilidad Social Empresarial y Sustentabilidad (rss, 2022), la sostenibilidad en palabras simples, es gestionar los recursos para satisfacer las necesidades actuales, sin poner en riesgo las necesidades del futuro. Esto considerando el desarrollo social, económico y el cuidado del medio ambiente en un marco de gobernabilidad.

El concepto actual de sostenibilidad aparece por primera vez en el Informe Brundtland, publicado en 1987, también llamado "Nuestro futuro común". Como resultado, este documento elaborado para Naciones Unidas alertó por primera vez sobre las consecuencias medioambientales negativas del desarrollo económico y la globalización. Por lo tanto, la ONU trata de ofrecer soluciones a los problemas derivados de la industrialización y el crecimiento poblacional.

La sostenibilidad económica se encarga de que las actividades que buscan la sostenibilidad ambiental y social sean rentables, se refiere a la capacidad de generar riqueza en forma de cantidades adecuadas, equitativas en distintos ámbitos sociales que sea una población capaz y solvente de sus problemas económicos, tanto como fortalecer la producción y consumo en sectores de producción monetaria. En pocas palabras es un equilibrio entre el ser humano y la naturaleza para satisfacer las necesidades y no sacrificar generaciones futuras.

El modelo de emprendimiento social invita a las personas peritas a crear proyectos o consultorías independientes que generen ingresos recurrentes. Esto incluye ofrecer servicios de capacitación, desarrollar manuales especializados o establecer alianzas estratégicas con instituciones públicas y privadas.

d) Ética profesional

El enfoque emprendedor no debe comprometer los valores éticos fundamentales del Trabajo Social. La transparencia, la confidencialidad y el respeto a los derechos humanos son pilares innegociables.

La ética profesional es una característica central en el emprendimiento social aplicado al peritaje en Trabajo Social. Este concepto no solo regula las acciones y decisiones del perito en el ámbito jurídico y social, sino que también constituye la base que asegura la legitimidad, la confianza y la sostenibilidad de su práctica. En el contexto del Trabajo Social Empresarial, la ética profesional se integra de manera intrínseca al ejercicio pericial, estableciendo un marco de acción que prioriza los derechos humanos, la justicia social, el bienestar individual y colectivo.

En el peritaje en Trabajo Social, esto implica:

- →**Imparcialidad en la evaluación:** El perito debe garantizar que sus análisis y documentos periciales se basen exclusivamente en hechos objetivos y verificables, evitando prejuicios, sesgos cognitivos o influencias externas.

- **→Respeto por la dignidad humana:** Es fundamental que las pericias en Trabajo Social consideren el impacto social de sus actuaciones, asegurando el trato digno y respetuoso hacia las personas involucradas.

- **→Compromiso con la verdad:** La ética profesional exige que las personas peritas presenten información veraz y completa en sus documentos periciales, evitando omisiones o alteraciones que puedan afectar la toma de decisiones jurídicas o sociales.

I.VI. Dimensiones éticas en la práctica pericial

La ética profesional en el peritaje en Trabajo Social abarca varias dimensiones que permiten garantizar un ejercicio responsable y transparente:

- **→Confidencialidad:** El manejo de información sensible es una constante en la labor pericial. La confidencialidad no solo protege los derechos de las personas atendidas, sino que también refuerza la confianza en la intervención y actuación profesional.

- **→Compromiso:** La persona perita debe asegurar que los datos recopilados sean utilizados únicamente para los fines establecidos, evitando su divulgación sin el consentimiento expreso de las partes involucradas.

- **→Instrumentos legales:** La ética requiere que la persona perita conozca y cumpla con las disposiciones legales sobre protección de datos personales y manejo de información sensible.

e) Responsabilidad social

El impacto del peritaje trasciende las decisiones legales, ya que influye directamente en la vida de las personas y las comunidades.

- **→Responsabilidad en la acción:** Las y los peritos deben considerar las consecuencias de sus documentos periciales y proponer soluciones que fomenten el desarrollo social, igualdad, equidad y la no discriminación.

- **→Autonomía profesional:** La ética profesional exige que la persona perita mantenga su independencia, evitando conflictos de interés que puedan comprometer la integridad de su práctica.

- →**Transparencia:** Las y los peritos deberán declarar cualquier vínculo o relación que pueda afectar su imparcialidad.

- →**Decisiones fundamentadas:** Las conclusiones y/o recomendaciones deberán basarse en un análisis riguroso, evitando presiones externas o intereses particulares.

I.VII. Importancia de la innovación en el peritaje

La innovación es un elemento clave para garantizar la relevancia, efectividad y sostenibilidad del peritaje en Trabajo Social dentro del marco del emprendimiento social. En un contexto donde las dinámicas sociales y legales están en constante evolución, la persona perita debe adaptarse a nuevas realidades, metodologías y tecnologías que le permitan responder de manera efectiva y sustantiva a las necesidades de las personas portadoras de necesidades, que transmutan a la titularidad de derechos. Este enfoque no solo fortalece la calidad del peritaje, sino que también posiciona al Trabajo Social como una disciplina capaz de liderar procesos transformadores en el ámbito jurídico-social.

¿Qué significa innovar en el Peritaje en Trabajo Social?

La Comisión Económica para América Latina y el Caribe, definió la innovación social como nuevas formas de gestión, de administración, de ejecución, nuevos instrumentos o herramientas, nuevas combinaciones de factores orientadas a mejorar las condiciones sociales y de vida en general de la población de la región. Un factor clave en el surgimiento de innovaciones sociales ha sido, sin duda la activa participación de la comunidad desde la definición del problema que desean solucionar, la identificación de posibles alternativas de solución, la ejecución de las mismas, así como su seguimiento (CEPAL, 2020).

La innovación en el peritaje en Trabajo Social no se limita a la incorporación de herramientas tecnológicas o metodologías modernas, sino que también implica:

- →**Repensar la práctica profesional:** Adentrarse al entendimiento y reflexión de lo que representa el Trabajo Social en la actualidad, implica comprender en principio, lo que ha significado en sus diferentes etapas y momentos históricos; y su tránsito de actos filantrópicos a servicios profesionalizados, con rigor científico. El protagonismo que los profesionales del trabajo social han ostentado, como parte de su cotidianidad, es lo que le ha permitido distinguirse del resto de los profesionales de las ciencias sociales, así como las actividades y servicios que le han caracterizado (Acevedo, 2024). Por tanto, el desafío es consistente en desarrollar enfoques novedosos para abordar problemas sociales complejos desde una perspectiva integral.

- →**Mejorar los procesos existentes:** Pero de manera actual, la Innovación ahora lleva un apellido sustantivo: *Lo Social*, vinculándose a lo que hemos denominado las Centralidad de lo Social; es decir, la articulación de las dimensiones económicas, políticas, culturales, medio ambientales y otras, a través de una intersección de lo Social que significa privilegiar o priorizar a los sujetos sociales mayoritarios, para así, dar capacidad de respuesta a sus problemas sociales, tomando en cuenta sus procesos relacionales, sus construcciones o representaciones sociales tanto a nivel micro-meso o macro local. La Centralidad de lo Social implica ver también a las necesidades, problemas sociales actuales, más complejos; a las mayorías de los Sujetos sociales en nuestros contextos, en condiciones de mayor vulnerabilidad y complejidad; a las instituciones sociales en crisis profundas, por lo que los grandes e inéditos retos y desafíos actuales de nuestra sociedades modernas, son justamente: Construir capacidad de respuestas y soluciones novedosas, estratégicas, micro-sociales y estructurales a los problemas sociales desde las instituciones y organizaciones que forman parte de la esfera social (Evangelista, 2018). Para optimizar las técnicas de investigación, intervención y actuación social, utilizadas en el peritaje en Trabajo Social para generar certeza y certidumbre que de luz en las personas con capacidad para juzgar y eso repercuta en las personas que requirieron la peritación, ya sea como parte actora, demanda y/o denunciada.

- →**Generar nuevos conocimientos:** Se considera que toda aproximación al Trabajo Social tiene como requisitos determinar su objeto de estudio, que se sintetiza en la intersección generada entre necesidades-problemas-demandas sociales; articulación con los sujetos y actores de la praxis, que se traducen en aquellas personas, sectores, grupos, colectivos y movimientos sociales; así como con los actores profesionalizados de trabajo social y de otras disciplinas que inciden en lo social (Evangelista, Prólogo, 2020). Integrar hallazgos y aprendizajes del peritaje en la construcción de teorías y prácticas que beneficien a la profesión en su conjunto.

- →**Valor más allá de lo económico:** Al integrar un enfoque humanista, ético e innovador, el peritaje en Trabajo Social no solo responde a las exigencias legales, sino que también se convierte en un motor de cambio social. Esta orientación resalta la importancia de trascender la visión tradicional del peritaje para abrazar una práctica profesional comprometida. Así, el peritaje en Trabajo Social no solo evalúa y documenta, sino que también inculca y construye un futuro justo y solidario para las personas y sus familias.

Conclusión del capítulo

El peritaje en Trabajo Social, entendido como un emprendimiento social, representa una vía innovadora para el ejercicio profesional, en la cual convergen el compromiso ético, la sensibilidad humana y la capacidad técnica del profesional del Trabajo Social. Esta figura, desarrollada en respuesta a las demandas emergentes de la sociedad y los sistemas de justicia, no solo fortalece la intervención y/o actuación social, sino que también abre posibilidades para la generación de valor social y económico. A lo largo del capítulo, se ha subrayado cómo este tipo de emprendimiento posiciona a la persona perita en Trabajo Social como alguien primordial en la construcción de justicia, equidad e igualdad sustantiva, siempre con un enfoque interdisciplinario e innovador.

El peritaje en Trabajo Social, como especialidad, juega un papel determinante en contextos jurídicos, donde se requiere evaluar de manera objetiva e integral las circunstancias sociales, económicas y familiares que impactan a individuos o grupos. En este sentido, el emprendimiento social asociado al peritaje abre un espacio de profesionalización, donde las y los trabajadores sociales pueden ofrecer sus conocimientos y habilidades al servicio de la justicia y los derechos humanos. Al hacerlo, no solo contribuye a la resolución de conflictos y procesos judiciales, sino que también promueven la dignidad, la inclusión y el bienestar de las personas involucradas.

Desde una perspectiva innovadora, el capítulo aborda cómo el peritaje en Trabajo Social puede consolidarse como un emprendimiento social exitoso al responder a necesidades específicas del ámbito judicial y social. El profesional que decida emprender en esta área debe desarrollar un conjunto de competencias clave, como la capacidad analítica, la comunicación asertiva, el rigor metodológico y la argumentación sustentada. Al mismo tiempo, es imprescindible que mantenga un enfoque humanista y ético, asegurando que su trabajo pericial no solo se limite a la emisión de informes técnicos, sino que también aporte un valor agregado al proceso judicial y a la vida de las personas afectadas.

En este contexto, la figura del perito en Trabajo Social como emprendedor social se distingue por su capacidad para identificar problemas sociales complejos y diseñar soluciones efectivas que generen impacto positivo. A diferencia de otros emprendimientos, cuya finalidad puede estar enfocada principalmente en la rentabilidad económica, el emprendimiento social en el peritaje tiene como prioridad la transformación de realidades sociales a través del conocimiento especializado. La peritación imparcial y fundamentada no solo ayuda a garantizar procesos judiciales más justos, sino que también visibiliza situaciones de marginalidad que exigen intervenciones integrales y sostenibles.

Una de las contribuciones más significativas del peritaje como emprendimiento social radica en su capacidad para generar valor más allá del ámbito económico. El perito en Trabajo Social, al actuar como mediador entre el sistema judicial y las personas afectadas, se convierte en un facilitador de derechos, promoviendo la equidad, la justicia y la reparación del daño. De esta manera, su trabajo impacta no solo a nivel individual, sino también en el tejido social y comunitario, al visibilizar problemáticas como la violencia familiar, la exclusión social, el abandono infantil o la vulnerabilidad económica.

Asimismo, el capítulo resalta la importancia de la innovación en el ejercicio del peritaje social como emprendimiento. La incorporación de nuevas metodologías, tecnologías y enfoques interdisciplinarios permite que el trabajo pericial evolucione y se adapte a las exigencias del contexto actual. La aplicación de herramientas tecnológicas para la recolección y análisis de información, el uso de bases de datos actualizadas y la implementación de técnicas de evaluación innovadoras posicionan al perito en Trabajo Social como un profesional competitivo, capaz de ofrecer soluciones de alta calidad. En este sentido, la innovación no solo garantiza la efectividad y precisión de los informes periciales, sino que también fortalece la credibilidad y confianza en el ejercicio profesional.

La sostenibilidad financiera del peritaje en Trabajo Social como emprendimiento social es otro aspecto central abordado en el capítulo. Para que este ejercicio profesional sea viable a largo plazo, es necesario que el perito desarrolle habilidades de gestión, administración y autogestión. Esto implica la capacidad de identificar oportunidades en el mercado, establecer alianzas estratégicas y diseñar propuestas de valor que respondan a las necesidades de los sistemas judiciales y las comunidades. La formación continua, la actualización profesional y la adaptación a las demandas del entorno son elementos clave para garantizar la permanencia y el crecimiento del peritaje como emprendimiento.

Por otro lado, la esencia humanista de la peritación se refleja en su compromiso con el enfoque transversal de los derechos humanos. Esta perspectiva humanista es fundamental para diferenciar el peritaje de otros servicios, ya que coloca al ser humano en el centro de la intervención, reconociendo su complejidad y sus necesidades particulares.

Finalmente, el capítulo pone de manifiesto que el peritaje en Trabajo Social como emprendimiento social no solo representa una oportunidad profesional, sino también una responsabilidad ética y social. Las y los peritos en Trabajo Social están llamados a desempeñar un rol activo en la construcción de sociedades más justas e inclusivas, utilizando sus conocimientos y habilidades para generar cambios significativos en la vida de las personas y comunidades. Al integrar la innovación, la ética y el compromiso social, este tipo de emprendimiento demuestra que es posible generar valor económico, social y humano, posicionando al Trabajo Social como una disciplina y profesión de las ciencias sociales y humanas como fundamental en la transformación de los sistemas judiciales, sociales, empresariales y administrativos.

Evaluación Socioeconómica y Diagnóstico Integral

El Trabajo Social Empresarial ha evolucionado como una disciplina que no solo promueve el bienestar de los empleados dentro de las organizaciones, sino que también tiene un impacto significativo en sus familias y comunidades. La evaluación socioeconómica y diagnóstico integral es un proceso que busca identificar las necesidades y problemas sociales de los trabajadores y sus familias, con el fin de diseñar programas y servicios que aborden estas necesidades y promuevan su bienestar integral. En este contexto, dichos saberes se constituyen como herramientas clave para identificar necesidades, diseñar estrategias efectivas de intervención y promover el desarrollo sostenible en todos los niveles, siendo un proceso que implica la recopilación de información sobre las condiciones de vida de los trabajadores y sus familias, mediante entrevistas, encuestas y grupos focales, para obtener un diagnóstico integral de sus necesidades sociales y económicas. Este capítulo explora los fundamentos, enfoques, metodologías y beneficios de estas prácticas en el ámbito empresarial.

II.I. Concepto de evaluación socioeconómica y diagnóstico integral

A partir del 27 de mayo de 2013 entró en vigor el decreto del *Diario Oficial de la Federación* sobre los criterios y la metodología de los procesos de clasificación socioeconómica de pacientes en las instancias de atención médica de la Secretaría de Salud. En este decreto se define al Estudio Socioeconómico como el instrumento que se elabora al inicio de la atención del paciente para identificar sus características y ubicarlo en un nivel de clasificación económica, así como conocer las interacciones del paciente en el sistema social (Secretaría de Salud, 2013, pág. 2).

La evaluación socioeconómica es un proceso sistemático que permite analizar la situación económica, social y cultural de una persona, familia o grupo. Su objetivo principal es identificar necesidades, riesgos y recursos para diseñar intervenciones efectivas. Esta evaluación consiste en realizar investigaciones de antecedentes y validación documental, así como del ambiente familiar, social, educativo, patrimonial y laboral en el que se desenvuelve el personal que labora o que pretende ingresar a las instituciones de seguridad pública y/o privada, a fin de detectar los factores que pudieran vulnerar o perjudicar su desempeño dentro de la misma (México, 2024).

Replantear nuestro actuar cotidiano como competencia profesional generará acciones que nos lleven a analizar e interpretar los contextos sociales de los usuarios, para su valoración objetiva, lo que aportará a los equipos interdisciplinarios elementos que les permitan:

- Determinar objetivamente el nivel de cuota, para el acceso a los servicios de salud de la población usuaria, lo que garantizará su derecho de acceso a la salud y la continuidad de su plan de tratamiento y rehabilitación.
- Comprender la complejidad de los contextos sociales y económicos en el ámbito de la salud.
- Evaluar e integrar de manera fundamentada los elementos socioeconómicos que se correlacionan en el proceso salud-enfermedad.
- Analizar e interpretar el contexto socioeconómico de los usuarios del instituto como soporte para la comprensión de sus realidades sociales, e incidir en la prevención de las enfermedades, a través de la disminución de los riesgos para la salud.
- Elaborar diagnósticos sociales sustentados en teorías propias de las ciencias sociales, que permitan definir estrategias de intervención pertinentes para la atención de los usuarios.
- Aportar datos necesarios para que el equipo interdisciplinario pueda conocer integralmente el contexto socioeconómico de los enfermos y, de esta manera, proporcionar una atención integral, personalizada, con trato humano (Montiel, R. y Godoy, A., 2019).

Por otro lado, el diagnóstico integral complementa este análisis al incorporar una visión holística que considera factores psicológicos, comunitarios, organizacionales y ambientales.

En el marco del Trabajo Social Empresarial, estas herramientas sirven para:

- →Detectar problemas que afecten el desempeño laboral: El desempeño laboral se refiere al nivel de eficiencia y efectividad con el que un empleado realiza sus funciones y responsabilidades en el lugar de trabajo.

- →Mejorar el bienestar general de los trabajadores y sus familias: Para implementar estos programas, el Trabajo Social empresarial podría establecer alianzas con organizaciones especializadas en bienestar y desarrollo personal, y ofrecer acompañamiento individualizado sobre temas relevantes, como gestión del estrés, finanzas personales y planificación familiar.

- →Establecer estrategias organizacionales que promuevan la inclusión, equidad y sostenibilidad: La clave es involucrar a todos los niveles de la organización en la creación de estas estrategias, establecer indicadores claros de éxito y asignar recursos específicos para su implementación. También es importante realizar evaluaciones periódicas para ajustar y mejorar estas estrategias.

II.II. Fundamentos de la evaluación socioeconómica

La comprensión de las realidades sociales y económicas de las personas trabajadoras y sus familias, el análisis de las condiciones que influyen en su bienestar y la identificación de las necesidades y problemas que afectan su calidad de vida. Se basa en teorías sociales y económicas como la Teoría de la Justicia Social y la Teoría del Capital Humano. La importancia de estudiar el Estudio Socioeconómico radica en comprender las mediaciones que han configurado la Política Social como base histórica y noción de totalidad, que posibilita un acercamiento paulatino y particularizado de una expresión de la desprofesionalización del Trabajo Social a través de la tecnificación del Estudio Socioeconómico en los procesos de trabajo. Lo anterior se plantea como antesala para identificar la necesaria de defensa de competencias, atribuciones y nuevas configuraciones de la Política Social que debilitan el ejercicio del Trabajo Social y por ende, al colectivo de profesionales como parte de la fuerza de trabajo. El identificar -desde nuestra propia intervención- los mecanismos implementados en el Estudio Socioeconómico que pueden estar privando o dificultando el acceso de la población a bienes y servicios, al pasarse por alto la diversidad y particularidades de manifestaciones de la cuestión social a la que hacen frente, es un reto que supera la noción meramente operativa de este producto profesional, pues se posiciona en un entendimiento ético y alcance del rol del Trabajo Social (Cascante, 2022).

II.II.I. Teoría de la justicia social

La Teoría de la Justicia Social de John Rawls se basa en la idea de que las personas deben ser consideradas como fines y no sólo como medios. Para Rawls, el sentido de justicia es el último estadio del desarrollo de la conciencia moral, y las personas que guían su vida por principios de justicia ven a los demás como fines: en un primer momento se deberá esclarecer las condiciones de posibilidad para que se escojan los principios de la justicia como equidad, y en un segundo momento se deberá mostrar cómo esos principios de justicia como equidad y los presupuestos básicos sobre los que se asientan (racionalidad procedimental o argumentación racional y razonable) son congruentes con aquella concepción que intuitivamente los miembros de dicha sociedad comparten (Osorio, 2010).

La justicia social es un concepto que se basa en la igualdad de oportunidades y en los derechos humanos. Su objetivo es que todos tengan los mismos derechos y oportunidades económicas, políticas y sociales. La justicia social es importante para que las personas puedan desarrollar su máximo potencial y para que la sociedad sea pacífica, "en la igualdad de oportunidades y en los derechos humanos, más allá del concepto tradicional de justicia legal. Está basada en la equidad y es imprescindible para que cada persona pueda desarrollar su máximo potencial y para una sociedad en paz (UNICEF, 2024)".

La justicia social abarca una amplia gama de cuestiones y aboga por el trato justo de todas las personas, independientemente de su raza, género, orientación sexual, capacidad o estatus socioeconómico (Foundation, 2024).

Algunos de los problemas de justicia social más urgentes incluyen:

- →**Desigualdad económica:** ∘La brecha entre ricos y pobres se está ampliando en muchos países. Se trata de un importante problema de justicia social que genera falta de oportunidades para los pobres y marginados.

- →**Injusticia racial:** ∘las personas de color se ven afectadas desproporcionadamente por la pobreza, el crimen y la violencia y enfrentan discriminación en el empleo, la vivienda y la educación.

- →**Injusticia de género:** ∘Históricamente, a las mujeres y las niñas se les han negado los mismos derechos y oportunidades que a los hombres y enfrentan discriminación en el lugar de trabajo, en la educación y en la política.

• →**Injusticia por discapacidad:** a las personas con discapacidad a menudo se les niegan los mismos derechos y oportunidades que a las personas sin discapacidad y enfrentan discriminación en el trabajo y en sus comunidades.

• →**Injusticia ambiental:** las personas de color y las comunidades de bajos ingresos a menudo se ven afectadas de manera desproporcionada por la contaminación ambiental y los impactos del cambio climático.

La justicia social contribuye a reducir las desigualdades económicas y sociales, como la pobreza, el desempleo y la discriminación. En este sentido, la justicia social contribuye a reducir las desigualdades económicas y sociales. Los niveles más altos de educación, salud y vivienda son ventajas para lograr una vida digna y feliz (Chile, 2024).

II.II.II. Teoría del capital humano

Es un concepto económico que sostiene que las habilidades, conocimientos y experiencias de las personas son una forma de capital que puede ser invertida y desarrollada para generar beneficios económicos y mejorar la productividad laboral ya que sugiere que las empresas deben invertir en la capacitación y desarrollo de las personas colaboradoras para mejorar su productividad y competitividad. Esto puede incluir programas de formación, mentoría y educación continua. Fue desarrollado por economistas como Gary Becker, quien en su modelo plantea nuevas habilidades y conocimientos. Esta teoría se basa en la idea de que el capital humano es el conjunto de capacidades productivas que las personas adquieren a lo largo de su vida, al destacar que la formación aparece en el sistema de dos formas como formación general o como específica; la formación general es la capacitación que recibe el empleado en el lugar de trabajo y que no solo incrementa la productividad marginal futura del trabajador en el lugar de trabajo, sino que también genera el incremento de la productividad marginal en el resto de las empresas del mercado. El segundo tipo de formación es la específica, que se caracteriza por incrementar la productividad marginal de la empresa que la proporciona en mayor medida que en las que no la proporcionan, se puede presentar el caso en el que la formación específica incrementa la productividad marginal del trabajo únicamente en la empresa que la proporciona.

Si se presenta el caso en el cual la formación no es completamente específica ni completamente general, la productividad y los salarios no solo se elevarían en la empresa donde se da la formación, sino que este incremento también se dará en otras empresas. Si la formación tiene un mayor efecto sobre el nivel de salarios que pagan las empresas que no suministraron la formación, se presenta un escenario en el cual la formación general es preponderante respecto a la formación específica (Quintero, 2020).

La teoría del capital humano distingue dos formas posibles de formación: La formación general, adquirida en el sistema educativo, formativo. Su transferibilidad y su compra al trabajador explica el que esté financiada por este último, ya que puede hacerla valer sobre el conjunto del mercado de trabajo. Por su parte, la firma no está, en modo alguno, impelida a sufragar los costes de formación de una persona, susceptible de hacer prevalecer esa formación en otra empresa dispuesta a mejorar la remuneración, lo que podría incitarla a abandonar la firma. Para evitar esto, la financiación de la actividad toma la forma de una remuneración más fiable (que su productividad marginal). El acuerdo entre el trabajador y la firma consiste entonces en la compra, por parte de la firma, de la «fuerza de trabajo» de un lado, y la compra de formación del trabajador, por otro.

La formación específica adquirida en el seno de una unidad de producción o de servicio, permite desarrollar al trabajador su productividad dentro de la empresa, pero nada, o bien poco, fuera de ésta. En este caso, la financiación se asegura al mismo tiempo por la firma y por el trabajador. Durante el periodo de formación, el salario recibido por el trabajador es inferior al que hubiera podido recibir fuera de la empresa. Esta diferencia se valora por su contribución a la formación específica, pero permanece superior a su productividad en valor, libre de los costes económicos de la formación. Esta diferencia expresa la contribución de la firma a esta formación.

La firma no acepta un contrato semejante más que en la medida en que ella estime que existen posibilidades de rentabilizar su inversión: el salario que dará al finalizar el periodo de formación será superior al salario de reserva del trabajador para empleos fuera de la empresa, pero inferior a su producción en valor, de tal modo que, al incitarle a permanecer en su seno, la diferencia con el salario dado represente la remuneración de la inversión en capital específico por parte de la empresa (CAMAFU, 2017).

La teoría del capital humano de Becker se caracteriza por:

- → Definir dos tipos de formación: la general, que se adquiere en el sistema educativo, y la específica, que se adquiere en el ámbito laboral: el vínculo entre educación y desarrollo puede analizarse desde la óptica del capital humano, el hecho de que una familia gaste una parte de sus ingresos en educación no consiste en un acto de simple consumo, sino de inversión; estos gastos representan adiciones al capital humano, que deben analizarse de forma similar a cualquier otra forma de capital. La inversión en capital humano supone una transferencia de recursos del presente al futuro; en la propuesta de Becker, las familias resuelven un problema de optimización, al maximizar una función de utilidad intertemporal sujeta a dos funciones de producción por período (una de bienes de consumo y otra de capital humano). En el proceso de optimización, un costo hoy no tiene por qué ser compensado con un beneficio equivalente hoy, sino que la familia debe comparar el valor actual de los costos marginales totales de la inversión en capital humano con el valor actual de las ganancias futuras. En este sentido, para la familia, solo vale la pena invertir en capital humano si el valor actual de los beneficios es tan grande como el valor actual de los costos.

La teoría postula que las inversiones en educación aumentan la productividad de la fuerza de trabajo efectiva en la economía y con ello puede aumentar la producción y el ingreso. La productividad de la fuerza de trabajo aumenta, principalmente, porque la educación potencializa el uso del capital físico existente y aumenta la velocidad de innovación tecnológica (Sandoval, J. y Hernández, G., 2018).

- →Considerar que las personas deben optimizar sus capacidades para evitar que se deprecien: Por la desvalorización de sus conocimientos generales y específicos, bien por la degradación de su salud física y moral. Invierte con miras a aumentar su productividad futura y sus rentas (CAMAFU, 2017).

- →Evaluar el capital humano mediante la diferencia entre los gastos iniciales y el coste de productividad: se debería conocer previamente la tasa de actualización del mercado.

Sin embargo, la función de producción neoclásica tiene como propósito demostrar el modo en que las condiciones técnicas y las proporciones de los factores de producción determinan la tasa de salario y la tasa de interés o rendimiento, de esta manera, con este método de medición se cae finalmente en un problema de circularidad de la teoría. En el aspecto empírico, la causalidad de la relación educación-ingreso puede ser resultado de una causa común, por ejemplo, el origen del individuo o su situación socioeconómica. En esta teoría se supone que por el simple hecho de que las personas poseen un título o mayor grado de educación recibirán un salario más alto, aunque el proceso educativo no indique nada sobre la productividad. Al plantearse empíricamente que las categorías educativas especifican adecuadamente los tipos de ocupaciones relevantes en el mercado de trabajo, se asume que hay una sustituibilidad perfecta entre categorías. Sin embargo, la existencia de diferencias salariales entre carreras plantea la necesidad de un análisis desagregado (por carrera) y no por nivel educativo, inclusive pueden existir diferencias según la institución donde se realizaron los estudios (Quintero, 2020).

• Postular que las inversiones en educación aumentan la productividad de la fuerza de trabajo, lo que puede incrementar la producción y el ingreso: Una economía en particular se da a partir de relaciones económicas conjuntas, es decir, es la trasformación de insumos con la mediación del ser humano. Son las personas quienes le imprimen al proceso de producción el conocimiento y, por ende, las competencias técnicas que afectan las materias primas, para transformarlas en productos destinados a satisfacer bienes limitados disponibles en el mercado. Así pues, el trabajo humano no es una mercancía solamente, es un proceso de transformación que genera valor para su individuo creador y el beneficio de la sociedad en general.

La racionalidad instrumental del mercado tiene como eje sistémico que el trabajo humano es retribuido por un salario, mecanismo para obtener y maximizar los beneficios de la empresa. De este modo, si el beneficio del trabajo humano es el salario, aquellas personas que no tienen la formación integral y técnica para desempeñarlo ocuparán puestos operativos y, en consecuencia, recibirán salarios mínimos que no les permitirán acceder a mejores puestos (Sandoval, J. y Hernández, G., 2018).

Finalmente, la teoría del capital humano de Becker es una aproximación cuantitativa y sistémica del impacto de la enseñanza en el crecimiento económico. La teoría presume que garantizar el acceso de las personas a la educación repercute de modo positivo en el equilibrio y armonía de las sociedades, por lo que se ha convertido en un tema de interés para las naciones. Las instituciones internacionales han avalado, con sus estudios, la veracidad de esta hipótesis, en tanto promulgan que el futuro económico se sustentará cada día más en el conocimiento y la experiencia de las personas, quienes se encargarán de innovar la tecnología y aportar soluciones para el beneficio colectivo. El aporte fundamental de la teoría del capital humano está en la importancia otorgada a la educación y al ser humano, con sus habilidades, su pensamiento creador y su intelecto. En este sentido, es un argumento que pone al individuo por encima de la instrumentación técnica, y a la enseñanza como un mecanismo para la igualdad social. Las personas que acceden al aprendizaje son productivas, conscientes, responsables y tienen poder de decisión sobre sus propias vidas, al tiempo que adquieren mayores posibilidades de mejorar su entorno y el de otros. El capital humano genera rentabilidad al particular y a la sociedad (Acevedo Muriel, 2018).

II.III. Importancia de la evaluación socioeconómica en el ámbito del Trabajo Social Empresarial

La evaluación socioeconómica es fundamental en el Trabajo Social Empresarial porque permite comprender las necesidades y problemas reales de las personas trabajadoras y sus familias, lo que facilita la creación de programas y servicios efectivos para mejorar su bienestar integral y aumentar la productividad laboral, ya que permite a las empresas tomar decisiones informadas en procesos relacionados con el personal:

II.III.I. Contratación

Las valoraciones socioeconómicas contribuyen en evitar la contratación de personal que presente información falsa o que genere factores de riesgo: aún con el desplazamiento del ser humano por máquinas, es el capital humano el que diseña las estrategias y hace posible que una empresa cumpla sus metas. Desde este punto de vista, es una decisión de cuidado el aceptar o no a una persona para laborar dentro de una organización. A pesar de que en el proceso de selección pueden detectarse ciertos rasgos de conflicto, el tiempo que se "trata" al candidato antes de que comience con sus labores es realmente muy poco. Un currículum puede estar bien hecho y una entrevista bien manipulada, pero sigue quedando la duda del ambiente que existe detrás de aquel candidato que con su plática y logros laborales conquistó al reclutador. Por lo tanto, una manera confiable de cerciorarse de los datos proporcionados por el aspirante, es realizar una investigación que incluya: puestos, empresas y períodos de tiempo. Éstos deben ser confirmados para saber que el candidato sabe hacer lo que dice y ha desempeñado los puestos que manifiesta de manera escrita en su hoja de vida, ya que contratar a una persona no confiable puede derivar en problemas a la organización y/o institución. Entre más estable sea la vida de un candidato, se asume que menos conflictos causará; y menos conflictos representan una mayor productividad, fluidez en los procesos y un clima organizacional estable. Por otra parte, la zona geográfica en donde vive el candidato determina factores como tiempo que tardará diariamente en llegar a su lugar de trabajo. Las condiciones de la vivienda miden la estabilidad económica de un prospecto; es decir, una persona que tiene ciertos gastos que cubrir no es tan sencillo que deje de laborar o que cambie de trabajo muy seguido. En cambio, si la persona no tiene gastos fijos, colegiaturas que pagar o dependientes económicos, se convierte en un candidato más "volátil", por llamarlo de alguna manera, porque es más fácil que abandone el trabajo o que renuncie sin razón aparente. Esta situación representa pérdidas para la empresa por los gastos de capacitación, inducción y sueldo invertido.

La escolaridad también debe ser comprobable; es muy frecuente que para ciertos puestos se requiera de una escolaridad específica, desde preparatoria hasta maestría. Por lo tanto, es importante comprobar que el candidato realmente cursó un determinado grado académico, debido a que cada nivel de educación brinda herramientas cognitivas, organizacionales y hasta de vocabulario que la persona requerirá para desempeñar su puesto. Por ejemplo, un directivo debe tener el nivel cultural, la actitud y los conocimientos técnicos de otro directivo, ya que convivirá con otros colegas que cuentan con el mismo nivel de instrucción. Si no se cuida la escolaridad del puesto, el candidato puede enfrentarse a situaciones y no saber resolver los conflictos derivados de las mismas, o no saber abordar ciertos temas que requieren las tareas que de su labor se desprenden (Empresarial, 2022).

Es importante tener la oportunidad de analizar los perfiles de todas las personas candidatas, realizando una serie de filtros y estudios antes de tomar una decisión definitiva. Estos son algunos de los beneficios que conlleva utilizar evaluaciones socioeconómicas para los procesos de contratación (CONSOLIDÉ, 2019):

Verificar la formación y experiencia de los candidatos: Es importante asegurar que el candidato cuente con la formación que declara tener; al igual que comprobar la experiencia laboral o los proyectos en los que ha participado. Al tener la certeza de estos datos, determinarás mejor sus habilidades y desempeño; lo que te evitará contratar a quienes presentan documentos falsos.

Fortalecer el proceso de reclutamiento: Una manera de mejorar tu proceso de selección, ya que se convierten en un filtro adicional para analizar los perfiles de los candidatos, con el objetivo de escoger al ideal. Mientras más eficiente sea la selección, se logrará una plantilla que se adapte a las necesidades de la empresa, dependencia y/o institución.

Evitar la contratación de personal conflictivo: Un clima organizacional idóneo es clave para su funcionamiento. Muchas veces, se trata de situaciones específicas, pero en otras el candidato se ha visto involucrado en un patrón repetitivo de conflictos, o poca responsabilidad con sus tareas; por lo que su contratación podría ser negativa.

Contratar personal calificado y con perfiles alineados a las necesidades de la empresa: Si la persona candidata tiene la preparación, experiencias y habilidades, así como la disposición para ser parte de tu equipo de trabajo, el éxito está garantizado. Puesto que el profesional podrá seguir creciendo, al tiempo que ayudará a tu empresa a desarrollarse, gracias a su desempeño.

Reducir gastos de rotación de personal: Refleja el nivel financiero, ya que la salida de un trabajador implica reiniciar el proceso de reclutamiento para ocupar la vacante que deja. Por otro lado, ser considerada una empresa, institución y/o dependencia con alta rotación de talento tiene impacto negativo en su reputación.

II.III.II. Promoción

El análisis de las condiciones socioeconómicas fomenta la adopción de un enfoque más ético y humano en la gestión empresarial. Al abordar las desigualdades sociales y las necesidades económicas desde un diagnóstico riguroso, las empresas pueden contribuir al desarrollo social y económico, fortaleciendo su papel como facilitadores de cambio positivo. La información obtenida en una evaluación socioeconómica contribuye en la toma de decisiones de ascensos y promociones (CONEXIÓN, 2024).

Identificación de condiciones externas que afectan el desempeño: La evaluación socioeconómica permite analizar factores como ingresos, gastos, nivel de endeudamiento, acceso a recursos y situación familiar, que influyen directamente en la estabilidad y el desempeño del trabajador. Comprender estas variables coadyuva en la empresa a reconocer y acompañar a empleados con potencial que podrían enfrentar barreras externas al progreso profesional.

Promoción de la equidad en las oportunidades de crecimiento: Al evaluar de manera objetiva la situación socioeconómica de los empleados, se asegura que las promociones y ascensos no solo se basen en competencias técnicas, sino también en el contexto de cada persona. Esto es especialmente relevante en empresas con un compromiso social, ya que promueve un entorno laboral inclusivo y equitativo.

Fortalecimiento de la motivación y el compromiso del personal: Cuando un ascenso está fundamentado en una comprensión integral del empleado, incluyendo su realidad socioeconómica, la persona trabajadora se siente valorada de manera genuina. Esto fomenta la lealtad hacia la empresa, incrementa la motivación y refuerza el compromiso con sus objetivos.

Prevención de conflictos laborales: La transparencia y el uso de criterios facticos como la evaluación socioeconómica minimizan posibles sesgos o percepciones de favoritismo entre el personal. De este modo, las decisiones de ascensos y promociones son más defendibles y generan menos resistencia dentro de los equipos de trabajo.

Identificación de fortalezas y necesidades formativas: Un análisis socioeconómico puede revelar áreas donde la persona trabajadora requiere asistencia, como capacitación adicional y educación continua, manejo de recursos financieros o mejora en habilidades blandas. Esto permite a la empresa diseñar programas de desarrollo con enfoque individualizado para preparar a la persona trabajadora para roles de mayor responsabilidad.

Contribución al bienestar organizacional: Las evaluaciones socioeconómicas aseguran que las decisiones sobre ascensos y promociones sean coherentes con los valores éticos y de responsabilidad social de la empresa, dependencia y/o institución. Esto refuerza la inteligencia de la organización como un lugar que cuida el bienestar de quien ahí colabora, al mejorar el clima laboral, la permanencia de marca empresarial y el valor agregado a las prácticas que representa y ejecuta.

II.IV. Componentes principales de la evaluación socioeconómica

La evaluación socioeconómica en el ámbito del Trabajo Social Empresarial es una herramienta fundamental para analizar, diagnosticar y comprender de manera integral las condiciones de vida de las y los empleados y su interacción con el entorno laboral. Este proceso no solo permite identificar las necesidades y fortalezas individuales, sino que también aporta información valiosa para la toma de decisiones estratégicas dentro de las organizaciones, alineando los objetivos empresariales con el bienestar de las personas trabajadoras.

Los componentes principales de esta evaluación actúan como pilares para garantizar que el análisis sea profundo, multidimensional y efectivo. Aspectos como los ingresos y gastos, el acceso a recursos básicos, las condiciones de vivienda, la estructura familiar, la educación, la salud y el contexto comunitario forman parte de este proceso de recopilación de información. Cada uno de estos elementos ofrece un enfoque estructurado para interpretar cómo las circunstancias personales y sociales influyen en la productividad, el compromiso y el desarrollo profesional. En el contexto empresarial, adquieren una relevancia especial, ya que permiten diseñar estrategias de intervención y actuación que no solo mejoren la calidad de vida de las personas que colaboran, sino que también impulsan su desempeño y motivación. Así, el Trabajo Social empresarial asume un rol clave en la construcción de organizaciones más humanas, responsables y sostenibles, donde el desarrollo integral de las personas se convierte en el eje del éxito corporativo.

Este apartado explora a detalle los componentes principales de la evaluación socioeconómica, destacando su importancia para comprender y abordar las dinámicas laborales desde una perspectiva ética y estratégica. Con un enfoque transversal de derechos humanos, centrado en el bienestar y en el cumplimiento de los compromisos sociales de las empresas.

La información personal: Constituye un componente principal debido a su papel fundamental para obtener una comprensión integral de la situación individual de cada persona que colabora. Este componente incluye datos como edad, género, estado civil, número de dependientes, nivel educativo, y lugar de residencia, entre otros aspectos, los cuales son esenciales para contextualizar y personalizar las intervenciones que se diseñen desde el ámbito empresarial. De este modo, se fomenta una relación de confianza entre los trabajadores y la empresa, consolidando una cultura organizacional orientada al respeto, la equidad y el bienestar mutuo.

Los ingresos y el empleo: Son componentes esenciales en la evaluación socioeconómica del Trabajo Social Empresarial, ya que estos elementos son indicadores clave de la estabilidad financiera, la calidad de vida de los empleados y su capacidad para cumplir con responsabilidades tanto personales como laborales. Estos aspectos no solo reflejan la situación económica de las y los trabajadores, sino también su relación con las dinámicas organizacionales y su integración en la cultura empresarial ya que los ingresos representan la principal fuente de recursos económicos para las personas y sus familias. Evaluar este componente permite identificar posibles déficits que puedan impactar en la calidad de vida, que entrecruza los niveles salariales, las prestaciones laborales y tienen un impacto directo en el bienestar físico y emocional de las personas empleadas. Una adecuada evaluación de los ingresos permite detectar inequidades salariales o áreas de mejora en las políticas de remuneración, lo que contribuye a promover un entorno laboral justo y equitativo para promover políticas que favorezcan la sostenibilidad organizacional. Abordarlos de manera integral, ética y estratégica.

Análisis de gastos y deudas: Permite comprender la relación entre los ingresos y las obligaciones financieras de las y los empleados. Estos factores no solo influyen en la estabilidad económica de la persona y su familia, sino que también tienen implicaciones directas en su bienestar, capacidad de desempeño laboral y estabilidad dentro del entorno organizacional. Un balance financiero equilibrado garantiza una calidad de vida adecuada. Por el contrario, un desbalance, ya sea por gastos excesivos o deudas insostenibles, puede generar estrés económico, problemas de salud y dificultades en su vida diaria. Al abordar estos aspectos, las empresas no solo mejoran el bienestar de su fuerza laboral, sino que también refuerzan su compromiso con la responsabilidad social y económica.

Análisis de la vivienda, el entorno social y las condiciones de vida: Proporciona una comprensión integral de las circunstancias en las que las y los empleados desarrollan sus actividades cotidianas. Estas dimensiones permiten identificar factores que influyen en el bienestar físico, psicológico y social de la persona trabajadora, y cómo estas condiciones impactan en su desempeño laboral y calidad de vida. La vivienda no solo representa un espacio físico, sino también un entorno de seguridad, privacidad y descanso. Evaluar las características de la vivienda permite conocer si la persona colaboradora vive en condiciones adecuadas que favorezcan su bienestar al indagar sobre la infraestructura de la vivienda (materiales, tamaño, acceso a servicios básicos como agua, electricidad y drenaje) y su ubicación (cercanía al trabajo, accesibilidad, riesgos ambientales). Desde la perspectiva de las necesidades humanas planteada por Abraham Maslow (Acosta, 2012), la vivienda se ubica en la base de la pirámide, en las necesidades fisiológicas y de seguridad. Su ausencia o precariedad limita el desarrollo de las capacidades de los seres humanos. El entorno social se refiere a las dinámicas y características del vecindario o comunidad en la que vive el empleado. Esto incluye factores como seguridad, cohesión social y acceso a servicios. Las condiciones de vida engloban aspectos como calidad de la alimentación y capacidad para enfrentar emergencias.

Estos tres elementos están interconectados y su análisis conjunto posibilita la comprensión del contexto integral de la persona empleada.

Red de apoyo social: Debido a su influencia directa en la calidad de vida, este componente permite identificar las relaciones y recursos humanos que una persona tiene disponibles para enfrentar desafíos personales y laborales, así como para mantener un equilibrio en su vida cotidiana. La red de apoyo social dispone de los vínculos familiares, amistades, compañeros de trabajo, instituciones y organizaciones que brindan soporte emocional, material, económico o instrumental a una persona. Estas redes no solo actúan como sistemas de respaldo en situaciones de crisis, sino también como factores que fortalecen la estabilidad y el desarrollo personal. La teoría ecológica

(Bronfenbrenner, 1987), también destaca la influencia de los sistemas sociales en el desarrollo del individuo, enfatizando la importancia del entorno inmediato y de las conexiones sociales.

Además, los Objetivos de Desarrollo Sostenible (ONU, 2015), particularmente el ODS 3 (salud y bienestar) y el ODS 8 (trabajo decente y crecimiento económico), refuerzan la relevancia de garantizar un entorno laboral y social que promueva redes de apoyo saludables.

La salud y el bienestar: Estos aspectos son componentes esenciales para la evaluación socioeconómica, ya que permiten comprender las condiciones que afectan directamente la estabilidad, productividad y satisfacción laboral de las y los empleados, así como su capacidad para afrontar las demandas del entorno empresarial. Según la Organización Mundial de la Salud (OMS, 2024), la salud es "un estado de completo bienestar físico, mental y social, y no solamente la ausencia de afecciones o enfermedades". Por su parte, el bienestar engloba aspectos subjetivos relacionados con la percepción de satisfacción, felicidad y calidad de vida, en tanto que la salud física de las personas empleadas está directamente vinculada con su capacidad para desempeñar tareas de manera eficiente. Problemas de salud crónicos o agudos no solo afectan la productividad, sino que también incrementan el ausentismo laboral y los costos asociados a seguros médicos o incapacidades.

Análisis de necesidades básicas: La palabra "necesidad" se usa, explícita o implícitamente, para referir a una categoría particular de metas pensadas como universalizables. Es importante destacar que, en este sentido, las necesidades se distinguen de otras metas que se refieren a lo que las personas quieren o desean, y que dependen de las preferencias particulares y del medio ambiente cultural. Los seres humanos tienen metas universales que corresponden a las necesidades básicas, y es necesario alcanzarlas para que no sufran un daño específico y objetivo. Las necesidades básicas son precondiciones universalizables que permiten la participación, tan activa como sea posible, en aquellas formas de vida que tanto los hombres como las mujeres pueden elegir si tuvieran la oportunidad de hacerlo. Son necesidades básicas la salud y la autonomía personal. De esta manera, para que las personas puedan actuar y sean responsables, deben tener determinada capacidad física y mental consistente en la posesión de un cuerpo que esté vivo, gobernado por todos los procesos causales relevantes, y deben tener asimismo la competencia mental para deliberar y elegir. La competencia y la capacidad de elección constituyen el nivel más básico de autonomía personal (Omill, 2015). Representa un punto de partida primordial para comprender la realidad socioeconómica de las y los trabajadores. Estas necesidades, como el acceso a alimentación, vivienda digna, servicios básicos y educación, determinan no solo el bienestar individual, sino también la capacidad de las personas para desenvolverse de manera efectiva en su entorno laboral y social, "al ser aplicables de forma estructurada a un amplio muestrario de situaciones (Payne, 1995)."

Educación y formación: Son factores críticos para evaluar la situación socioeconómica de una persona, debido a su influencia directa en las oportunidades laborales, el desarrollo profesional y la calidad de vida. Estos componentes no solo determinan las habilidades y competencias actuales de la persona trabajadora, sino que también proyecta su potencial de crecimiento dentro de la organización y su capacidad de adaptación a un entorno laboral en constante evolución, derivado de que la vinculación entre educación y empleabilidad correlaciona que a nivel educativo más alto generalmente está asociado con mayores oportunidades de empleo y mejores condiciones laborales, como salarios más dignos y prestaciones adicionales. Así como las capacidades transferibles que fomentan habilidades como el pensamiento crítico, la resolución de problemas y la comunicación efectiva, esenciales en el entorno empresarial. Al considerar estos factores, las empresas pueden implementar estrategias que potencien el talento interno, fomenten la equidad y contribuyan al bienestar integral de su personal. Este enfoque humanista y estratégico asegura un equilibrio entre los objetivos corporativos y el desarrollo personal de las y los trabajadores. La incorporación al Sistema Educativo a través de la escolaridad contribuye a reducir la distancia social que a veces, existe entre determinados colectivos y el conjunto de la sociedad. La disfuncionalidad o conflictividad que se registra, en ocasiones, en determinados centros escolares tiene con frecuencia su origen en esta situación. La escolarización, de esta forma, opera como elemento de aproximación, conocimiento y relación. La escolaridad y por ello, los centros escolares son un elemento de primer orden a favor del desarrollo personal y social de los niños y en esta medida, de adaptación. La juventud o corta edad de los alumnos favorece el aprendizaje social y la inclusión en el espacio y tiempo que van creando conjunta y progresivamente con los demás (Lima, 2011).

Situación legal y la movilidad humana: Permiten entender las condiciones jurídicas, migratorias y de desplazamiento que afectan la estabilidad y las oportunidades de los trabajadores. Estas dimensiones tienen un impacto directo en la inserción laboral, el acceso a derechos y servicios, y en la capacidad de las personas para integrarse plenamente en el entorno laboral y social. La regularización de la situación legal es esencial para que las y los trabajadores puedan ejercer sus derechos. Una situación jurídica irregular puede limitar las posibilidades de empleo formal, restringir el acceso a contratos legales y afectar la estabilidad económica de la persona trabajadora y su familia. Para las empresas, es fundamental garantizar que todas las personas que colaboran cumplan con los requisitos legales, lo que asegura transparencia en las relaciones laborales y evita sanciones. La movilidad humana está asociada a cambios en las condiciones económicas, habilidades laborales y oportunidades de empleo que afectan tanto a la persona trabajadora como a la empresa que la emplea. Una fortaleza es que quien han experimentado movilidad suele traer consigo competencias interculturales, multilingüismo y experiencias diversas que pueden enriquecer el entorno empresarial y asegurar que independientemente de su origen o situación migratoria, tengan igualdad de oportunidades bajo una perspectiva interseccional al reconocer cómo interactúan factores como la legalidad, género, origen y contexto migratorio permite una evaluación integral y adaptada a la realidad de las y los trabajadores ya que las sociedades móviles son aquellas que han logrado igualar las condiciones de acceso y garantizar oportunidades para todas las personas al interior de la misma; logrando con ello que su situación de origen no sea determinante en la consecución de objetivos y en el desarrollo de las personas. Hablar de escenarios de movilidad social implica tener sociedades eficientes, justas, empáticas y que en conjunto logren desarrollar objetivos, cumplir metas y compartir un bienestar general entre todos sus miembros. Es una sociedad donde las condiciones del hogar no imposibilitan a las personas conseguir sus objetivos; a través del esfuerzo se obtiene una recompensa justa, es un sistema que se basa en el mérito y no en ningún otro valor (Madrid, M. y Lugo, B., 2023). También sin alejarse de los planteamientos comunitarios, otros autores han puesto de relieve la importancia de los esfuerzos de empoderamiento para la plena participación y la práctica efectiva de la ciudadanía de las poblaciones migrantes y refugiadas, incluyendo el desarrollo de capacidades, la creación de redes de recursos y la lucha contra las barreras discriminatorias (Lacomba, 2020).

Socialización y recreación: La evaluación de estos componentes permite comprender el impacto de las interacciones sociales y las actividades recreativas en la calidad de vida, productividad y cohesión dentro de una organización. La capacidad de las y los empleados para relacionarse y colaborar con otros es esencial para el desempeño eficiente en entornos laborales. Evaluar la socialización ayuda a identificar fortalezas y áreas de mejora en la comunicación y las dinámicas grupales. Así mismo, la falta de redes de apoyo social puede generar estrés, disminuir la productividad y aumentar el riesgo de conflictos laborales para la reducción del aislamiento social y al analizar las interacciones sociales permite identificar necesidades de integración y apoyo para las personas trabajadoras. En adición a ello, el fomento del equilibrio entre vida laboral y personal permite a las y los empleados desconectarse del estrés laboral y enfocarse en su bienestar físico, mental y emocional. Esto es clave para mantener altos niveles de motivación y desempeño. Al integrar estos elementos en el análisis, las empresas pueden diseñar estrategias que promuevan un equilibrio saludable entre el trabajo y la vida personal, fomentando la productividad, la cohesión y la satisfacción laboral. Este enfoque no solo beneficia a las personas que colaboran, sino que también fortalece la sostenibilidad y el éxito de la organización.

II.V. Técnicas y herramientas de investigación y actuación social utilizadas en el Trabajo Social Empresarial

Con el objetivo de diseñar estrategias que mejoren el bienestar de las personas trabajadoras y fomenten un entorno laboral equitativo y productivo. La evaluación socioeconómica trasciende el análisis financiero, se enfoca en una visión multidimensional del individuo y su contexto, integrando aspectos como las condiciones de vida, el acceso a recursos, las redes de apoyo social, la salud, la educación y otros factores determinantes para su calidad de vida.

Para llevar a cabo este tipo de valoración de manera rigurosa y efectiva, las personas profesionales en el Trabajo Social Empresarial recurren a una serie de técnicas y herramientas de investigación y actuación social que les permiten recopilar, analizar e interpretar información relevante. Estas herramientas no sólo facilitan el diagnóstico de las necesidades y potencialidades de las y los trabajadores, sino que también garantizan que las intervenciones estén fundamentadas en datos confiables y actualizados, promoviendo la toma de decisiones estratégicas en el entorno corporativo.

En el contexto empresarial, donde el tiempo, la precisión y la utilidad de los resultados son factores determinantes, el uso de técnicas estructuradas y herramientas especializadas permite optimizar los procesos de evaluación socioeconómica. La implementación de métodos como entrevistas, visitas domiciliarias, observación directa y cuestionarios no solo facilita el acceso a información de calidad, sino que también fortalece la relación de confianza entre la empresa y sus colaboradores. Además, estas herramientas permiten abordar situaciones complejas y multidimensionales desde un enfoque ético y humanista.

Entre las técnicas y herramientas más utilizadas en este ámbito específico de actuación destacan:

II.V.I. Verificación de antecedentes (Background Check)

Es una investigación exhaustiva de los antecedentes de una persona [no solo de índole legal y/o de conflicto con las leyes], que incluye la revisión de su historial criminal, laboral y académico. Este proceso es esencial para asegurar la veracidad de la información proporcionada por el candidato y garantizar la integridad de la empresa [...] se ha convertido en una herramienta indispensable para la selección de personal, especialmente en puestos de alta responsabilidad. A continuación, exploraremos en detalle los diferentes aspectos que se pueden verificar en un background check y su importancia en el proceso de contratación.

Historial criminal: Es uno de los componentes más críticos de un background check. Este incluye la revisión de registros de delitos, condenas y cualquier otro antecedente penal que pueda afectar la idoneidad del candidato para el puesto. La verificación del historial criminal es especialmente importante en sectores donde la seguridad y la confianza son primordiales, como en la banca, la educación y la atención médica.

Historial laboral: Verifica la experiencia profesional del candidato, confirmando la veracidad de los empleos anteriores, las responsabilidades desempeñadas y la duración de cada empleo. Esta verificación ayuda a detectar inconsistencias o falsificaciones en el currículum del candidato y asegura que posee la experiencia necesaria para el puesto. Además, proporciona una visión clara de la estabilidad laboral del candidato.

Historial académico: Incluye la validación de títulos y grados obtenidos por el candidato. Esto es crucial para puestos que requieren cualificaciones específicas, como ingenieros, médicos o abogados [y personas trabajadoras sociales]. La verificación académica asegura que el candidato ha completado los estudios necesarios y que los títulos presentados son auténticos.

Realizar un background check completo es vital para evitar riesgos y garantizar la contratación de candidatos confiables y competentes. Este proceso no solo protege a la empresa de posibles fraudes o problemas legales, sino que también contribuye a crear un entorno de trabajo seguro y profesional. Al conocer en profundidad el historial de los candidatos, las empresas pueden tomar decisiones informadas y reducir la rotación de personal (RHCheck, 2024).

Es por ello, que se consolida como una herramienta estratégica que permite identificar y analizar las condiciones de vida, necesidades y capacidades de las personas trabajadoras y sus familias. Este proceso no solo facilita la intervención planificada, sino que también fundamenta las decisiones empresariales orientadas al bienestar laboral y social, contribuyendo al desarrollo integral del capital humano dentro de la organización. En este contexto, la verificación de antecedentes se posiciona como un paso crítico que complementa la evaluación socioeconómica, ya que proporciona la base documental, histórica y situacional necesaria para garantizar un análisis completo, preciso y fundamentado. Consistente en recopilar, organizar y analizar información relevante previa al contacto directo con la o el colaborador. Estos antecedentes pueden provenir de diversas fuentes, como registros internos de la empresa (expedientes laborales, evaluaciones de desempeño, historial de salarios), entrevistas preliminares, y en algunos casos, investigaciones externas que complementen la visión integral de la persona trabajadora y su entorno (la internet, perfiles en redes sociodigitales, aplicaciones y/o plataformas). Este proceso no solo ahorra tiempo durante la fase de evaluación, sino que también orienta la estrategia de intervención, enfocando los esfuerzos en aspectos clave previamente identificados.

La información previa permite a las personas profesionales en Trabajo Social construir una visión inicial del contexto de quien colabora, identificando patrones, tendencias o problemáticas recurrentes que puedan requerir acompañamiento. Este panorama preliminar ayuda a estructurar entrevistas efectivas y enfoques focalizados con líneas de investigación específica a "explotar" durante la evaluación socioeconómica. A su vez, contar con antecedentes reduce la duplicación de esfuerzos en la recopilación de información y facilita la toma de decisiones más rápida y precisa. Esto resulta especialmente valioso en contextos empresariales donde los recursos y el tiempo son limitados. Sin embargo, es crucial que la verificación de antecedentes se realice bajo estrictos principios éticos, respetando los derechos y la privacidad de los trabajadores. La confidencialidad y el consentimiento informado son pilares fundamentales de este proceso. Además, es importante garantizar que los datos recopilados se utilicen únicamente para los fines establecidos, evitando prácticas discriminatorias o invasivas.

En resumen, evaluar todos los antecedentes del candidato nos ayudará a tomar la mejor decisión posible para el puesto de trabajo en cuestión. No debemos descuidar ningún aspecto, ya que esto podría tener consecuencias negativas en el futuro. Tomar el tiempo necesario para evaluar a un candidato puede evitar problemas posteriores, por lo que siempre vale la pena hacerlo bien.

Evaluar a un candidato va más allá de solo mirar su currículum: también es importante investigar sus antecedentes sociales y económicos. Puede ser fácil concentrarse solo en el historial laboral de un candidato, pero su vida personal puede brindarle la misma cantidad de información. Si tienen un estilo de vida caótico o están pasando por un momento difícil, es posible que no sea la mejor opción (Emptor, 2022).

II.V.II. Análisis documental

El análisis documental es un proceso de acceso a la información disponible para construir el conocimiento. A través de éste, el investigador comprende y analiza las definiciones y conceptos alrededor de un tema de investigación. En este sentido, la forma de realizar este análisis depende de los insumos disponibles y de la experiencia y habilidades del propio investigador (Marcelino, M., Martínez, M. y Camacho, A. , 2024). Se centra en la revisión sistemática y crítica de documentos relevantes, permite a la persona profesional en Trabajo Social obtener información clave que sustenta el diagnóstico integral de las condiciones socioeconómicas de las y los trabajadores. En un entorno empresarial, donde las decisiones relacionadas con bienestar laboral, promociones, ascensos, beneficios y programas de apoyo deben basarse en datos objetivos y verificables, el análisis documental se convierte en un recurso indispensable para garantizar la precisión y la transparencia en los procesos. El objetivo principal del análisis documental en este escenario es recolectar y examinar información relevante que permita entender aspectos como ingresos, empleo, gastos, deudas, vivienda, red de apoyo social, educación, salud y otras variables que impactan directamente en la calidad de vida de quien colabora. Estos datos no solo facilitan un diagnóstico socioeconómico más profundo, sino que también ofrecen una base sólida para diseñar estrategias de intervención y políticas empresariales orientadas al bienestar de los empleados y al desarrollo organizacional por medio de los siguientes puntos para la construcción de certidumbre:

Fiabilidad y verificación de información: Uno de los aspectos más valiosos del análisis documental es su capacidad para verificar los datos proporcionados por las y los trabajadores. Los documentos oficiales, como nóminas, recibos de pagos y contratos, ofrecen evidencia objetiva sobre ingresos, condiciones laborales y beneficios. Esto minimiza los riesgos de basar decisiones en información incompleta o inexacta.

Profundización en la comprensión de la realidad socioeconómica: Los documentos permiten explorar en detalle las condiciones económicas y sociales de la persona trabajadora, proporcionando información contextual que a menudo no puede ser captada únicamente mediante entrevistas. Por ejemplo, la revisión de comprobantes de gastos permite analizar patrones de consumo que ilustren congruencia entre ingreso y egresos y/o lo contrario, mientras que los documentos médicos revelan posibles condiciones de salud no mencionadas que repercuten en su valoración socioeconómica.

Base sólida para la toma de decisiones: En el Trabajo Social Empresarial, las decisiones relacionadas con asignación de recursos, desarrollo de programas de bienestar y evaluación del potencial laboral deben estar fundamentadas en datos verificables. El análisis documental ofrece la evidencia necesaria para respaldar estas decisiones, fortaleciendo la transparencia y legitimidad de las mismas.

Identificación de necesidades específicas y oportunidades de intervención: Por ejemplo, el historial académico de un trabajador puede evidenciar la motivación y necesidad de programas de capacitación, mientras que los registros financieros pueden indicar la urgencia de medidas de apoyo económico.

Visión integral y humanista: El análisis documental complementa otras técnicas como la entrevista, la observación, la escucha activa y la visita domiciliaria, proporcionando un enfoque transversal de derechos humanos, respecto a la situación de la persona trabajadora. Este enfoque integrado al Trabajo Social Empresarial es esencial, donde el bienestar personal se aborda como un factor interconectado con la productividad y la sostenibilidad organizacional.

La aplicación ética y estratégica del análisis documental posibilita a las empresas el diseño de intervenciones sustantivas, fundamentadas en datos verificables, que promuevan el bienestar de las y los trabajadores y contribuyan al desarrollo sostenible de la organización. Al añadir esta técnica en sus procedimientos, el Trabajo Social Empresarial reafirma su papel como persona facilitadora del cambio social clave en la construcción de entornos laborales más humanos, inclusivos y responsables.

Proceso de investigación documental: En este trabajo plateamos que el proceso consiste en nueve pasos y/o etapas (Adaptación de Marcelino, M., Martínez, M. y Camacho, A., 2024): 1) búsqueda, 2) selección, 3) recolección, 4) clasificación, 5) organización, 6) análisis, 7) interpretación, 8) Retroalimentación y 9) presentación.

> **1)→Búsqueda:** Constituye la fase inicial y esencial del proceso de investigación en la evaluación socioeconómica del Trabajo Social Empresarial. Para concretar las necesidades de información será preciso aclarar una serie de cuestiones que servirán para perfilar con precisión qué es lo que se busca y cuál puede ser el punto de partida del proceso, para ello será imprescindible: identificar situaciones, entorno sociocultural y contexto de la necesidad; para que se búsqueda (pertenencia del uso). Lógicamente no es lo mismo una búsqueda bibliográfica efectuada con fines de investigación, por ejemplo, la realización de una tesis doctoral, que una búsqueda para un trabajo de clase o para satisfacer una curiosidad personal. Así pues, es necesario saber cuál es la finalidad de la consulta; información que ya conoce (conocimientos previos). Es importante saber qué datos, obras o autores conoce, con los que ya cuenta etc., ya que de lo contrario se puede dar información redundante. Esto permitirá contar con un punto de partida para iniciar la búsqueda, y por otra parte evita la duplicación de esfuerzos innecesarios en la recuperación de información ya conocida; profundidad del tema. Cuanta información necesito; periodo que debe cubrir la búsqueda (alcance cronológico) es decir si la búsqueda debe ser corriente

(reciente) o retrospectiva. Establecer el periodo temporal que debe cubrir la búsqueda, el nivel de actualidad, en función de si es un estudio de carácter retrospectivo, por ejemplo, un estado del arte, o si se pretende localizar la información más reciente. Esta circunstancia dependerá normalmente de los objetivos que se hayan planteado para la búsqueda. El factor temporal es un aspecto importante en disciplinas que envejecen muy pronto, como son las áreas de ciencias de la salud, tecnología e informática o ciencias aplicadas en donde hay que apostar por contenidos muy recientes; la cobertura geográfica (alcance geográfico). Debes delimitar la cobertura geográfica, es decir el contexto geográfico en el que se centra la investigación (continente, país, provincia, municipio...). Ligada a esta cuestión está la lengua en la que encontrarás los documentos recuperados. Recuerda que el inglés se ha convertido en el idioma científico por excelencia; idioma o lengua deseada (alcance idiomático). Para recortar el universo de información, es importante establecer el idioma en el que se desea recuperar la información. Dada la internacionalización de la documentación los documentos en los que se puede recuperar una información dada pueden estar escritos en varias lenguas. Será preciso acotar cuales son las que nos interesan, siempre dependiendo de nuestras posibilidades de lectura y de comprensión; nivel científico: si se desean artículos de investigación, de divulgación o ambos; tipo de documento deseado (alcance tipológico): publicaciones periódicas, monografías, artículos de investigación o de revisión, tesis, informes técnicos, ponencias y comunicaciones a congresos, o bien información más específica como biografías, anuarios para los datos de actualidad, estadísticas, datos geográficos, legislación, normas. Por lo tanto, es necesario definir qué tipo de documentos pueden contener la información que se desea identificar, ya sea fuentes primarias o secundarias. También tener en cuenta los diferentes soportes de información (Ronconi, 2020).

Esta etapa tiene como propósito localizar y reunir fuentes de información relevantes y fidedignas que permitan obtener una visión clara y detallada de la situación socioeconómica de las y los empleados, tanto a nivel individual como colectivo. En este contexto, la búsqueda documental no solo implica una recopilación de datos, sino que también demanda un enfoque estratégico y sistemático para garantizar que las fuentes seleccionadas respondan a las necesidades específicas del diagnóstico socioeconómico. Antes de iniciar la búsqueda, es esencial establecer con claridad qué tipo de información se requiere, cómo se utilizará y cuáles son las preguntas clave que esta debe responder. Por ejemplo, si el objetivo es evaluar la estabilidad económica de un trabajador, será necesario buscar documentos relacionados con ingresos y gastos recurrentes. Este enfoque permite evitar una recopilación excesiva de datos innecesarios que podrían dificultar el análisis posterior. Una vez definidos los objetivos, el siguiente paso es determinar dónde se puede encontrar la información requerida; los expedientes laborales y registros administrativos son un recurso primordial. Sin embargo, también es significativo considerar otras fuentes, como declaraciones fiscales, historiales académicos y médicos, que complementen la información interna con datos contextuales de la persona trabajadora. Durante la búsqueda, los documentos deben clasificarse según su relevancia, confiabilidad y utilidad para el diagnóstico. Este proceso puede incluir una evaluación preliminar que descarte aquellos registros incompletos o desactualizados, priorizando la recopilación de información vigente y verificable. En esta etapa, es fundamental garantizar que las y los trabajadores comprendan el propósito de la búsqueda documental y otorguen su consentimiento explícito para la revisión y análisis de sus documentos personales. Es pertinente que cuando en los resultados de las búsquedas no se obtiene el nivel de precisión que se espera, o no tiene el nivel de especificidad, se debe recurrir a diferentes opciones, según las necesidades, para mejorar la estrategia de búsqueda y obtener la adecuada, en algunos casos será necesario limitarla en otros ampliarla (Moncada, 2014). Este paso no solo asegura el cumplimiento de las normativas éticas y legales, sino que también refuerza la confianza entre las personas colaboradoras y la empresa ya que la calidad y profundidad del diagnóstico dependerán en gran medida del éxito con el que se lleve a cabo esta primera etapa del proceso.

2)→**Selección:** Es una etapa crítica porque define la eficacia de la información que se utilizará en el diagnóstico socioeconómico. Una selección rigurosa avala que el análisis sea preciso, objetivo y basado en datos demostrables, lo que a su vez facilita la toma de decisiones informadas por parte de las empresas. Esto es particularmente relevante porque la información seleccionada será la base para diseñar intervenciones que impacten directamente en la vida de las y los trabajadores y en el clima laboral. Por ejemplo, en un proceso de evaluación para determinar el acceso a beneficios laborales, como bonos o créditos, una selección adecuada de los documentos puede asegurar que los recursos se asignen de manera equitativa y que las decisiones estén respaldadas por evidencia confiable. De igual manera, en el diseño de programas de apoyo, como capacitación financiera o mejora de vivienda, la selección precisa de la información permite identificar las necesidades reales de las personas empleadas y establecer prioridades de acción. Durante la selección, es común identificar documentos que no aportan información nueva o que no son relevantes para el caso en estudio. Estos registros deben ser descartados para evitar duplicidad y sobrecargar el análisis con datos innecesarios. Este asunto permite optimizar el tiempo y los recursos disponibles para las etapas posteriores de la evaluación. Su importancia radica en su capacidad para transformar la información recolectada en insumos útiles y confiables. La elaboración del plan general de acciones debe basarse en el pleno conocimiento de la realidad, en su análisis y el diseño estratégico de las líneas alternativas para la intervención, para que de éstas surjan los proyectos específicos que aborden cada una de las problemáticas seleccionadas como prioritarias en función de las necesidades de la comunidad, del grupo o del individuo que es sujeto de nuestra intervención (Mendoza, 2002). De esta forma, se contribuye a la toma de decisiones informadas y al diseño de estrategias efectivas.

3)→**Recolección:** Etapa del proceso de investigación documental y es elemental para consolidar los datos necesarios que sustentarán el análisis socioeconómico. El procedimiento de recolección de datos debe ser meticuloso para garantizar la calidad y la integridad de la información obtenida. Inicia con la definición clara de los objetivos de recolección, lo cual guía la selección de métodos e instrumentos adecuados. Una recolección de datos efectiva no solo requiere la selección adecuada de técnicas e instrumentos, sino también un procedimiento bien definido. Comprender cómo recopilar información de manera sistemática y precisa es fundamental para asegurar que los datos obtenidos sean útiles y confiables, lo que a su vez facilita la toma de decisiones estratégicas y el desarrollo de soluciones basadas en evidencia (Santos, 2024). Este paso se enfoca en recopilar los documentos y registros seleccionados en la etapa previa, asegurando que estos sean obtenidos de manera ética y organizada ya que se priorizan las fuentes que se determinaron como relevantes en la selección. Por ejemplo, los recibos de nómina, contratos laborales y certificados académicos son documentales esenciales. La recolección requiere una comunicación asertiva con las partes involucradas, como personas empleadas, empleadoras y vínculos interinstituciones. Es necesario realizar solicitudes formales (suscritos con nombre, firma, fecha y enumeración detallada) para obtener los documentos, ya sea en formato físico o digital, asegurando siempre el consentimiento informado de las y los participantes. Este paso refuerza la transparencia, el respeto por los derechos de privacidad y confidencialidad. Una vez realizadas las solicitudes, es fundamental dar seguimiento a las mismas (vía telefónica y/o correo electrónico de la empresa), para asegurar la entrega puntual y completa de los documentos requeridos. En algunos casos, puede ser necesario coordinar múltiples fuentes o realizar visitas presenciales. Este seguimiento es especialmente relevante cuando los plazos son ajustados o cuando la información proviene de distintas áreas de la empresa. La recolección de información puede enfrentar diversos desafíos. Uno de los más frecuentes es la falta de cooperación por parte de las personas evaluadas o de las fuentes de información, lo que puede retrasar el proceso o generar lagunas en los datos. También es común encontrar documentos incompletos, desactualizados o inconsistentes, lo que requiere acciones adicionales para complementar la información.

4)→Clasificación: Consiste en organizar y categorizar los datos recolectados para facilitar su análisis y aplicación en el diagnóstico integral en la evaluación socioeconómica. La clasificación es el conjunto de acciones técnicas y administrativas que nos permite agrupar los documentos relacionados de forma jerárquica, en función de algunas características preestablecidas, independientemente del origen, del destino, del soporte, etc (Baratz, 2021). Este camino no solo permite identificar patrones y correlaciones entre los diferentes elementos, sino que también asegura que la información sea accesible, comprensible y útil. La clasificación se fundamenta en criterios previamente establecidos, como las categorías de observación, los objetivos del estudio y la preeminencia de la indagación para los casos específicos. Este proceso es decisivo para convertir datos crudos en insumos organizados, listos para ser interpretados con base en un enfoque integral y humanista. El propósito principal de la clasificación es estructurar la investigación en categorías bajo razonamientos lógicos y funcionales, de manera que se facilite su interpretación y uso en el diseño de estrategias de intervención y/o actuación social. Antes de iniciar la clasificación, es forzoso establecer un esquema que responda a los objetivos de la evaluación. Estas categorías deben reflejar las dimensiones principales del diagnóstico integral socioeconómico, como la situación financiera, las condiciones de vivienda (habitabilidad), la red de apoyo social y las necesidades básicas. Este esquema servirá como base para agrupar los documentos y datos de manera coherente. En el caso de la documentación digital, se pueden utilizar herramientas tecnológicas como hojas de cálculo, bases de datos o software especializado en gestión documental para realizar el proceso de manera eficaz (Google Drive, Microsoft Excel u otros recursos). Lo que sigue, es plantear los elementos a considerar de cada clase. Así, se requiere tener claro qué interesa conocer de los documentos: los títulos, años, autores, objetivos, características, conclusiones, aportaciones, metodología, tipo de documento, entre otros. Después, se agrupan los documentos en una clase determinada en función de los criterios definidos de acuerdo con los objetivos del estudio, es importante asignar la información en el lugar o clase correcta, para evitar errores y pérdida de información. En relación con los documentos completos, se sugiere crear carpetas de acuerdo con las clases establecidas (Marcelino, M., Martínez, M. y Camacho, A. , 2024). Además, el uso de técnicas de codificación cualitativa puede ser útil para clasificar información más subjetiva (análisis estructural del discurso), como las notas de entrevistas o registros de observación. Estas técnicas permiten identificar patrones y tendencias en los datos, lo que contribuye a un diagnóstico detallado, individualizado y situacional. Es transcendental que la información esté claramente etiquetada y ordenada para evitar confusiones posteriores. Durante la clasificación, se debe realizar una evaluación de la notabilidad de cada documento o dato en función de los objetivos. Antes de dar por concluida la clasificación, es cardinal realizar una revisión exhaustiva para asegurarse de que todos los datos están correctamente constituidos y no existen duplicados ni omisiones. Este paso, aunque a menudo subestimado, es una de las fortalezas para el éxito de las evaluaciones en el ámbito empresarial.

5)→Organización: Implica estructurar de manera lógica y funcional toda la información previamente clasificada. Este paso permite que los datos estén listos para su análisis y aplicación en un diagnóstico integral, que servirá de base para la toma de decisiones y el diseño de estrategias de intervención y/o actuación social. El propósito principal de esta etapa es disponer la información de manera que sea accesible, comprensible y utilizable, esto involucra el agrupar los datos bajo un esquema de componentes: ingresos, gastos, condiciones de vivienda, necesidades básicas, educación, salud y redes de apoyo. Además, la organización debe facilitar el seguimiento de los casos y la generación de reportes. Es obligatorio establecer una representación organizativa clara, que puede adoptar la forma de un índice, un cuadro sinóptico o una base de datos, éste debe facilitar la conexión entre diferentes aspectos de la evaluación. Por ejemplo, los datos financieros pueden vincularse con los de vivienda y redes de apoyo para identificar relaciones causales o tendencias. Es sustancial jerarquizar los datos según su relevancia. Una vez organizada, la información debe ser documentada de manera formal, incluyendo citas, referencias y fuentes. También es principal generar respaldos digitales o físicos para garantizar que los datos estén protegidos y disponibles en caso de ser requeridos nuevamente, orientados también a la construcción de un archivo disponible en la temporalidad fijada por las autoridades competentes. En la era digital, existen numerosas herramientas tecnológicas que facilitan la organización de la información. Plataformas como Microsoft Excel, Google Sheets y bases de datos como Airtable permiten crear esquemas organizativos personalizados y efectuar búsquedas rápidas específicas ya que son especialmente útiles en evaluaciones que implican grandes volúmenes de datos o múltiples dimensiones de análisis. Además, el uso de software especializado en gestión de información, como Evernote o Trello, puede ayudar a categorizar y priorizar tareas. Estas plataformas permiten crear paneles visuales que simplifican el acceso y la actualización de información en tiempo real. Una organización eficiente no solo perfecciona las prácticas con base en evidencia, sino que también la opacidad en la práctica del Trabajo Social Empresarial.

6)→Análisis: Busca trascender el nivel descriptivo para llegar a una interpretación que integre la perspectiva humanista del Trabajo Social Empresarial con los objetivos estratégicos de las organizaciones. Esto incluye considerar factores contextuales, como el entorno económico, político y cultural, que influyen en las condiciones socioeconómicas de las personas. Los distintos tipos de documentos cumplen distintas funciones. Proporcionan información de fondo, indican posibles preguntas para la entrevista, sirven como mecanismo para supervisar el progreso y hacer un seguimiento de los cambios dentro de un proyecto y permiten verificar cualquier afirmación o progreso realizado. Puede triangular sus afirmaciones sobre el fenómeno en estudio utilizando el análisis de documentos mediante el uso de múltiples fuentes y otros métodos de recopilación de información para la investigación (LUMIVERO, 2023). La evaluación socioeconómica requiere entrecruzar datos numéricos (ingresos, gastos, deudas) con datos cualitativos (observaciones sobre el entorno social, entrevistas y visitas domiciliarias). Esto permite una visión que considera tanto las cifras como los contextos personales y familiares. Los datos obtenidos con indicadores de referencia, como estándares de calidad de vida, salario mínimo vigente, o el promedio de ingresos y gastos en el sector donde se realiza la evaluación, contribuye a identificar marginalidades y establecer prioridades. Por ejemplo, si varias personas empleadas presentan altos niveles de endeudamiento, esto podría indicar problemas estructurales como salarios insuficientes, falta de educación financiera o ambos. Cuando se inicia el proceso analítico debe en principio establecerse su objetivo, porque este determinará cuál es el foco o elemento central, es decir, aquello sobre lo que orbita el desglose que se hará. En términos sencillos, se habla del criterio o variable. Al identificar plenamente qué es lo que se pretende conocer o comprender a profundidad, ya sean partes, funciones, cualidades, fases, transformaciones o cambios, iniciativas, mecanismos, problemas, factores intervinientes, personajes, entre otros, entonces los sentidos se enfilarán hacia ello de forma consciente y organizada. Es de resaltar que muchas veces se puede tener un acercamiento a la lectura de algún contenido sin instrucciones previas, solo con la firme intención de encontrar algo que resulte relevante para los amplios o restringidos propósitos de investigación que se han planteado. En ese caso, el propósito estará supeditado al tema que se esté investigando o a los datos aportados por la propia fuente, su relevancia en cuanto a profundidad, vigencia, actualidad o forma de presentación del tema en cuestión (Peña, 2022). El análisis puede apoyarse en herramientas estadísticas y cualitativas que permitan sistematizar la información y garantizar su precisión. Software como SPSS, Excel, o Power BI son útiles para procesar datos numéricos, mientras que herramientas como NVivo o Atlas.ti ayudan a analizar información cualitativa. Estas herramientas facilitan la organización de gráficos, tablas y resúmenes que presentan los hallazgos de manera visual. Una vez que se cuenta con la información obtenida a través de las diversas entrevistas, se procede al tratamiento de los datos, lo cual en ocasiones resulta difícil para el entrevistador debido al gran volumen de información con la que cuenta, sobre todo cuando no tiene experiencia en este tipo de diagnóstico. Para el registro de información, el investigador en Trabajo social debe auxiliarse principalmente del análisis de contenido y de la observación por tres principales razones: existen guías sistemáticas para el análisis y la presentación de datos cualitativos; se posee un gran volumen de información que el investigador debe analizar y darle sentido, cuidando de rescatar todo lo que se considere útil y es preciso una reducción de datos para la elaboración del informe, sin que ello implique hacer interpretaciones o presentar información incompleta (Aguillón, I., Díaz, J. y Calderón, L., 2022).

7)→**Interpretación:** Esta etapa se orienta a generar un entendimiento profundo que facilite el diseño de intervenciones, políticas y programas que beneficien tanto a las personas evaluadas como a la empresa. La interpretación no es simplemente un resumen de los datos analizados; implica ir más allá de los números y observaciones para establecer enlaces, revelar discrepancias y derivar significados. *"El proceso de interpretación se inicia con un intento de explicar las observaciones"* (Monje, 2011). Esto significa relacionar variables como los ingresos, la educación, la red de apoyo y el entorno social para identificar patrones que expliquen el estado general de la persona o el grupo evaluado. Cada hallazgo debe interpretarse a la luz de factores internos y externos. Por ejemplo, las necesidades básicas insatisfechas podrían ser menos relevantes si la persona vive en una zona donde la empresa ofrece servicios de apoyo, pero más críticas si no existen recursos disponibles. La interpretación debe equilibrar las necesidades individuales con los objetivos empresariales. Esto refuerza la responsabilidad social de la empresa y contribuye al desarrollo de un entorno laboral saludable. El uso de las siguientes herramientas analíticas y metodológicas es útil: mapas conceptuales que representan gráficamente las interrelaciones entre los diferentes factores socioeconómicos; matrices de causa-efecto que posibilitan identificar cómo un problema en un componente; narrativas que complementan los datos numéricos con explicaciones cualitativas que reflejan las realidades vividas por las personas evaluadas. Se vincula con la interpretación crítica de los procesos sociales de transformación de la realidad, su dimensión histórica como proceso que atraviesa el acontecer humano. Hace énfasis en el desarrollo del proceso y en la participación de los actores en la sistematización de su propia práctica, en que se conjugan el saber científico y el saber práctico (Samperio, E., De Marinis, N. y Verón, J., 2004). La interpretación es el momento en el que la información se transforma en conocimiento útil para la acción.

8)→**Retroalimentación:** Este paso permite garantizar que los resultados obtenidos sean pertinentes, comprensibles y aplicables tanto para los destinatarios de la evaluación como para los responsables de tomar decisiones. Es una herramienta dinámica que resulta práctica porque sintetiza la búsqueda de contenido. Se relaciona en la sociedad que la emplea con el feedback, porque este es como un control del entendimiento de una relación. Cuando hay retroalimentación, se sobreentiende que hay una concordancia entre los sistemas involucrados. Es decir, que el sistema en sí mismo entiende cual es el procedimiento que van a realizar todos los componentes (Camelo, D., Guerrero, D. y Aparicio, L., 2018). En esencia, la retroalimentación no solo valida el trabajo realizado, sino que también fomenta la mejora continua al integrar perspectivas diversas y detectar áreas de oportunidad para futuras investigaciones o intervenciones. A través de la retroalimentación, es posible identificar posibles errores, malentendidos o información incompleta en los hallazgos de la investigación ya que la apertura al diálogo y la transparencia en la presentación de resultados fortalecen la confianza entre las y los evaluadores, las personas sujetas a la evaluación y quienes son responsables de la toma de decisiones en la empresa. Más que un paso que enruta al final, representa una oportunidad para validar los resultados, promover la confianza, fomentar la mejora continua y garantizar que las terminaciones sean útiles para todas las partes interesadas. Al integrar de manera efectiva las perspectivas y aportes de las y los diferentes actores. No se debe perder de vista que el fin de la retroalimentación es potenciar el talento humano de los colaboradores, generar un aprendizaje y promover la mejora continua. Los resultados expuestos y la forma de comunicar la retroalimentación, son la clave para establecer el aprendizaje, plan de desarrollo y capacitación del colaborador, por lo que resulta fundamental, conocer las oportunidades de crecimiento y mantener un sistema de recompensas por alcance de metas (CICAP, 2017).

9)→**Presentación:** Establece la culminación del proceso de investigación documental en la evaluación socioeconómica del Trabajo Social Empresarial, que se refiere a una disciplina y a un ordenamiento para comunicar el contenido. Para presentar bien un trabajo, se requiere disciplina, tal como anotar cada día y en el menor lapso posible de la actividad transcurrida, los hechos acontecidos. Las exigencias para que una crónica sea comunicativa son: construcción correcta, propiedad, concisión, claridad, mesura, seriedad y riqueza (Castro, M., Reyna, C. y Méndez, J., 2017). En este punto, todos los datos recolectados, analizados y organizados se sintetizan en un informe que debe ser comprensible, claro y pertinente ya que no solo implica la entrega de resultados, sino también su contextualización en función de los objetivos planteados, ofreciendo recomendaciones prácticas y acciones viables para abordar las necesidades identificadas. La presentación traduce datos complejos en información accesible y accionable. Es básico considerar el perfil de los destinatarios de la presentación. Por ejemplo, si se trata de directivos, es preferible priorizar información estratégica y recomendaciones prácticas; si se dirige a personas trabajadoras, el enfoque debe ser empático y centrado en las soluciones que les beneficien directamente. A pesar de su importancia, esta etapa puede enfrentar desafíos, como: desinterés o rechazo hacia los resultados, especialmente si implican cambios significativos en las políticas o prácticas empresariales; presentar demasiados detalles puede abrumar a las personas oyentes, dificultando la comprensión de los puntos elementales; si los hallazgos no se comunican de manera asertiva y estructurada, existe el riesgo de que se malinterpreten o no se valoren adecuadamente. Estos desafíos pueden superarse mediante una planificación cuidadosa, un enfoque centrado en el público y el uso de recursos que faciliten la comprensión y el diálogo. En última instancia, esta etapa refuerza el rol estratégico del Trabajo Social en el campo empresarial, posicionándolo como un aliado para el desarrollo sostenible y el bienestar integral. El análisis documental generalmente deriva en un documento nuevo, puesto que a partir de otras publicaciones la información se transforma y toma otro sentido, que bien puede coincidir o no con las ideas de los autores precedentes (Marcelino, M., Martínez, M. y Camacho, A. , 2024).

II.V.III. Observación

Es el proceso de conocimiento de la realidad factual, mediante el contacto directo del sujeto cognoscente y el objeto o fenómeno por conocer, a través de los sentidos, principalmente la vista, el oído, el tacto y el olfato. Sin embargo, es preciso aclarar que observación no es igual a ver, mirar que son funciones primarias del ser humano desde que viene al mundo (Ñaupas, H., Mejía, E., Novoa, E. y Villagómez, A., 2013). Esta técnica emerge con un carácter esencial, ya que permite captar información relevante que muchas veces no es accesible a través de entrevistas o cuestionarios formales. La observación, entendida como un método sistemático para registrar y analizar comportamientos, interacciones y entornos, se convierte en una aliada estratégica en la evaluación socioeconómica ya que no solo complementa los datos obtenidos mediante otras herramientas, sino que también proporciona una perspectiva profunda y del conocimiento situado que incluye las condiciones de vida, dinámicas familiares (internas y externas) y laborales, y necesidades de las y los trabajadores.

La observación permite identificar aspectos que pueden no ser mencionados por las personas trabajadoras durante las entrevistas, ya sea por desconocimiento, incomodidad o falta de confianza. Factores como el estado de la vivienda, las interacciones familiares, o el nivel de organización en el entorno laboral pueden proporcionar datos valiosos para un diagnóstico integral al combinarse con otras técnicas, como entrevistas, verificación de antecedentes o análisis documental, la observación sirve para corroborar o complementar la información obtenida, garantizando mayor precisión en los hallazgos. Por ejemplo, si una persona que colabora externa ingresos suficientes, pero el entorno observado refleja precariedad, se puede investigar más a fondo posibles factores ocultos, como deudas o gastos imprevistos.

A través de la observación, la persona profesional en Trabajo Social podrá indagar interacciones que revelan patrones de apoyo, roles familiares (jefatura del hogar), conflictos o fortalezas que influyen en el bienestar de la o el investigado por su capacidad para captar detalles no verbalizados, validar información y proporcionar una visión enriquecida de los contextos que contribuye de manera significativa a un diagnóstico preciso y humanista. Al integrar la observación en los procesos de evaluación, las empresas no solo fortalecen su capacidad para diseñar intervenciones efectivas, sino que también consolidan su compromiso con el bienestar integral de su capital humano. Este enfoque deontológico y estratégico posiciona al Trabajo Social Empresarial como un elemento básico del desarrollo sostenible y la responsabilidad social corporativa. "La observación es formativa y constituye el único medio que se utiliza siempre en todo estudio cualitativo.

Podemos decidir hacer entrevistas o sesiones de enfoque, pero no podemos prescindir de la observación" (Hernández, 2014).

II.V.IV. Escucha Activa

Es aquella que representa un esfuerzo físico y mental para obtener con atención la totalidad del mensaje, interpretando el significado correcto del mismo, a través del comunicado verbal, el tono de la voz y el lenguaje corporal, indicándole a quien nos habla, mediante la retroalimentación, lo que creemos hemos comprendido. Significa escuchar con atención y concentración, centrar toda nuestra energía en las palabras e ideas del comunicado, entender el mensaje y demostrarle a nuestro interlocutor que se siente bien interpretado. La escucha activa demanda que nos introduzcamos en la mente de quien nos habla e interpretamos el mensaje desde su punto de vista. Centramos toda la atención en captar y comprender el comunicado, los pensamientos y las emociones de nuestro interlocutor. Evitamos las distracciones y apartamos nuestros pensamientos de la mente para concentrarnos totalmente en la escucha. Se requiere realizar un elevado esfuerzo mental y una gran inversión de energía. La escucha activa es la más completa e importante. Incorpora todos los elementos de la escucha empática y analítica, así como variables de la escucha sintetizada y discernitiva (Ortiz, 2007). No se limita a oír lo que la otra persona dice; implica un nivel profundo de atención, comprensión y validación de los sentimientos, pensamientos y experiencias del interlocutor. Es una habilidad comunicativa que exige disposición emocional, concentración y el uso de técnicas específicas para garantizar que el mensaje sea entendido en su totalidad. La escucha activa es crucial porque las y los trabajadores, como sujetos sociales, están inmersos en realidades complejas que no siempre son evidentes a simple vista. La escucha activa en el contexto empresarial se define como el proceso mediante el cual los líderes y los empleados prestan atención completa a las palabras de los interlocutores, interpretando no solo lo que se dice, sino también el contexto y las emociones subyacentes. Esta habilidad va más allá de la simple recepción de información; implica un esfuerzo consciente para entender el mensaje completo, lo que puede incluir el análisis del tono de voz, las expresiones faciales y el lenguaje corporal (Reputación, 2024). En lugar de simplemente esperar a que sea nuestro turno de hablar, se trata de involucrarse genuinamente en la conversación, mostrando empatía y comprensión. Sus preocupaciones, aspiraciones y desafíos necesitan ser captados en un marco de respeto y profesionalismo que fomente la confianza mutua. Uno de los principales valores de la escucha activa en el diagnóstico integral es su capacidad para construir un puente de empatía entre la persona profesional en trabajo social y quien colabora. Este puente no solo facilita la recolección de datos, sino que también refuerza el sentido de pertenencia y dignidad del empleado, al sentir que su voz es escuchada y valorada dentro del espacio empresarial. La escucha activa ayuda a romper barreras de comunicación que pueden surgir debido a jerarquías organizacionales, diferencias culturales o situaciones personales adversas, lo que le permite expresarse libremente sin temor a juicios o represalias. Además, aporta un enfoque humano a la evaluación socioeconómica al trascender las cifras y datos cuantitativos para enfocarse en los relatos personales y experiencias subjetivas. Su implementación efectiva garantiza que las y los trabajadores sean escuchados en su totalidad, lo que permite un análisis profundo de su realidad material. Esta guía no solo fortalece la intervención social, sino que también posiciona al Trabajo Social como una disciplina esencial en la promoción de ambientes laborales sostenibles y equitativos. En un mundo empresarial cada vez más orientado hacia el bienestar integral, la escucha activa no solo es deseable, sino indispensable para lograr diagnósticos que realmente transformen vidas y organizaciones.

II.V.V. Entrevista socioeconómica de tipo estructurada

En ella "el entrevistador realiza su labor siguiendo una guía de preguntas específicas y se sujeta exclusivamente a ésta (el instrumento prescribe qué cuestiones se preguntarán y en qué orden) (Hernández, 2014)". Es una especie de conversación formal entre el investigador y el investigado o entre el entrevistador y el entrevistado o informante; […] que consiste en formular preguntas en forma verbal con el objetivo de obtener respuestas o informaciones y con el fin de verificar o comprobar las hipótesis de trabajo.

La entrevista cuando es una técnica de investigación cuantitativa que sirve para recopilar información confiable y válida, para probar hipótesis de trabajo, es necesariamente estructurada, planificada y obedece a un conjunto de pautas para su preparación, su aplicación, y análisis e interpretación de los datos e informaciones recogidas. En este sentido debemos diferenciarla de la entrevista terapéutica, que utiliza el psiquiatra, el psicólogo; así mismo hay que diferenciarla de la entrevista periodística que utiliza el periodista, el comunicador social, que tienen otras característica y exigencias; o de la entrevista no estructurada propia de la investigación cualitativa (Ñaupas, H., Mejía, E., Novoa, E. y Villagómez, A., 2013).

II.V.VI. Entrevista socioeconómica de tipo semiestructurada

Las entrevistas semiestructuradas se basan en una guía de asuntos o preguntas y el entrevistador tiene la libertad de introducir preguntas adicionales para precisar conceptos u obtener mayor información (Hernández, 2014). Es una relación diádica (reciprocidad) canalizada por la discursividad, propia de la cotidianidad, bajo la condición de encuentros regidos por reglas que marcan márgenes apropiados de relación interpersonal en cada circunstancia. Ésta permite acceder al universo de significaciones de los actores, haciendo referencia a acciones pasadas o presentes, de sí o de terceros, generando una relación social, que sostiene las diferencias existentes en el universo cognitivo y simbólico del entrevistador y el entrevistado (Guerrero, 2016). Por tanto, es una técnica esencial para la recopilación de información directa y detallada sobre las condiciones económicas, laborales, familiares y sociales de los empleados. Su diseño puede adaptarse a las necesidades específicas de cada organización ya que todo proceso social es complejo y para lograr su conocimiento del Trabajador Social debe ir más allá de la apariencia tratando de integrar los hechos en sus múltiples relaciones y dentro de un marco global de la realidad. Por ejemplo, en una entrevista con fines de investigación se recogen mediante un cuestionario datos fríos y estáticos, pero es en el análisis e interpretación donde el dato se convierte en conocimiento integrado, sistemático y con perspectiva global. En una entrevista de orientación se debe llegar con el entrevistado más allá del problema o de la información, así, por ejemplo, si estamos frente a una mujer que ejerce la prostitución, no se puede quedar el conocimiento del problema en el aspecto personal; se tiene que entender su complejidad y que involucra diversas relaciones sociales con los demás trascendiendo lo personal. Solo considerando esta complejidad se podrá encontrar y crear salidas convenientes (Margen, 2024).

El trabajador social apunta al conocimiento y comprensión de situaciones determinadas; de ahí que recabe información mediante un encadenamiento lógico entre una y otra entrevista, es un proceso en continuo movimiento en la que una complementa a la otra, a la vez que la supera, dependiendo de los propósitos que se persiga, de los cuales se desprende el manejo que se dé a los datos. Por tanto, toda entrevista tiene una intencionalidad y una direccionalidad.

En consecuencia, la entrevista en Trabajo social se distingue por la trascendencia que tiene la interacción personal, con gran énfasis en los sentimientos y en las actitudes, y menor preocupación por los datos de los hechos objetivos.

Por este motivo es fundamental que el profesional inicie por la planificación de la entrevista, a fin de que sepa con claridad qué tipo de entrevista necesita aplicar, qué hacer, cómo hacerlo y qué información recabar con base en el objetivo y la metodología a seguir (Aguillón, I., Díaz, J. y Calderón, L., 2022).

La entrevista semiestructurada cumple dos tipos de información:

- →**Información objetiva:** *contar con una serie de preguntas estructuradas para guiar la entrevista proporciona la información básica sobre el candidato a fin de ver si cumple con todos los aspectos fundamentales que se necesitan para cubrir la vacante. Este tipo de información es fundamental, pero no suficiente para tomar una decisión definitiva, ya que es similar a la que se obtiene revisando el CV del interesado y no profundiza en otros rasgos como sus aspiraciones o su personalidad.*

- →**Información subjetiva:** *se refiere a aspectos que tienen que ver con la percepción del candidato y que revelan su tipo de personalidad, sus gustos y su nivel de dominio de ciertas temáticas. Por ejemplo, no es lo mismo decir que has trabajado como supervisor, que compartir alguna anécdota en particular, como un problema en tu anterior lugar de trabajo y comentar cómo lograste resolverlo* (INDEED, 2024).

Por tanto, se enlistan las siguientes recomendaciones para llevar a cabo entrevistas semiestructuradas (Martínez, 1998):

- →Contar con una guía de entrevista, con preguntas agrupadas por temas o categorías, con base en los objetivos del estudio y la literatura del tema.

- →Elegir un lugar agradable que favorezca un diálogo

Trabajo Social Empresarial

profundo con el entrevistado y sin ruidos que entorpezcan la entrevista y la grabación.

- →Explicar al entrevistado los propósitos de la entrevista y solicitar autorización para grabarla o video-grabarla.

- →Tomar los datos personales que se consideren apropiados para los fines de la investigación.

- →La actitud general del entrevistador debe ser receptiva y sensible, no mostrar desaprobación en los testimonios.

- →Seguir la guía de preguntas de manera que el entrevistado hable de manera libre y espontánea, si es necesario se modifica el orden y contenido de las preguntas acorde al proceso de la entrevista.

- →No interrumpir el curso del pensamiento del entrevistado y dar libertad de tratar otros temas que el entrevistador perciba relacionados con las preguntas.

- →Con prudencia y sin presión invitar al entrevistado a explicar, profundizar o aclarar aspectos relevantes para el propósito del estudio.

En la entrevista semiestructurada, durante la propia situación de entrevista la persona entrevistadora requiere tomar decisiones que implican alto grado de sensibilidad hacia el curso de la entrevista y al entrevistado, con una buena visión de lo que se ha dicho. Por ejemplo, ante una pregunta que ya se haya respondido, tal vez de paso, se tendrá que decidir si se realiza de nuevo para obtener mayor profundidad o dejarla fuera. Otro reto es el manejo de un tiempo limitado y el interés por hacer todas las preguntas de la guía. Asimismo, el entrevistador debe estar alerta de su comportamiento no verbal y sus reacciones ante las respuestas, para no intimidar o propiciar restricciones en los testimonios del entrevistado.

Otra manera de denominar a la entrevista semiestructurada es: entrevista etnográfica. Se puede definir como una "conversación amistosa" entre informante y entrevistador, convirtiéndose este último en un oidor, alguien que escucha con atención, no impone ni interpretaciones ni respuestas, guiando el curso de la entrevista hacia los temas que a él le interesan. Su propósito es realizar un trabajo de campo para comprender la vida social y cultural de diversos grupos, a través de interpretaciones subjetivas para explicar la conducta del grupo (Díaz-Bravo, 2013).

Ahora que ya te has convencido de la importancia que las entrevistas semiestructuradas tienen en los procesos de selección de personal, te explicamos cómo debes prepararte para sacar el máximo provecho de esta herramienta en la captación de talento para tu empresa (Castilla, 2024):

- →**Definir los objetivos:** siempre debe ser el primer paso; tómate un tiempo para analizar y determinar los objetivos específicos de la entrevista y qué aspectos necesitas evaluar en las personas candidatas.

- →**Diseñar las preguntas base:** una vez que hayas establecido qué pretendes conseguir con la realización de la entrevista, diseña un conjunto de preguntas base, que serán las que se realizarán a todas las personas que participen en la entrevista. Estas preguntas deben ser claras, relevantes y relacionadas con los objetivos establecidos.

- →**Elaborar preguntas adicionales:** aunque las preguntas adicionales no deben responder a un listado específico, sino que deben surgir más o menos libremente durante el desarrollo de la entrevista, no está de más que prepares una lista de posibles preguntas adicionales con las que explorar temas específicos o profundizar en áreas relevantes en función de las respuestas de los y las candidatas.

- →**Establecer un ambiente adecuado:** este paso no es exclusivo de las entrevistas semiestructuradas, sino que resulta imprescindible a lo largo de todo el proceso de selección. Asegúrate de contar con un espacio tranquilo y sin interrupciones en el que poder entrevistar a las personas candidatas *al puesto.*

- →**Familiarízate con el currículum de los candidatos/as:** antes de comenzar con las entrevistas, revisa detenidamente los currículums de las personas candidatas, para tener una comprensión completa de su experiencia y antecedentes.

- →**Practicar:** siempre es buena idea realizar una simulación de la entrevista antes de la llegada de las personas candidatas para familiarizarte con las preguntas y asegurarte de que fluyan de manera natural.

Consejos para que la entrevista semiestructurada sea un éxito

La utilización correcta de la entrevista semiestructurada contribuye a que el proceso de selección sea más sencillo y eficaz, mejorando la comunicación entre el equipo de reclutamiento y las personas candidatas. Par→→a asegurarte de que sea un éxito, toma nota de los siguientes consejos:

- →**Flexibilidad:** igual que en el punto anterior, aprovechar al máximo esta calidad de la entrevista semiestructurada para adaptarte a las respuestas y explorar temas relevantes te garantiza conseguir la máxima información sobre las personas candidatas.

- →**Seguimiento:** realiza preguntas de seguimiento para profundizar en las respuestas de las personas candidatas y obtener más detalles acerca de su experiencia, competencias y habilidades.

- →**Ambiente cómodo:** es responsabilidad de la persona que dirige la entrevista crear un ambiente relajado y amigable, en el que las personas candidatas se sientan cómodas y puedan expresarse libremente.

- →**Tomar notas:** te recomendamos tomar apuntes durante la entrevista para registrar información relevante que puede ayudarte durante la evaluación posterior.

- →**Objetividad:** aunque no se trate de una entrevista estructurada, que garantiza que se va a obtener la misma información de todas las personas para que la evaluación sea absolutamente objetiva, debes esforzarte por evaluar a todos los/as candidatos/as en función de los mismos criterios, evitando sesgos o preferencias personales.

Estas primeras aproximaciones debemos realizarlas cuidadosamente y teniendo en cuenta la importancia de no perder de vista la necesidad de evitar una situación invasiva y/o intrusiva, que ponga en riesgo los encuentros y la posibilidad del diálogo. Es por ello que estas conversaciones deben darse con la mayor naturalidad posible, a modo de charlas informales, en donde el entrevistador/investigador y el investigado se relacionan de manera simple, coloquial y espontánea, sin demasiada planificación y con el objetivo de iniciar una aproximación a los sujetos de la población de estudio ya que debe de tener la suficiente pericia para dirigir la entrevista sin interrumpir; de hacerlo se corre el riesgo de inhibir al entrevistado o distraerlo y dificultar la comunicación. No obstante, es importante centrar la conversación a fin de que el entrevistado no divague y se esté en condiciones de cumplir con el objetivo. El trabajador social también puede reorganizar la entrevista si lo considera pertinente de acuerdo con la situación y con el entrevistado, antes de concluir la entrevista se irá dando el cierre a fin de no terminarla de manera abrupta, al tiempo que se deja la posibilidad de volver a entrevistar, si es necesario. Es indispensable cuidar que la persona no se quede angustiada o con ansiedad, en cuyo caso antes de retirarse la trabajadora social deberá intentar tranquilizarla (Aguillón, I., Díaz, J. y Calderón, L., 2022).

Será entonces la entrevista no estructurada la que nos permitirá aproximarnos de manera natural y simple a los sujetos de nuestra población de estudios, sin hacerlos sentir invadidos ni examinado, de manera tal de ir logrando la confianza y el vínculo necesario que toda recolección de información necesariamente demanda. La entrevista no estructurada tiene como rasgo significativo el de no preestablecer preguntas ni estructurar guiones, sino abordar los temas de interés para el investigador desde un elemento disparador de modo espontáneo y abierto, para que el entrevistado pueda explayarse libremente y mantener la conversación desde sus propios intereses. Puede ocurrir que, en el diálogo, el informante tome caminos poco conectados con el tema de interés del investigador, por lo que se deberán buscar las estrategias que permitan retomar los carriles de la conversación, sin que ello sea perturbador o signifique una situación de incomodidad para los sujetos (Schettini, P. y Cortazzo, I. (Coord.), 2015).

De acuerdo con Aguillón, Díaz y Calderón, durante la entrevista es pertinente escuchar más que hablar, evitar usar conceptos teóricos que el entrevistado no comprenda, no improvisar, formular preguntas directas y claras de acuerdo con el objetivo que se persigue y adecuadas a la situación, además de ir tomando nota de datos precisos y solamente de algún hecho relevante, pero no dedicarse a escribir en el interrogatorio. Además, el trabajador social deberá saber utilizar los diversos recursos técnicos auxiliares de la entrevista, tales como:

- →Grabaciones en cinta y video, en cuyo caso se deberá contar con la autorización del entrevistado

- →Cuadernos de Trabajo

- → Remembranza post-entrevista

Tan importante es la adecuada elección de las técnicas a plica, la planeación de la entrevista y su desarrollo, como la observancia de ciertos principios éticos, a los que ya se ha hecho referencia.

A veces el sujeto puede no hablar, no expresar ninguna palabra y, aun así, con nuestros sentidos, podremos captar información, deducir e interpretar hasta los silencios. Por este motivo la observación se considera una técnica que apoya de manera directa a la entrevista (Aguillón, I., Díaz, J. y Calderón, L., 2022).

II.V.VII. Visita domiciliaria con enfoque de intervención social en contextos domiciliarios

Acción que distingue a las y los trabajadores sociales de otros profesionales debido a que éstos concurren al hogar del sujeto de estudio para a partir de la realidad en la que se desenvuelve cotidianamente, identificar conductas que de otra forma sería muy difícil conocer. Por tanto, posibilita el tener una idea más precisa del sujeto de estudio, de su familia y de todas aquellas personas con las que comparte la vivienda, a través del conocimiento del medio ambiente en el que se desenvuelve y de la manera en que éste influye o no en o la situación que se presenta. Al mismo tiempo, coadyuva a constatar la información proporcionada en cuanto a su forma de vida y posibilita un mayor conocimiento de la familia y su problemática, tanto de los aspectos socio ambientales con de los culturales. Se tiene acceso a la intimidad de la familia, desde cómo es la vivienda y la distribución de los espacios (si se vincula con el objetivo), hasta las posibilidades que el barrio ofrece para satisfacer las necesidades de la familia como sujeto social y la identificación de las redes existentes. El aspecto ambiental no sólo se refiere a lo físico, sino que aborda también la organización y dinámica de una familia en su cotidianidad; por tanto, su propósito va más allá de la descripción de la casa, la ubicación del mobiliario, el aseo o el orden. Por lo tanto, lo anterior se debe precisar y clarificar con la familia los motivos de la visita, los límites y alcances de ésta y los recursos con los que se cuenta. Las visitas domiciliarias representan un recurso indispensable cuando se realizan dictámenes periciales para valorar condiciones socioeconómicas, contexto familiar en casos relacionados con tutela de menores y/o discapacitados, identificación del maltrato y/o abuso de menores, régimen de visita, ambiente al que se incorpora una persona al otorgarle la libertad condicional, entre otros asuntos de igual trascendencia (Aguillón, I., Díaz, J. y Calderón, L., 2022). De acuerdo con la Consejería Jurídica y de Servicios Legales de la Ciudad de México es una técnica de mediación ya que permite un acercamiento a la realidad del sujeto de intervención, se emplea además para verificar e identificar la información, condiciones de vida sociales y económicas del solicitante del servicio; coadyuvando a formular un diagnóstico, determinar un plan de acción y diseñar estrategias para abordar la problemática o situación, facilita el enlace entre la familia, los núcleos humanos e institucionales cuyas acciones conjuntas se orientan a elevar la calidad de vida de los sujetos. De tal modo que esta técnica de intervención requiere una fundamentación teórica y delimitación práctica, un proceso metodológico que incluya la entrevista previa y el registro de información que permita profundizar y ampliar el conocimiento del campo de interés de la investigación (CEJUR, 2024). Este enfoque cobra especial notabilidad cuando la intervención y/o actuación social requiere una comprensión integral del entorno familiar, social y económico de las personas, permitiendo a las y los profesionales identificar factores críticos que no siempre son evidentes en un contexto formal o institucional. La visita domiciliaria no solo facilita el acercamiento directo a las condiciones materiales reales de vida de las y los trabajadores, sino que también se constituye en una parte identitaria de su saber hacer en el escenario de las ciencias sociales, principalmente por estar ligada a sus orígenes históricos. Pero al momento de introducir la reflexión respecto a sus definiciones, aparece un enmarañado uso de sinónimos que distorsionan el análisis, ya que provienen desde distintos escenarios teóricos y temporales, como por ejemplo el uso de conceptos como atención domiciliaria, ayuda a domicilio, asistencia domiciliaria, entre otros (González, 2003). La evaluación socioeconómica tiene como objetivo proporcionar información precisa y objetiva sobre la situación de la persona trabajadora y su entorno, con la finalidad de generar diagnósticos que permitan tomar decisiones informadas y diseñar intervenciones eficaces ya que se puede observar de primera mano las condiciones de vivienda, los hábitos familiares, los recursos económicos, las redes de apoyo social y otros elementos fundamentales para el desarrollo de un diagnóstico integral. La visita domiciliaria es una técnica que involucra la observación y la entrevista, no obstante, requiere de una serie de aspectos para poder ser llevada a cabo, elementos metodológicos que involucran una formación profesional, para lograr la profundización diagnóstica tanto familiar, como de aspectos de contexto que influyen en la dinámica observada.

Por ello, al definirla como acto se podría tender a desdibujar el requisito de experticia profesional necesaria para articular la serie de técnicas que la constituyen, y que no solo se limitan a la entrevista o la observación, ya que es posible manipular una serie de combinaciones que variaran según contexto y fines. Es decir, se requiere en primer lugar, un bagaje teórico que oriente la toma de decisiones, en segundo lugar, una capacidad profesional para manejar lo procedimental, y, en tercer lugar, se deben considerar todos aquellos aspectos del ámbito ético y relacional. (Cazorla, K. y Fernández, J., 2024). De esta manera, el proceso deja de depender únicamente de la información verbal proporcionada en entrevistas o cuestionarios y se enriquece con datos obtenidos mediante la observación directa y estructurada en el contexto cotidiano de la persona. En este sentido, la visita domiciliaria no solo posibilita evaluar las condiciones materiales del hogar, como el acceso a servicios básicos, la seguridad estructural y la distribución de espacios, sino que también facilita la identificación de factores sociales y emocionales que impactan el desempeño y la calidad de vida de las y los empleados. Por ejemplo, al visitar el hogar de la persona trabajadora, el profesional puede detectar situaciones como hacinamiento (viviendas en vulnerabilidad), precariedad en las condiciones de vida, tensiones familiares o aislamiento social, elementos que no siempre son declarados abiertamente en entrevistas estructuradas o encuestas. Esta interacción cara a cara, en un entorno más familiar y menos formal, genera un espacio donde las personas pueden sentirse más cómodas para compartir sus preocupaciones, necesidades y aspiraciones. Al estar presente en el domicilio, el profesional del Trabajo Social Empresarial tiene la oportunidad de validar las experiencias relatadas y generar un diagnóstico fundamentado, este nivel de comprensión es indispensable para diseñar estrategias de intervención personalizadas que respondan a las necesidades específicas de cada trabajador, al tiempo que se promueven acciones orientadas a mejorar su calidad de vida y, por ende, su desempeño y satisfacción en el ámbito laboral. Después de haber realizado estas tareas previas de estudio, será más fácil determinar el esquema de qué elementos queremos observar; podemos centrarnos más en la actividad de lo que acontece en el domicilio mientras nosotros estamos con mayor o menor participación en la dinámica de la entrevista o en los objetivos que perseguimos: descriptivos o evaluativos. Así como establecer el "guion": ¿haremos visita avisada y pactada previamente o no?, ¿solos o acompañados de otro profesional? ¿haremos explícitos nuestros objetivos? ¿cómo nos presentaremos? Llevar esta planificación previa a la entrevista permitirá una recogida más rigurosa de información, ser más eficientes, más activos en la consecución de los fines que perseguía la visita, tanto para nosotros como para la propia familia (Illescas, 2016). Al observar y analizar las condiciones de vida, las dinámicas familiares y los recursos disponibles, las y los profesionales del Trabajo Social pueden elaborar diagnósticos integrales, completos y efectivos que faciliten la toma de decisiones y la implementación de intervenciones que generen un impacto positivo en la vida de los empleados y en la dinámica organizacional. La visita domiciliaria, por tanto, refuerza el compromiso del Trabajo Social Empresarial con el desarrollo humano, la justicia social y el bienestar integral en el ámbito laboral. Frente a esta experticia, se habla de un acercamiento e interacción, a modo de comprender los distintos escenarios domiciliarios que cobran vida a partir de las interacciones de las personas involucradas, las que deben ser comprendidas a través de aspectos comunicacionales técnicos, que conllevan el ejercicio de habilidades sociales que permitan generar un espacio comunicacional, donde las familias puedan expresar desde su propio hogar sus necesidades y cambios para su bienestar social (Cazorla, K. y Fernández, J., 2024). Es a partir de la interpretación de la Teoría General de Sistemas (como enfoque totalizador en el que cada elemento de la realidad es captado en su articulación dinámica con el conjunto o sistema global) y de la conexión que existe con la profesión de Trabajo Social (Casallas, M., Condia, A., Medina, D., y Torres, L. , 2006).

II.VI. Dimensiones del diagnóstico integral

El diagnóstico en su forma más instrumental, es un conjunto de descripciones que permiten construir significados respecto de los fenómenos sociales. Esos significados que construimos pueden alcanzarse porque existen previamente una teoría o un conjunto de teorías que proponen una explicación universal respecto de problemáticas determinadas. En este sentido el diagnostico no descubre nada, sino da cuenta de la existencia de hechos particulares y en todo caso posibilita conocer el singular modo como se entrelazan los hechos específicos para reproducir en infinitas variedades, la esencia de un mismo tipo de fenómeno ya explicado por la teoría. Un conjunto de elaboraciones teóricas, por ejemplo, da cuenta de las determinaciones estructurales de la pobreza y aun de los factores que coyunturalmente hacen que ella se manifieste en personas, familia y pueblos enteros (Escalante, M., Fernández, S., y Fuentes, M., 2004).

Se erige como una herramienta esencial para comprender de manera holística la realidad socioeconómica de las personas vinculadas a una organización. Este proceso no solo abarca aspectos económicos, sino que también incluye elementos sociales, culturales, psicológicos y familiares, que en conjunto moldean el bienestar y desempeño de las y los trabajadores en el contexto empresarial. En un entorno laboral cada vez más complejo, donde el equilibrio entre la vida personal y profesional cobra una relevancia significativa, el diagnóstico integral se posiciona como un medio para generar estrategias de intervención que respondan a las necesidades específicas de los empleados y promuevan tanto su desarrollo personal como el éxito de la organización. Por ejemplo, un diagnóstico que detecte dificultades financieras o tensiones familiares puede ayudar a diseñar programas de apoyo específicos, como asesoramiento financiero o actividades que fomenten la cohesión familiar, que en última instancia contribuyen a la mejora del rendimiento laboral y a la reducción de ausentismo o rotación. Además, este enfoque integral alienta una cultura empresarial basada en la empatía, el respeto y el compromiso con el bienestar de sus colaboradores, elementos clave para el fortalecimiento de la responsabilidad social corporativa. Las organizaciones no operan en un vacío, sino que están profundamente influenciadas por el entorno social y económico en el que se insertan. Por ello, un diagnóstico que considere estas particularidades puede ofrecer soluciones más relevantes y sostenibles. El diagnóstico integral también cumple un papel crucial en la prevención, al permitir identificar señales tempranas de conflictos o problemáticas que puedan escalar si no se abordan a tiempo. Esto no solo incluye factores externos, como la precariedad laboral o la falta de vivienda digna, sino también aspectos internos, como el estrés crónico o la insatisfacción laboral, que pueden tener un impacto directo en la salud física y mental de los empleados. Al abordar estas cuestiones de manera proactiva, las empresas no solo están protegiendo su inversión en capital humano, sino también fomentando un entorno de trabajo saludable y productivo. En este sentido, la investigación diagnóstica llevará a:

- →Conocer e interpretar la evolución y el desarrollo del sujeto de estudio, su medio ambiente familiar, laboral, escolar, habitacional, entono social, problemas, aspiraciones, potencialidades, necesidades, etcétera.

- →Dilucidar las diferentes manifestaciones del individuo (hábitos, costumbres, principios, normas, valores).

- →Jerarquizar la problemática del sujeto y su familia en torno al asunto motivo del peritaje.

- →Formular y definir métodos cada vez más eficaces de organización, participación e intervención del sujeto y su familia para mejorar o cambiar su situación presente.

- →Involucrar al sujeto en la atención de su problemática o situación a definir mediante el juicio en el que se ésta inmerso.

- →Modificar actitudes del sujeto para lograr su participación en beneficio propio y de sus hijos, si es el caso.

- →Sensibilizar y motivar al sujeto para lograr su autogestión (Aguillón, I., Díaz, J. y Calderón, L., 2022).

Esto permite descubrir los disfuncionamientos arraigados a su propio funcionamiento, se analiza la frecuencia de su incidencia, así como el impacto económico acarreado, para lo cual se requiere catalogar las consecuencias por el grupo de variables que determinan a estos disfuncionamientos. La cronología de acciones dio lugar posteriormente al cálculo organizado de los costos ocultos que se encuentran en el área objeto de estudio.

A partir de los disfuncionamientos detectados en el diagnóstico socioeconómico y el problema estratégico resultante, se exponen a continuación una serie de propuestas de solución cuya puesta en práctica permitirá la reducción gradual de la brecha entre el funcionamiento real y el óptimo de la empresa:

- →Diseñar políticas periódicas de mantenimiento para asegurar el buen estado técnico de los equipos disponibles (aires acondicionados, elevadores, ventiladores, computadoras, impresoras, lámparas, entre otros) y evitar así interrupciones al trabajo y afectaciones en el rendimiento por el mal estado de estos.

- →Solicitar a los mandos superiores de la organización un presupuesto para la inversión en la reestructuración del área del departamento, con el objetivo de delimitar los grupos de trabajo en busca de una mayor privacidad que favorezca la concentración en las tareas y el rendimiento del empleado.

- →Permitir el acceso a internet a todos los trabajadores del departamento, tomado esencialmente como un complemento intelectual para el desarrollo de las actividades diarias, a través de lo cual se le otorgaría prioridad al acceso a sitios relacionados con la industria o la gestión de capital humano.

• →Desarrollar un proceso inversionista para mejorar el transporte obrero, ya sea mediante la adquisición de un nuevo parque motor o la reparación del existente, pues los problemas asociados a estas causas afectan la jornada laboral, debido al incremento de la impuntualidad, además de las molestias ocasionadas al personal por el mal estado técnico de los ómnibus. En caso de que la inversión requiera montos significativos de capital, debe valorarse la posibilidad de subcontratar el servicio de transporte a otro organismo, dado sus cortos periodos de utilización.

• →Brindar cursos complementarios a la actividad principal de la empresa, en áreas como la informática, para evitar así interrupciones a causa de desconocimientos y lograr un mejor aprovechamiento de los medios informáticos, que agilizan de forma significativa el trabajo. Además, es necesaria la capacitación en el idioma inglés, con el objetivo de que los trabajadores accedan a información actualizada concerniente a sus labores.

• →Establecer en conjunto con el resto de departamentos de la empresa acciones que favorezcan la coordinación de las tareas, como la definición de fechas de entrega de los documentos y la designación de un responsable que vele por su cumplimiento, para evitar interrupciones por una llegada tardía de la información.

• →Asignar de manera coherente las tareas, de acuerdo a las capacidades de cada trabajador, al tener en cuenta su criterio, así impedir desmotivaciones o trabajos mal ejecutados.

• →Dado que las políticas salariales aún resultan insuficientes para cubrir las necesidades de los trabajadores, hecho que menoscaba su motivación, los directivos, en conjunto con el sindicato, deben buscar nuevas alternativas de estimulación a partir de iniciativas propias a lo interno del departamento.

La aplicación de la canasta de soluciones propuesta para la eliminación de los disfuncionamientos detectados durante el análisis, por sus características, representa para la empresa una inversión de doble tipo: material, en cuanto a los montos que debe destinarse a la corrección de diversos elementos, como las condiciones de trabajo, la capacitación, entre otros; e inmaterial, en cuanto a las acciones de la creación de conciencia, la organización del trabajo, la comunicación y la coordinación de tareas.

Por tanto, en la evaluación final de este estudio -que se debe efectuar un año después de comenzado el diagnóstico en el departamento, lo cual señala la necesidad de que la directiva asegure su continuidad-, el componente inmaterial de la inversión a realizar para el acercamiento del funcionamiento real al ideal, que no es poco, determina casi con seguridad un resultado positivo, una vez analizado el monto económico generado por la reducción de los costos ocultos respecto a la inversión realizada para erradicarlos (Ruiz, M., Bodes, A. y Dominicis, D., 2016).

Todos los componentes se insertan dentro de un proceso metodológico, donde el diagnostico será el pilar fundamental de la intervención. observar, estudiar, investigar, recopilar son las primeras premisas laborales del Trabajador Social. Se debe entender a la persona y su contexto, logrando captar su problemática y analizar la mejor manera de movilizar los recursos necesarios para solucionar el problema y empoderarlos logrando su autosostenibilidad a lo largo del tiempo (Bustinza, J. y Lacuta, L. , 2023).

Desde estas perspectivas, en el plano de lo local y dentro de las nuevas perspectivas del acompañamiento social, el ser humano colectivo se reconoce como un sujeto protagonista, autogestivo y un recurso estratégico de desarrollo y además la comunidad es vista como un espacio de organización, potente, inteligente, contradictorio, transformador e irradiante. Desde nuestro punto de vista esta tesis constituye un reto de grandes dimensiones para el Trabajo Social Contemporáneo (Evangelista, Teoría y metodología para el trabajo ocial del nuevo vivir, 2024). La evaluación socioeconómica y el diagnóstico integral tienen aplicaciones prácticas significativas en el ámbito empresarial:

II.VI.I. Diseño de programas de bienestar

Permiten crear iniciativas como subsidios de vivienda, apoyo educativo, acceso a servicios de salud y programas de capacitación. Esto representa una estrategia para promover el desarrollo integral de los colaboradores, alineando sus necesidades personales con los objetivos de las organizaciones. En un entorno global cada vez más competitivo y dinámico, las empresas enfrentan desafíos no solo económicos, sino también sociales y humanos que requieren una mirada multidimensional y proactiva. Es en este contexto donde el diagnóstico integral para la evaluación socioeconómica cobra relevancia, al proporcionar una base sólida que permite identificar áreas críticas que impactan el bienestar de los trabajadores y, por ende, el rendimiento y la productividad organizacional. El proceso de diseño de estos programas no solo requiere un análisis riguroso del diagnóstico integral, sino también una comprensión profunda del contexto social, cultural y económico en el que se desenvuelven los colaboradores. Las dimensiones del diagnóstico integral, como el nivel socioeconómico, la vivienda, las redes de apoyo, el acceso a la educación y las necesidades básicas, actúan como indicadores clave que permiten priorizar las acciones de intervención. Estas dimensiones están interrelacionadas y, al abordarse de manera simultánea, generan un impacto positivo no solo en el individuo, sino también en su entorno familiar y laboral. Por ejemplo, un programa que promueva la mejora de las condiciones de vivienda puede repercutir en el bienestar emocional y físico de los colaboradores, lo que a su vez puede traducirse en un aumento de su motivación y rendimiento en el trabajo. Esta postura posibilita a las organizaciones reducir problemáticas como el ausentismo, la rotación de personal, el agotamiento profesional y los conflictos laborales, generando un entorno más productivo y armonioso. De esta manera, se promueve una cultura empresarial que pone en el centro el bienestar de las personas y reconoce su importancia para el desarrollo organizacional sostenible. Al reconocer y atender las múltiples dimensiones que componen la vida de los colaboradores, estos programas permiten generar soluciones concretas, pertinentes y sostenibles que impactan de manera positiva tanto en el ámbito personal como laboral, no solo fortalece la productividad y el clima laboral, sino que también reafirma su compromiso con la dignidad, el bienestar y el desarrollo integral de las personas como eje central del progreso social y económico.

II.VI.II. Prevención de conflictos laborales

Identificar problemas tempranos en la dinámica laboral y personal de los trabajadores ayuda a prevenir conflictos que puedan impactar negativamente en la organización ya que contribuye a mantener un ambiente armónico y productivo en las organizaciones. La naturaleza de los conflictos laborales puede ser diversa y compleja, está relacionada con múltiples factores personales, sociales y económicos que afectan de manera directa e indirecta el desempeño y la estabilidad emocional de las personas que colaboran. Desde el Trabajo Social Empresarial, el conflicto no es visto únicamente como un problema, sino también como una oportunidad para comprender las dinámicas laborales, identificar áreas de mejora y fortalecer las capacidades de comunicación, negociación y convivencia en el equipo de trabajo. Sin embargo, para lograr un abordaje efectivo, es fundamental contar con herramientas diagnósticas que permitan analizar los factores que subyacen a los conflictos y proponer soluciones orientadas a las necesidades específicas de los colaboradores. que atiendan tanto las causas como los efectos de estos problemas.

II.VI.III. Promoción de la equidad y la inclusión

Estos análisis permiten identificar desigualdades dentro de la empresa y establecer políticas para garantizar un trato justo y equitativo. Cada persona trabajadora proviene de un contexto social, cultural y económico particular que influye en su desempeño y su integración en la organización. La evaluación socioeconómica, realizada desde el enfoque del diagnóstico integral, permite visibilizar estas diferencias y comprender las formas en las que pueden impactar la trayectoria laboral de los colaboradores. Por ejemplo, la dimensión de educación y formación puede evidenciar que algunos trabajadores no han tenido acceso a oportunidades educativas de calidad debido a su contexto socioeconómico, lo cual limita su capacidad para acceder a mejores puestos o salarios. Ante esta situación, la organización puede implementar programas de capacitación y desarrollo profesional que brinden herramientas a estos colaboradores para mejorar sus competencias y, con ello, sus oportunidades de crecimiento. A través del análisis profundo de las realidades y necesidades de las y los colaboradores, las organizaciones pueden diseñar intervenciones estratégicas que reduzcan las brechas de desigualdad, eliminen las barreras que perpetúan la exclusión y fortalezcan el desarrollo humano de todas las personas trabajadoras.

II.VI.IV. Impacto en la Responsabilidad Social Empresarial (RSE)

Permite que las empresas asuman su responsabilidad en la creación de condiciones laborales más equitativas y sostenibles, promoviendo la inclusión, el bienestar y la justicia social. Por otro, impulsa el desarrollo organizacional a través de una fuerza laboral más saludable, motivada y comprometida, lo que se traduce en mayores niveles de productividad, innovación y estabilidad. La evaluación socioeconómica y el diagnóstico integral permiten identificar necesidades, vulnerabilidades y oportunidades en su capital humano, lo que facilita la implementación de acciones responsables y transformadoras. La aplicación de la RSE en las dimensiones del diagnóstico integral no solo impacta positivamente en la calidad de vida de los colaboradores, sino que también contribuye al desarrollo sostenible de la organización y de la sociedad en su conjunto. El reto de las empresas modernas radica en asumir la responsabilidad de actuar con ética, justicia y sostenibilidad, reconociendo que su éxito depende, en gran medida, del bienestar integral de las personas que forman parte de su estructura y de las comunidades a las que pertenecen.

Conclusión del capítulo

La evaluación socioeconómica y el diagnóstico integral constituyen ejes fundamentales dentro del Trabajo Social Empresarial, ya que permiten a las organizaciones comprender a fondo las condiciones, necesidades y realidades de sus trabajadores, familias y comunidades vinculadas. En un entorno donde las empresas buscan conciliar el crecimiento económico con el bienestar de su capital humano, estas herramientas se erigen como mecanismos indispensables para la toma de decisiones informadas, justas y estratégicas. La correcta implementación de una evaluación socioeconómica y un diagnóstico integral ofrece la posibilidad de fortalecer la relación entre las empresas y sus colaboradores, promoviendo entornos laborales más equitativos, inclusivos y sostenibles.

La evaluación socioeconómica, entendida como un proceso metodológico que recopila y analiza información sobre ingresos, vivienda, salud, educación, gastos, redes de apoyo y bienestar general, se convierte en una herramienta indispensable para el diseño e implementación de programas y políticas de responsabilidad social. En este sentido, la evaluación no solo permite visibilizar las carencias y necesidades individuales o grupales, sino que también ofrece un panorama claro sobre los factores que influyen en el equilibrio entre la vida laboral y personal.

Por su parte, el diagnóstico integral amplía la perspectiva al integrar diferentes dimensiones del desarrollo humano y social, como el bienestar emocional, el contexto cultural, las dinámicas familiares y los factores comunitarios. A través de la elaboración de diagnósticos integrales, se pueden identificar problemas estructurales, como la falta de acceso a servicios de salud, endeudamiento, carencias educativas o inestabilidad familiar, y establecer estrategias específicas para atenderlos. De esta manera, el Trabajo Social Empresarial contribuye a la creación de entornos laborales más solidarios y humanizados, donde las personas son consideradas en su totalidad y no únicamente como parte del engranaje productivo. Un aspecto clave que ha sido resaltado en este capítulo es la importancia de la información objetiva y sistematizada. Las técnicas de investigación social, como la observación directa, la entrevista estructurada, la visita domiciliaria y el análisis documental, entre otras, resultan fundamentales para garantizar la calidad y confiabilidad de la información obtenida. Estas herramientas permiten obtener un diagnóstico completo y, al mismo tiempo, posicionan a la persona profesional del Trabajo Social como facilitador del cambio social y dar soluciones sobre problemáticas identificadas.

Desde la perspectiva de las empresas, estas herramientas permiten diseñar políticas internas más efectivas, orientadas a mejorar las condiciones laborales, optimizar el rendimiento y fortalecer la cultura organizacional. A través de diagnósticos precisos, las empresas pueden identificar áreas de mejora en términos de salarios, beneficios, capacitación, equidad de género y desarrollo profesional, lo que repercute positivamente en la productividad y satisfacción de las y los trabajadores. El capítulo también ha evidenciado que la ética profesional es un principio ineludible en la realización de evaluaciones socioeconómicas y diagnósticos integrales en el contexto empresarial. La confidencialidad, imparcialidad y respeto son valores fundamentales que deben guiar la intervención de los trabajadores sociales, quienes actúan como mediadores entre las empresas y sus colaboradores. La información recopilada debe ser utilizada de manera responsable y transparente, siempre con el objetivo de contribuir al bienestar de las personas y fortalecer las políticas de responsabilidad social de las organizaciones.

Otro aspecto relevante es la capacidad de la evaluación socioeconómica para detectar factores de riesgo que podrían afectar la estabilidad y desempeño de los colaboradores. Problemáticas como el endeudamiento excesivo, las carencias en vivienda, la falta de acceso a servicios de salud o la desintegración familiar son aspectos que, si no se abordan oportunamente, pueden generar conflictos laborales y afectar la productividad de la empresa. En este sentido, la intervención del Trabajo Social Empresarial permite diseñar estrategias preventivas y correctivas, que no solo atienden las necesidades individuales, sino que también promueven entornos laborales más saludables, estables y motivados.

Finalmente, la implementación de evaluaciones socioeconómicas y diagnósticos integrales en el Trabajo Social Empresarial tiene un impacto directo en la Responsabilidad social empresarial (RSE). Las empresas que integran estos procesos en su gestión interna demuestran un compromiso real con el bienestar de sus colaboradores y sus comunidades, posicionándose como agentes de cambio social. El Trabajo Social, en este contexto, no solo contribuye a mejorar las condiciones de vida de las personas trabajadoras, sino que también fortalece la imagen y reputación de las organizaciones, alineándolas con principios de sostenibilidad, inclusión, equidad e igualdad sustantiva.

Fuentes de consulta

Acevedo Muriel, A. (2018). La teoría del capital humano, revalorización de la educación: análisis, evolución y críticas de sus postulados. *Revista Reflexiones y Saberes*, 58-72.

Acevedo, J. (2024). *El transhumanismo. Nuevos posicionamientos teóricos del Trabajo Social; Tópicos de la 2a Reconceptualización.* México: ACANITS.

Acosta, K. (22 de 05 de 2012). *EOi*. DOI: Escuela de Organización Industrial: https://www.eoi.es/

Aguillón, I., Díaz, J. y Calderón, L. (2022). *Trabajo Social Jurídico.* México: Entorno Social.

Alayón, N. (2019). *Asistencia y Asistencialismo.* México: Entorno Social.

Baratz, C. (18 de 03 de 2021). DOI: https://www.comunidadbaratz.com/

Bronfenbrenner, U. (1987). *La ecología del desarrollo humano.* México: Paidós.

Bustinza, J. y Lacuta, L. . (2023). *Diagnóstico Social en Trabajo Social.* Ecuador : CIDE.

CAMAFU. (10 de 12 de 2017). *Comunidad de aprendizaje de manejo del fuego.* DOI: El capital humano: https://www.camafu.org.mx/el-capital-humano/

Camelo, D., Guerrero, D. y Aparicio, L. (2018). METODOLOGÍA PARA EL MEJORAMIENTO DEL PROCESO DE RETROALIMENTACIÓN EN EL FONDO DE GARANTÍAS DE INSTITUCIONES FINANCIERAS – FOGAFÍN . Bogotá: Universidad Sergio Arboleda.

Casallas, M., Condia, A., Medina, D., y Torres, L. . (2006). DOI: Universidad de la Salle: https://ciencia.lasalle.edu.co/ trabajo_social/99

Cascante, R. (2022). Estudio Socioeconómico en Trabajo Social: reflexiones en torno a dicha competencia profesional. *Margen*, 1-12.

Castilla, G. (24 de 07 de 2024). *Gestión del talento.* DOI: ¿Por qué es importante incluir entrevistas semiestructuradas en tus procesos de selección? : https://www.grupocastilla.es/entrevista-semiestructuradas/

Castro, M., Reyna, C. y Méndez, J. (2017). *Metodología de Intervención en Trabajo Social.* UADY.

Cazorla, K. y Fernández, J. (16 de 12 de 2024). *Margen* . DOI:Temas de Trabajo Social y Ciencias Sociales: www.edumargen.org

CEJUR. (2024). *Consejería Jurídica y de Servicios Legales de la Ciudad de México.* DOI: https://data.consejeria.cdmx.gob.mx/

CEPAL. (2020). *Acerca de innovación social.* DOI: https://www.cepal.org/es/

Chile, G. N. (11 de 12 de 2024). *#SomosBuenosVecinos.* DOI: ¿Qué es la Justicia Social y por qué es tan importante?: https://goodneighbors.cl/

CICAP. (28 de 01 de 2017). *Universidad de Costa Rica.* DOI: ¿Cómo dar una retroalimentación efectiva para la mejora de los equipos de trabajo?: https://cicap.ucr.ac.cr/

CONEXIÓN. (12 de 12 de 2024). *Conexión RS SA de CV.* DOI: ¿De qué se compone el estudio socioeconómico?: https://conexionrh.com.mx/

CONSOLIDÉ. (17 de 06 de 2019). *Eficiencia empresarial integral.* DOI: Beneficios de realizar estudios socioeconómicos en los procesos de reclutamiento: https://consolide.com/

Dees, J. (2016). *Social Entrepreneurship.The Palgrave Encyclopedia of Strategic Management.* DOI: http://link.springer.com/referencework entry/10.1057/978-1-349-94848-2_373-1

Díaz, J. Á. (2024). *Trabajo Social Jurídico y el Enfoque Transversal de los Derechos Humanos.* México: Entorno Social.

Díaz, J. y Aguillón, I. (2024). *Peritaje en Trabajo Social Forense y Derechos Humanos en el Sistema Penal Acusatorio Mexicano.* México: Appie Ebook & Ecommerce.

Díaz-Bravo, L. (2013). La entrevista, recurso flexible y dinámico. *Metodología de investigación en educación médica.*

Empresarial, I. H. (2022). *¿Para qué sirve el estudio socioeconómico?* DOI: https://impulsohumano.mx/

Emptor. (20 de 07 de 2022). *Estudio socioeconómico laboral.* DOI: https://www.emptor.io/

Escalante, M., Fernández, S., y Fuentes, M. (2004). *El diagnóstico social proceso de conocimiento e intervención profesional.* Espacio Editorial.

Evangelista, E. (2018). *Trabajo Social Contemporáneo.* México: Entorno Social.

Evangelista, E. (2020). Prólogo. En T. Carrillo, *La Especificidad del*

Trabajo Social (págs. Págs. 7-16). México: Universidad Autónoma de Occidente.

Evangelista, E. (2024). *Teoría y metodología para el trabajo ocial del nuevo vivir.* México: Entorno Social.

Falcone-Treviño, G. (2016). *Emprendimiento social en México.* DOI: http://www. web. facpya. uanl. mx/vinculategica/Revistas

Foundation, S. D. (15 de 06 de 2024). *San Diego Foundation.* DOI: ¿Qué es la justicia social?: https://www-sdfoundation-org.translate.goog/

Fundación Wiese. (2020). DOI: https://www.fundacionwiese.org/blog/es/inicio-del-emprendimiento-social-en-el-mundo/

García-Salord, S. (1991). *Especificidad y rol en trabajo social.* Buenos Aires: Hvmanitas.

González, V. (2003). La visita domiciliaria, una oportunidad para el conocimiento de la dinámica relacional de la familia. *Servicios sociales y política social Núm. 61*, 63-86. DOI: https://dialnet.unirioja.es/

Guerrero, L. (2016). *Lumen UV.* DOI: La entrevista en el método cualitativo: http://rehue.csociales.uchile. cl/genetica/cgo4.htm.

Hernández, R. (2014). *Metodología de la Investigación Sexta Edición* . México: Mc Graw Hill.

Illescas, M. (2016). La visita domiciliaria en la protección de la infancia. *TRABAJO SOCIAL HOY 3er Cuatr. 2016, n.º 79*, 27-42.

INDEED. (21 de 08 de 2024). *Equipo editorial de Indeed.* DOI: https://mx.indeed.com/

Lacomba, J. (2020). Una revisión del Trabajo Social con migrantes y refugiados. Construyendo nuevas bases teóricas y metodológicas. *La Revista Internacional de Políticas de Bienestar y Trabajo Social, núm. 14*, 293-332.

Lima, A. (31 de 01 de 2011). *Consejo General del Trabajo Social.* DOI: El Trabajo Social en el Sistema Educativo : https://www.cgtrabajosocial.es/

LUMIVERO. (12 de 12 de 2023). *Los conceptos básicos del análisis de documentos* . DOI: https://lumivero-com.translate.goog/

Madrid, M. y Lugo, B. (2023). *UAEH.* DOI: Universidad Autónoma del Estado de México: https://www.uaeh.edu.mx/

Marcelino, M., Martínez, M. y Camacho, A. . (2024). Análisis documental, un proceso de apropiación del conocimiento. *Revista Digital Universitaria (rdu), 25(6)*.

Margen. (2024). *Temas de Trabajo Social y Ciencias Sociales.* DOI: La entrevista en Trabajo Social: https://www.edumargen.org/

Martínez, M. (1998). *La investigación cualitativa etnográfica en educación.* México: Trillas.

Mendoza, R. (2002). *Una opción metodológica para los trabajadores sociales (segunda edición).* México: Asociación ele Trabajadores Sociales Mexicanos A.C.

México, G. d. (11 de 12 de 2024). *Centro de Control de Confianza.* DOI: https://ccc.edomex.gob.mx/analisis_socioeconomico

Moncada, S. (2014). Cómo realizar una búsqueda de información eficiente. Foco en estudiantes, profesores e investigadores en el área educativa. *Metodología de investigación en educación médica,* 106-115.

Monje, C. (2011). *Metodología de la investigación cuantitativa y cualitativa.* México: Universidad Surcolombiana.

Montiel, R. y Godoy, A. (2019). Las competencias profesionales para la evaluación socioeconómica en el ámbito de la salud. *Revista de Trabajo Social UNAM,* 29-40.

Moreira, P. (2011). El emprendimiento social. *Revista Española del Tercer Sector,* Pp. 21.

Ñaupas, H., Mejía, E., Novoa, E. y Villagómez, A. (2013). *Metodología de la investigación. Cuantitativa-Cualitativa y Redacción de Tesis.* Bogotá: Ediciones de la U.

Omill, N. (2015). *UNT.* DOI: Universidad Nacional de Tucumán : filo. unt.edu.ar

OMS. (2024). *Organización Mundial de la Salud.* DOI: Constitución: https://www.who.int/

ONU. (25 de 09 de 2015). *Naciones Unidas.* DOI: Objetivos del desarrollo sostenible: https://www.un.org/

Ortiz, R. (2007). *Aprender a escuchar.* USA: Lulu.

Osorio, S. (2010). JOHN RAWLS: UNA TEORÍA DE JUSTICIA SOCIAL SU PRETENSIÓN DE VALIDEZ PARA UNA SOCIEDAD COMO LA NUESTRA. *Revista de Relaciones Internacionales, Estrategia y Seguridad,* 137-159.

Payne, M. (1995). *Teorías contemporáneas del Trabajo Social. Una introducción crítica.* España: Paidós.

Peña, T. (2022). Etapas del análisis de la información documental. *Revista Interamericana de Bibliotecología, vol. 45, núm. 3,* 1-7.

Quintero, J. (13 de 11 de 2020). *SCIELO.*DOI: La formación en la teoría del capital humano: una crítica sobre el problema de agregación: https://www.scielo.org.mx/

Reputación. (19 de 09 de 2024). *Reputación crisis* . DOI: ¿Qué es la escucha activa y cómo favorece a tu empresa?: https://reputationcrisis.org/

RHCheck. (26 de 07 de 2024). *Background Check vs. Estudio Socioeconómico: ¿Cuál Necesitas?* DOI: https://www.rhcheck.mx/

Rodríguez-Herrera, A. (2007). *Claves de la innovación social en América Latina y el Caribe.* Sntiago de Chile: CEPAL.

Ronconi, R. (2020). Proceso de búsqueda, recuperación y evaluación de la información.

rss. (2022). *Responsabilidad Social Empresarial y Sustentabilidad.* DOI: Editorial RSyS: https://responsabilidadsocial.net/sostenibilidad-que-es-definicion-concepto-tipos-y-ejemplos/

Ruiz, M., Bodes, A. y Dominicis, D. (2016). Metodología de intervención socioeconómica: una experiencia en la empresa cubana. *Econ. y Desarrollo vol.157 no.2 La Habana* .

Samperio, E., De Marinis, N. y Verón, J. (2004). El proceso de Reconceptualización en Trabajo Social y su relación con la sistematización de prácticas sociales. *El aporte del pensamiento sociológico: Boletín Sura 100.*

Sandoval, J. y Hernández, G. (2018). Crítica a la teoría del capital humano, educación y desarrollo socioeconómico. *Revista Ensayos Pedagógicos*, 137-160.

Santos, D. (24 de 07 de 2024). *Hubspot.* DOI: Recolección de datos: herramientas y 4 plantillas gratuitas: https://blog.hubspot.es/

Schettini, P. y Cortazzo, I. (Coord.). (2015). *Técnicas y estrategias de la investigación cualitativa.* Buenos Aires: EDULP.

UNICEF. (11 de 12 de 2024). *UNICEF Para cada infancia.* DOI: Día Mundial de la Justicia Social: https://www.unicef.es/

Yáñez, V. (2024). Prólogo. En M. (. Bautista, *Pensar y hacer: procesos de Trabajo Social Comunitario* (págs. 9-16). México: ACANITS.

Referencias

Alayón, N. (1986). *El Trabajo Social de hoy y el mito de la asistente social.* Hvmanitas.

Anónima. (12 de Junio de 2024). Trabajo Social Empresarial. (A. A. Pérez, Entrevistador)

Ben Rogaly, A. C. (2004). Building assest to reduce vulnerability: microfinance provision by a rural working people´s union in Mexico. *Development in practice*, 14:381-396.

Bogdan, S. T. (1996). *Introducción a los métodos cualitativos de investigación.* Barcelona: Paidos.

Bogdan, S. T. (2007). *Introducción a los métodos cualitativos de investigación.* México: Limusa.

Castellanos, M. C. (1962). *Manual de Trabajo Social.* Ediciones científicas la prensa médica mexicana.

Cedillo, L. M. (10 de Junio de 2024). *Portal Consejería Jurídica y de Servicios Legales DF.* DOI: Consejería CDMX: https://data.consejeria.cdmx.gob.mx/index.php/component/glossary/Glosario-Consejer%C3%ADa-1/E/ESTUDIO-SOCIOECON%C3%93MICO-67/#:~:text=ll%2DEs%20un%20documento%20que,de%20la%20finalidad%20del%20mismo.

Celarie, N. H. (2005). *El ahorro como estrategia de empoderamiento individual y colectivo.* México: Praxis.

Cerda, G. (2008). *Recursos humanos y organización, robo en la empresa.* . KPMG.

Chocano, M. (s.f.). *La américa colonial (1492-1763).* Síntesis.

COPARMEX. (13 de Junio de 2024). *COPARMEX.* DOI: http://www.coparmexqro.qro-mx.com/Secciones.aspx?Id=51,2011

Cracken, G. M. (1991). *The long interview.* Newbury Park, Sage Publications.

Deslauriers, J. (1991). *Recherche qualitative .* Montreal: Mc Graw-Hill.

Durán, C. R. (2004). Los desbancarizados: el problema de los mercados financieros segmentados. . *Comercio exterior*, 566-574.

Economía. (13 de Junio de 2024). *Índice de nivel socioeconómico argentino.* DOI: http://cmapspublic3.ihmc.us/rid=1194899212562_2140868026_3967/DEFINICION%20DEL%20INDICE%20DE%20NIVEL%20SOCIO.pdf,2011

Federación, C. F. (2000). *Código Fiscal de la Federación.* Trillas.

Friedlander, W. A. (1973). *Dinámica del Trabajo Social* . Pax.

García, V. A. (2000). *De la caridad a la beneficencia pública en la ciudad de México.* ENTS-UNAM.

Gestiopolis. (13 de Junio de 2024). *Gestiopolis.* DOI: http://www.gestiopolis1.com/recursos7/Docs/rrhh/el-proceso-de-contratacion-de-personal.htm,2011

González-Vega, M. V.-I. (2006). *El estado y las finanzas, crédito en poblaciones semiurbanas y rurales reflexiones y perspectivas.* SHCP.

Grawitz, M. (1984). *Método y técnicas de la Ciencia Social.* México: Hispano-europea.

Gutiérrez, J. M. (2008). *Outsoucing.* Ediciones fiscales ISEF.

Hall, W. G. (1997). *Método y técnica de las Ciencias Sociales* . México: Trillas.

Índice de nivel socioeconómico argentino. (13 de Junio de 2024). DOI: http://cmapspublic3.ihmc.us/rid=1194899212562_2140868026_3967/DEFINICION%20DEL%20INDICE%20DE%20NIVEL%20SOCIO.pdf,2011

KPMG. (2010). Consultoría. *Industria del conocimiento.* .

López, D. (2006). *Acercamiento a la salud oral de la población colonial en la ciudad e México: Un estudio de antropología dental.* UNAM.

López, D. L. (2002). *La colección ósea del Hospital Real de Indios y la de SAn GregorioAtlapulco, Xochimilco, algunos indicadores paleoestomatológicos.* ENAH.

Mohr, A. (2009). *Crecimiento rentable de las Pymes.* Panorama editorial.

Murillo, D. R. (2005). *Crédito y microcrédito a la mipyme mexicana con fines ambientales: situación y perspectiva.* CEPAL.

Nava, A. V. (2006). *Microfinanzas sostenibles, una herramienta para disminuir la pobreza extrema.* Tesis de licenciatura: ITAM.

Ortiz, F. (2000). *Hospitales* . McGraw Hill Interamericana editores.

Palacio, F. S. (2007). Sistema de evaluación de honestidad AMITA . *Impacto de la deshonestidad en la empresa 2007.* 2007.

Reyes, A. V. (2000). Microbancos: solución sostenible para familias rurales. *Agro revista industrial del campo*, 52-53.

Rodríguez, A. (1987). *Psicología social.* Trillas .

Rodríguez, M. E. (2006). Hospitales medievales y novohispanos.

Algunas similitudes. *Laborat.*

Rosado, M. S. (1999). *Manual de Trabajo Social.* Plaza y Valdés.

Rosen, G. (1985). *De la policía médica a la medicina social.* Siglo XXI editores.

Rosenberg, R. (2007). *CGAP Refleccionson on compartamos inicial public offering: a case study in microfinance interest rates and profits.* Focus.

Rubial, A. (1985). *Monjas, cortesanos y plebeyos.* Siglo XXI editores.

S.F.J. (1998). *Jurisprudencia del primer Tribunal de Circuito.* Época VII.

Sampieri, R. H. (2006). *Métodos de investigación.* México: Mcgraw-Hill/Interamericana.

Schifter, L. (2002). *Medicina, minería e inquisición en la Nueva España.* UAM.

Touraine. (1997). *III Encuentro Nacional de Trabajo Social en el área de la salud pública, política social para la salud.* ENTS-UNAM.

universal, E. (13 de Junio de 2024). *El universal.* DOI: El universal: http://blogs.eluniversal.com.mx/weblogs_detalle3424.html,2011

Uribe, F. G. (2007). *La entrevista de investigación .* México: Limusa.

WA, F. (1994). *Dinámica del Trabajo Social.* Pax.

Wilhem, Y. C. (1980). *Trabajo Social de grupos.* Pax.

La presente edición digital estuvo a cargo de:
Appie Books & Ecommerce

Made in the USA
Coppell, TX
24 April 2025